华章经管

HZBOOKS | Economics Finance Business & Management

关键客户管理

大客户营销圣经

KEY ACCOUNT MANAGEMENT AND PLANNING

The Comprehensive Handbook for Managing Your Company's Most Important Strategic Asset

[美] 诺埃尔·凯普　[中] 郑毓煌　张　坚 ● 著　　郭武文 ● 译
Noel Capon

机械工业出版社
China Machine Press

图书在版编目（CIP）数据

关键客户管理：大客户营销圣经/（美）诺埃尔·凯普（Noel Capon），郑毓煌，张坚著；郭武文译. -- 北京：机械工业出版社，2021.1（2023.1 重印）

书名原文：Key Account Management and Planning: The Comprehensive Handbook for Managing Your Company's Most Important Strategic Asset

ISBN 978-7-111-67102-2

I.①关… II.①诺… ②郑… ③张… ④郭… III.①企业管理-销售管理 IV.①F274

中国版本图书馆 CIP 数据核字（2020）第 268368 号

本书版权登记号：图字 01-2015-5077

Noel Capon, Yuhuang Zheng. Key Account Management and Planning: The Comprehensive Handbook for Managing Your Company's Most Important Strategic Asset.

Copyright © 2001 by Noel Capon, Yuhuang Zheng.

Simplified Chinese adaptation Copyright © 2021 by China Machine Press. This edition is authorized for sale in the People's Republic of China only, excluding Hong Kong, Macao SAR and Taiwan.

No part of this book may be reproduced or transmitted in any form or by any means, electronic or mechanical, including photocopying, recording or any information storage and retrieval system, without permission, in writing, from the publisher.

Published by arrangement with Wessex Press.

All rights reserved.

本书中文简体字改编版由 Noel Capon, Yuhuang Zheng 授权机械工业出版社在中华人民共和国境内（不包括香港、澳门特别行政区及台湾地区）独家出版发行。未经出版者书面许可，不得以任何方式抄袭、复制或节录本书中的任何部分。

关键客户管理：大客户营销圣经

出版发行：机械工业出版社（北京市西城区百万庄大街 22 号　邮政编码：100037）	
责任编辑：林晨星	责任校对：殷虹
印　　刷：中国电影出版社印刷厂	版　次：2023 年 1 月第 1 版第 4 次印刷
开　　本：170mm×230mm　1/16	印　张：23.5
书　　号：ISBN 978-7-111-67102-2	定　价：79.00 元

客服电话：（010）88361066　88379833　68326294　　投稿热线：（010）88379007
华章网站：www.hzbook.com　　读者信箱：hzjg@hzbook.com

版权所有·侵权必究
封底无防伪标均为盗版
本书法律顾问：北京大成律师事务所　韩光/邹晓东

赞　誉

关键客户管理对任何企业的长期成功都是至关重要的。然而，大多数企业在这个领域都缺乏科学和系统的流程。这本书为企业该如何进行关键客户管理提供了全面完整的框架和指南，并提供了许多领先企业的实践案例。对于所有企业家和从事营销、销售等工作的企业高管来说，这是一本必读书！

苏尼尔·古普塔（Sunil Gupta）

哈佛商学院 Edward W. Carter 讲席教授

《关键客户管理》这本书深入分析了企业传统销售体系带来的风险，并为企业该如何通过对重要的大客户进行关键客户管理从而提高利润提供了系统的框架和工具。在商业世界剧烈变革的今天，企业家和企业高管不可不读这本书！

斯图尔特·戴蒙德（Stuart Diamond）

普利策奖得主

沃顿商学院教授

在企业中，关键客户管理几乎是每个人都要面对的话题。这本书所探讨的并不仅仅是有关营销与服务的话题，还有可以帮助你了解如何让自己成长的关键认知。书中所介绍的基本原则、经典案例可谓有效的指引，可以帮助我们深化理解、感受并付诸行动，可以帮助我们以学习驱动自我的成长。

陈春花

北京大学国家发展研究院 BiMBA 商学院院长、教授

所谓"关键客户管理"，本质上涉及企业的经营哲学问题。选择什么，放弃什么，聚焦什么，体现着一家企业和它的决策层成员的战略意志和战略定力。华为能够走到今天，就是因为它不仅长期聚焦于主航道，而且始终坚持将有限资源聚焦于关键市场和关键客户，拒绝"摊大饼"式的经营多元化和"遍地开花"式的机会主义。《关键客户管理》一书的内容，堪称企业经营客户的经典道论与术论，无疑对当今包括华为在内的中国企业具有重要的观念启发意义，同时具有实践层面的指导价值。

田涛

华为国际咨询委员会顾问

建立良好的客户关系与达成销售目标，事关艺术，也事关科学。《关键客户管理》这本书对于实现商业目的的非常必要的实践，提供了有体系且非常全面的拆解，并且在理论依据之上以实务加以认证。管理关键客户与管理规模客户需要不同的思考层次与能力，高度推荐读者通过这本书不断地学习、认证、复盘。

林妤真

谷歌大中华区营销洞察与解决方案副总裁

《关键客户管理》这本书为企业如何进行大客户营销提供了系统的框架和全新的洞察方向，可以帮助企业在大客户营销方面避免那些常见的错误，并帮助企业在管理最重要的客户方面获得突破。

弗雷德·辛德勒（Fred Schindler）

IBM 前任全球客户管理项目主任

过去 10 年，我选择与民企"混"，学到了很多我以前没有意识到的"知识"。特别地，在销售方面，我做了 25 年销售，但很多民企的销售行为我以前是没有意识到的。最突出的一个现状就是，大家都忙于"打单子"，对"开发"客户比较少关注，也就是说，很多民企的客户有莫大潜力待开发。"关键客户"这个概念是外企销售惯用的，对民企来说，这个概念应该是相当陌生的。对于我民企的学员来说，这本书应该可以说是"及时雨"，来得正是时候。民企的发展必须从"打单子"过渡到"关键客户管理"。对于民企以后的健康发展，这本书应该能够提供一个比较系统的理论基础。

林正刚

思科前任全球副总裁兼中国区总裁

《关键客户管理》一书非常有价值，因为传统上如何进行大客户营销是一门艺术（很难复制和学习），而这本书成功地把这门艺术转化为科学，揭示了大客户营销的重要规律和系统框架。企业如果希望为客户创造更多价值从而获得更大的竞争优势，那么这本书所详细勾画的关键客户管理的原则、步骤和流程就不可不知！

大卫·麦考利（David Macaulay）

西门子前任全球高级副总裁

管理是永远的蓝海,是持续竞争力的来源,是不可复制的力量(可复制的是方法论)。我在任职惠普的 25 年中,见证了销售部门从几个人到上千人的发展过程,也多次经历了强化、复制、变革和不断增长的循环,这让我深深体会到系统方法论对销售管理的重要性,以及关键客户管理的重要性。这本书系统地阐述了关键客户管理的方法论,从与关键客户有关的战略、流程、关键问题展开,为企业该如何进行关键客户管理提供了全面完整的框架和指南,并提供了工具可以帮助企业落地,从而帮助企业提升面向关键客户的管理能力。由此,对于企业家和从事营销、销售管理工作的读者来说,本书都值得一读。

孙振耀

领教工坊联合创始人暨联席董事长

惠普前任全球副总裁兼中国区总裁

扫码与作者一起终身学习

Key Account Management
———— and Planning

作 者 简 介

诺埃尔·凯普

美国哥伦比亚大学商学院营销学教授,营创学院荣誉院长,全球公认的营销大师和"关键客户之父",著有20余本著作。本书被美国营销界誉为"大客户营销圣经",是各大企业总裁和营销/销售主管的必备书。凯普教授提出的"营销四大关键原则"(The Four Principles of Marketing)和"营销六大要务模型"(The Six Marketing Imperatives)曾帮助宝马、欧莱雅、通用、摩根大通等一系列跨国企业摆脱了竞争困境和经营危局,并成功转危为机,取得了突破性发展。在过去50年中,凯普教授为美国商界培养了一大批营销和管理精英。

郑毓煌

毕业于哥伦比亚大学(营销学博士),现为清华大学博士生导师、"科特勒大师传承人"项目导师、世界营销名人堂中国区首位评委,曾应邀为沃尔玛、三星、海尔等数十家全球500强企业提供战略咨询或培训。他的课程和著作获得美国市场营销协会(AMA)主席、沃顿商学院院长、哈佛商学院院长等权威人士的一致赞誉。美国市场营销协会曾授予他威廉姆·欧戴尔最佳论文提名奖（William F. O'Dell Award Finalist），以表彰他在营销理论、方法和实践领域所具有的影响力和所做出的长期贡献。他是国内首位获此殊荣的学者。他的视频课程"营销：人人都需要的一门课"自2015年开课以来，听课人次超过1000万，成为中国最受欢迎的营销课之一。

张坚

营创学院销售学院院长，思科中国区原副总裁，中国惠普政府事业部原总经理。在思科和惠普，他肩负2亿美元的年度销售额任务，取得无数辉煌战绩，并曾荣获惠普公司董事会主席兼首席执行官卡莉·菲奥莉娜亲自颁发的奖项。在团队内部，他言传身教，桃李满天下，手把手培养出一大批顶尖销售人才，他的众多学生已经成为海外以及中国各大企业的销售主力和骨干。在营创学院，他亲授的"专业销售技巧""销售团队管理""向高层营销"等系列实战训练营课程连续多期获得全体学员的满分评价，备受广大企业家学员欢迎。

Key Account Management
———— and Planning

序 言

刚刚过去的 2020 年，对所有中国人乃至地球人来说一定是终生难忘的。谁也想不到，一个小小的新冠病毒，竟能肆虐全球，造成超过 1 亿人感染、超过 215 万人死亡的人间惨剧，而且对全球经济造成了非常严重的负面影响。各个国家为了对抗疫情，纷纷颁布"居家令"，甚至采取封城封国等措施，这使无数企业无法开工，从而面临现金流枯竭的困境。一时之间，大量企业裁员甚至破产，许多国家失业率创历史新高。

疫情期间，别的事情做不了，于是我正好有空完成这本拖延已久的《关键客户管理：大客户营销圣经》改编版。这本书的英文版由全球"关键客户之父"、哥伦比亚大学商学院教授、营创学院荣誉院长诺埃尔·凯普教授撰写，被美国营销界誉为"大客户营销圣经"，是各大企业总裁和营销/销售主管的指导必备用书。感谢诺埃尔·凯普教授的邀请，我和思科中国区原副总裁张坚一起加入了这本书改编版的作者行列，我们希望能把这本被誉为"大客户营销圣经"的经典之作奉献给中国的读者，为中国企业的营销和销售实践带来帮助。

在任何情境中，有趣的 80/20 法则都会存在。几乎所有企业的经营中都存在着某种形式的 80/20 法则，虽然这条法则的具体比例在不同的企业里会有所差别（如 90/10 或 75/25），但是我们通常将这条法则解读为：大多数企业 80% 的收入来自 20% 的客户（也就是我们通常所说的大客户），这 20% 的客户对企业未来的长期发展具有超出普通客户的重要意义。

在今天的经济疲软时期，大客户的重要性更加突出：企业能否获得大客户并维持大客户的订单决定了企业的生死存亡。然而，大多数中国企业仍然缺乏大客户营销和管理的科学体系。正因为如此，本书改编版的诞生有十分积极的实践意义。

当然，要走出困境，光学习这一本书是远远不够的。接下来，我就和大家分享一下当身处困境时，企业和个人应该牢记的四个关键词。

第一个关键词：**敏捷**（Agile）。英国生物学家达尔文曾经说过："一个物种之所以生存，并不在于它最强大，也不在于它最聪明，而在于它最能适应变化。"例如，恐龙作为史前时代的霸主，后来却灭绝了——活得最久的往往并不是最强大的、最有力量的动物，而是最能适应环境变化的动物。

今天，我们所面对的商业环境变化太快、太大，企业必须敏捷才能应对。在过去的几十年里，很多实力雄厚的大公司都在一夜之间"倒塌"了，包括柯达、摩托罗拉、诺基亚等。在国内，新冠疫情成为压垮海航集团的最后一根稻草，其目前已由政府接管。

中小企业有"船小好掉头"的优势，面对困境时更该敏捷应对。例如，由于新冠疫情蔓延全球（特别是欧美），我国很多外贸行业的订单都被取消了。可以说，外贸行业成为受到疫情冲击影响最大的行业之一。然而，我的一个江苏昆山的女企业家学生果断地把原来生产纺织布料的工厂转型为生产口罩、防护服等防疫用品的工厂，不仅帮助了国内外抗疫，也使工厂自身获得了巨大的发展。

第二个关键词：**聚焦**（Focus）。现在世界局势依然处于大调整之中，风险无处不在，大多数行业正处于"经济寒冬"之中，面临诸多困难和挑战——企业必须做到聚焦，把有限的资源放到企业最重要的战略领域中。

换言之，企业要在有核心竞争力的领域做到有高进入壁垒、客户忠诚度高。

很多企业遇到的问题都是不聚焦导致的。刚才提过的海航集团就是如此，还有很多其他例子。例如，乐视原本是电视、体育、影视行业的"巨无霸"，可以说相当于美国的时代华纳。在乐视成为创业板第一股且市值高达千亿元后，贾跃亭开始大量投资"不相关的业务"，包括乐视手机、乐视汽车等所谓的"生态"之中的产品。结果，乐视手机和乐视汽车烧了太多钱，导致乐视的主业被拖垮了。类似的错误，我们在格力手机、360手机等上面都可以看到。

第三个关键词：**效率**（Efficiency）。要应对困境，企业的选择无非开源或者节流，而提高效率就是尽最大可能去开源节流。

2020年的新冠疫情重创了航空业，很多现金储备不足的航空公司纷纷倒闭。在美国航空界，三大传统航空公司是美国航空、达美航空和联合航空。然而，这三大传统航空公司的盈利能力并不强，经常亏损。盈利能力最强的航空公司是廉价航空公司西南航空，在1973年到2019年的46年间，西南航空一直保持盈利，这在美国的航空界是独一无二的。甚至，在2001年的"9·11"事件后的经济衰退中，美国航空和联合航空创下了亏损的最高纪录，但在同样严峻的背景下，西南航空仍保持盈利。

为什么西南航空能够从1973年到2019年保持46年盈利，而别的竞争对手做不到？原因就在于，西南航空把效率做到了最高，把成本压缩到了最低，使用单一波音737机型、票价不含餐食、不设头等舱、登机不对号入座、只提供点对点直飞（没有中转联程）等都是其具体措施。这样做的效果是，当别的航空公司的飞机从降落到再次起飞平均需要2小时的机场滞留时间时，西南航空却能把飞机机场滞留时间压缩到只有15分钟左右。记住，飞机只有飞到天上时才会挣钱：对航空公司来说，最大的成本是飞机，每架飞机都要花费几千万乃至上亿美元，成本都是按秒计算的，如果航空公司让飞机浪费大量时间停在地面上而不是飞在空中，那就等于在浪费钱。类似地，企业家和高管一定要思考，自己企业的效率是否已经做到最高，成本是否已经节约到最低。我们每个人也要思考，自己每天的时间是否已经充分利用，是否没有浪费在与家庭、事业都无关的事情上面。

第四个关键词：**成长**（Grow）。即使今天的经济环境不容乐观，企业也要学会逆势成长，等待机会的到来，因为机会是只给有准备的企业的。企业家是企业的"天花板"，因此企业家一定要不停进步、持续成长，为企业的下一步腾飞做好准备。

作为个人，不论你是企业家还是高管，抑或是职场新秀甚至在校大学生，都要跟上时代的节奏，不断提升自己的认知水平。王兴先生把美团做到市值超2万亿港元后，仍然每天都在坚持读书（还记得不久前我推荐哈佛商学院科特教授的《领导变革》一书给他）。恒信钻石的创始人李厚霖先生，现今仍在积极参加DBA课程的学习。作为全国数一数二的钻石品牌，恒信钻石已经有700多家店，但李厚霖先生非常谦逊地告诉我，他想学习充电以跟上时代的节奏，希望能够进一步把恒信做成一个代表中国的民族奢侈品品牌。

古人都知道"宝剑锋从磨砺出，梅花香自苦寒来"，今天，面对百年难遇的疫情和经济寒冬，我们每个人都需要不断努力，终身学习，持续成长！

郑毓煌

清华大学营销学博士生导师

世界营销名人堂评委

2021年1月28日

Key Account Management
———— and Planning

目 录

赞誉

作者简介

序言

第一部分 引言

第 1 章 关键客户管理势在必行 ┊ 2

    1.1 组织目标 ┊ 3

    1.2 传统销售团队体系 ┊ 4

    1.3 传统销售团队体系面临的压力 ┊ 5

    1.4 新型销售团队体系 ┊ 15

    1.5 关键客户管理的价值及注意事项 ┊ 19

1.6　关键客户管理相合性模型　｜　28

1.7　本书的结构　｜　30

第二部分　适用于关键客户管理的战略、组织结构和人力资源

第 2 章　适用于关键客户管理的战略　｜　34

2.1　企业对关键客户的投入　｜　34

2.2　关键客户的性质和类型　｜　38

2.3　选择关键客户　｜　44

2.4　管理关键客户组合　｜　52

2.5　选择关键客户过程中的问题　｜　59

2.6　总结　｜　63

第 3 章　为关键客户管理构建组织结构　｜　64

3.1　设计关键客户管理组织结构　｜　65

3.2　负责关键客户管理的组织单位和组织层面　｜　70

3.3　关键客户管理中的角色和职责　｜　77

3.4　总结　｜　101

第 4 章　关键客户管理的人力资源：关键客户经理　｜　102

4.1　关键客户经理的职业技能　｜　103

4.2　关键客户经理的招聘、选拔和培训　｜　110

4.3　关键客户经理的绩效测量、薪酬和奖励机制　｜　116

4.4　总结　｜　125

XV

第三部分 关键客户管理的系统和流程

第 5 章 关键客户方案规划：关键客户分析 ┊ 128

5.1 关键客户基本信息 ┊ 129

5.2 战略性关键客户分析 ┊ 131

5.3 确定和满足关键客户需求，为客户创造价值 ┊ 144

5.4 采购分析 ┊ 162

5.5 信息源 ┊ 179

5.6 总结 ┊ 181

第 6 章 关键客户方案规划：竞争分析和供应商企业自身分析 ┊ 183

6.1 竞争分析 ┊ 183

6.2 供应商企业自身分析 ┊ 193

6.3 规划假设 ┊ 206

6.4 机会和威胁 ┊ 207

6.5 总结 ┊ 212

第 7 章 关键客户方案规划：关键客户战略 ┊ 214

7.1 关键客户管理计划的愿景和使命 ┊ 215

7.2 关键客户战略 ┊ 216

7.3 关键客户方案规划过程中的常见问题 ┊ 239

7.4 总结 ┊ 242

第 8 章 关键客户关系管理流程 ┊ 246

8.1 确保关键客户管理团队对关键客户的持续关注 ┊ 246

8.2 与关键客户的沟通交流 ┊ 252

8.3 技术的作用 ┊ 261

8.4 绩效监控 ┊ 268

8.5 总结 ┊ 278

第四部分 关键客户管理的关键问题

第 9 章 与关键客户建立合作伙伴关系 ┊ 280

9.1 合作伙伴关系的发展过程 ┊ 281

9.2 确定建立合作伙伴关系的机会 ┊ 291

9.3 合作伙伴关系发展模型 ┊ 298

9.4 建立和维护成功的合作伙伴关系的必备条件 ┊ 307

9.5 不成功的合作伙伴关系计划 ┊ 312

9.6 总结 ┊ 313

第 10 章 全球关键客户管理 ┊ 314

10.1 启动全球关键客户管理计划的诱因 ┊ 317

10.2 全球关键客户战略 ┊ 322

10.3 全球关键客户管理中的角色和职责 ┊ 326

10.4 全球关键客户管理的组织结构 ┊ 332

10.5 全球关键客户方案规划 ┊ 342

10.6 全球关键客户经理 ┊ 347

10.7 总结 ┊ 355

附录 关键客户方案大纲 ┊ 356

译者后记 ┊ 358

第一部分

引　　言

KEY ACCOUNT
MANAGEMENT
AND PLANNING

KEY ACCOUNT
MANAGEMENT
AND PLANNING

第 1 章

关键客户管理势在必行

吸引、留住和发展客户是提升股东价值的根本途径，也是世界范围内众多企业的关键经营目标。所有企业都会找到特有的与客户沟通的方式。通常来说，在企业对企业（B2B）商务模式的营销过程中，组建四处奔波拜访客户的销售团队是不可或缺的。然而近年来，传统的销售团队体系面临巨大的压力：强大的销售团队提升了人们对销售和客户管理重要性的认知，很多企业开始重新评估销售团队的工作方式。这使得传统的销售团队体系开始瓦解，很多企业着手制订关键客户（Key Account，有时也被称为大客户）管理计划，作为确定新的组织活动方式的参考。

在本章中，我们论述了传统销售团队体系与这种体系面临的压力，以及导致其逐渐瓦解的根本原因。通过论述，我们证明了加强关键客户管理是企业面对压力时合理且必然的反应。随后，我们讨论了制订关键客户管理计划能够为企业和客户带来的利益。同时，我们列出了一系列注意事项。在本章最后，我们为准备着力加强关键客户管理的企业提供了一个具有指导性的模型（见图1-4）。

1.1 组织目标

大多企业的首要经营目标是提升股东价值。为了实现这一目标，企业必须生存和发展——企业只有在当前或未来能盈利的前提下才能生存和发展，而企业只有在吸引、留住和发展客户的竞争中取胜才能实现盈利（见图 1-1）。

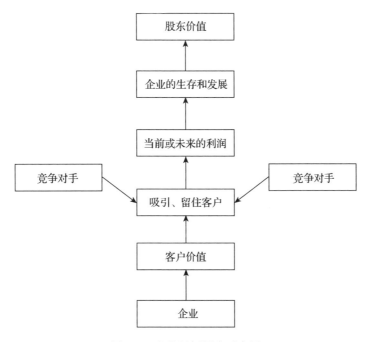

图 1-1　企业目标层次示意图

多年来，企业界形成了多种多样的大众信息沟通方式，力图对现有和潜在客户的购买行为施以影响。大众信息沟通方式包括广告、直邮、公开宣传等，近年互联网的普及与发展刺激了借助网站、博客、微博、微信、短视频分享平台和其他新社交媒体开展信息沟通的方式的发展。在传统的大众信息沟通方式中，信息通常由企业中的某个人或某一群人掌控。相比之下，人际信息沟通则主要由个体销售人员负责。在很多行业中，个体销售人员既充当着企业与客户之间的桥梁，也充当着企业长期客户关系管理的全权负责人。

1.2 传统销售团队体系

传统销售团队体系通常是层级化的组织。在这个组织中，奔波在外的销售人员向一线销售经理报告，一线销售经理向更高一级的区域销售主管报告，这样一层层传递，最终将信息传达给全国甚至全球销售业务的主管。不同企业的销售管理层级数量会有所区别，它取决于销售团队的规模、分权管理理念和对销售人员的授权等因素。近年来，销售团队的精简化导致单个层级的管理幅度扩大、管理层级扁平化。例如，惠普公司要求销售经理管理的人数要超过10人，若达不到要求就不能成为经理，只能是组长。

此外，在任何特定的销售团队中，个体销售人员的职责基于他们是否专职从事某项工作以及这种专职化的类型和程度而有所区别——这种专职化可以体现为专门负责某个产品、某个细分市场、某个渠道层级或业务维护、业务开发等。专职化往往能够更加有效地使用个体销售人员，但会导致灵活性降低和个体销售人员成本增加。是否应该使个体销售人员专职化以及采用何种形式的专职化通常取决于企业对效益和成本的权衡。销售团队可以基于以下几种因素进行组建。

地理。基于地理因素组建销售团队是最简单、效益成本比最高的：每个销售人员负责面向特定地理区域内的所有客户，以各种方式推销企业的所有产品和服务。大企业的区域销售分公司、小企业的区域销售办事处都是基于地理因素组建销售团队的例子。

产品。在基于产品因素组建的销售团队中，某个销售人员负责面向特定地理区域内的所有客户销售企业（或业务部门）的某一部分产品，而其他销售人员负责面向相同或重叠的地理区域内的所有客户销售其他产品。

以惠普公司为例，PC销售团队、打印机销售团队、服务器销售团队、存储产品销售团队就分别负责不同产品的销售。

细分市场。在基于细分市场组建的销售团队中，某个销售人员负责面向特定细分市场（例如行业细分市场或产品细分市场）的所有客户销售企业（或业务部门）的所有产品，而其他销售人员通常面向相同或重叠的地理区域内的其他细分市场的所有客户销售企业的所有产品。以惠普公司为例，中国惠普的政府和公共事业部门负责政府、教育、医疗卫生等细分市场的销售。

渠道层级。在基于渠道层级组建的销售团队中，某个销售人员负责在渠道体系的特定层级上（例如经销商或者零售商）开发或者维护客户，而其他销售人员负责在渠道体系的其他层级上开发或维护客户。例如，在IT行业，很多企业的销售团队可以分为分销商、集成商、独立软件开发商（ISV）等多个层级。

业务维护/新业务开发。在基于业务维护和新业务开发组建的销售团队中，销售人员/子团队的区别在于面对的是现有客户还是新客户。新业务开发子团队负责实现对新客户的销售并建立企业与新客户间的业务关系（它们是"狩猎者"），然后将客户移交给业务维护子团队（它们是"耕耘者"）。例如，很多企业都有业务拓展经理（BDM），由其专门负责开拓新市场和竞争对手所在的市场。

尽管基于这些因素组建的销售团队取得了良好的成果，但是日益加剧的竞争压力和来自其他方面的压力正在推动这种传统销售团队体系向致力于企业/客户关系管理的新型销售团队体系转变。

1.3 传统销售团队体系面临的压力

传统销售团队体系面临的压力包括三种：竞争加剧的压力、内部压力

（来自企业销售团队内部的压力）、客户的压力（见图1-2）。

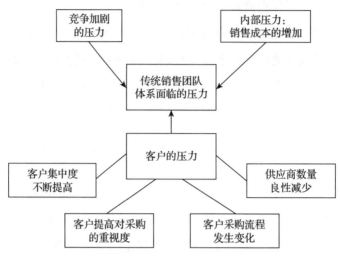

图1-2　传统销售团队体系面临的压力

1.3.1　竞争加剧的压力

当前，全世界几乎所有的企业都面临着更加严峻的竞争，吸引、留住和发展客户的工作也因此变得日益艰难。随着国家之间经济联系日益紧密，企业间竞争的深度和广度都已进一步加大。这种联动关系随着超国家性质的全球性/地区性组织的活动得到进一步加强。例如，除了大多数人熟悉的世界贸易组织（World Trade Organization，WTO）之外，还有欧盟（European Union，EU）、北美自由贸易协定（North American Free Trade Agreement，NAFTA）、东南亚国家联盟（Association of Southeast Asian Nations，ASEAN）、南美地区的南方共同市场（Mercado Común del Sur，MERCOSUR）等，这些超国家性质的全球性/地区性组织的存在使得企业可以更广泛地参与全球经济活动。

推动竞争加剧的因素还有供应链一体化、信息技术的普及，以及高质量、低成本的通信和运输等。供应链向前和向后的一体化与企业想加入多种多样的合作关系（如创办合资企业或加入研发联盟和供应链联盟等）使供应链上的竞争不断加剧。信息技术的普及使得企业高管能够管理千里之外的公司，而信息技术的快速发展正在使竞争超越企业间的范畴，扩展为不同行业间的竞争。

股东价值理念的进一步传播是推动竞争加剧的另一个重要因素。虽然首创于美国，但是股东价值理念正在凭借其优势在法国、德国、日本和中国这些一直实行不同于美国的公司治理模式的国家中取得重大进展。随着股东价值理念的进一步传播，所有企业面临的盈利压力增加了，竞争也进一步加剧。

国内市场竞争的加剧促使越来越多的企业走出国门，到海外市场寻找机会；促使已经走出国门的企业扩大跨国经营范围，成长为真正的全球性企业。不论在国内还是海外，企业都可能面对以它们意料之外的方式经营的新竞争者。事实上，随着企业致力于在满足更加复杂的客户需求的过程中识别新的商机，国内企业开始面对来自技术水平更高、管理更专业、资金更充足的外国企业的竞争压力。

竞争压力有不同的表现形式，例如：价格出现下跌的趋势；产品线竞争因为产品复杂性的增加和产品生命周期的缩短而更加激烈；客户因为有了更多选择而有了更高的期望值；卫星、有线电视、互联网、大数据、云计算、5G、区块链等一系列新型信息传播和/或技术工具的普及使所有竞争者都更加有竞争力；等等。

最后，竞争加剧的压力还来自环境的变化。当今的时代被称为VUCA时代——VUCA是Volatility（易变性）、Uncertainty（不确定性）、Complexity（复杂性）、Ambiguity（模糊性）的缩写。在当今这样一个具有高度易变性、不确定性、复杂性、模糊性的世界里，会有很多极具破坏性的现象产生，比如2020年新型冠状病毒导致全球很多国家（城市）交通封锁、企业无法开工，很多企业因此而倒闭。

1.3.2 内部压力：销售成本的增加

多年来，销售团队的工作成本快速增长是传统销售团队体系承受的另一种压力。公开数据显示，销售人员单次拜访客户的成本近年来一直在不断增加。销售成本的增加一方面源于劳动力市场因素的驱使，另一方面源于公司内部决策（例如为销售人员配备个人电脑、平板电脑、智能手机、应用软件等）。成本的增加影响了各种销售工作的开展。要特别注意的是，尽管销售成本相同，但中小客户能为企业带来的销售收入往往低于大客户能为企业带来的销售收入。如下所述，由于面对众多中小客户的销售成本持续增加，很多企业开始探索其他可用的与中小客户沟通交流的方式。

1.3.3 客户的压力

1. 客户集中度不断提高

在多种环境因素的作用下，企业的客户数量越来越少，而且客户议价能力越来越强。这些因素相结合，使企业在客户数量减少的同时，销售收入趋于集中。举例来说，成熟行业普遍存在向寡头垄断市场结构发展的趋势，在这一趋势下，客户所在行业中实力较弱的竞争主体要么无法成功生存下来，要么被实力更强的竞争主体收购或者兼并，从而导致企业销售收入集中化。在很多行业中，国际化和全球化因素强化了这一趋势——以往的国内市场"垄断者"正在整合成为"全球寡头"。

与此相关，大量的兼并和收购活动在很多情况下造成了有效客户数量的减少。在某种程度上，这样的收购和兼并活动在客观上增强了客户的议价能力，使他们在议价过程中可占据更加有优势的地位。在很多行业中，客户已经形成了可以抗衡或抵消企业议价能力的力量。总之，在多种因素的综合作用下，企业将面对数量更少但议价能力更强的客户。

2. 客户提高对采购的重视度

在传统上，很多公司的高层管理者对采购的重视程度相对较低，采购支出收益率（Procurement-Spend to Revenue Ratio）也相对较低。近年来，以下几个因素导致了采购支出收益率有所增长。

（1）企业精简人员和资本替代劳动力趋势的加强使企业必须在设备、原材料和物资采购上花费更多，而不是在劳动力上花费更多。

（2）很多企业通过产业链纵向分离降低了固定成本，从而提高了灵活性。

（3）企业对核心竞争力的重视以及随之而来的外包业务的发展提高了为企业自用采购的产品和服务的价值。

（4）品牌化重要性的提升使很多企业（特别是电子产品零售企业）在事实上充当了产品经销商的角色。

从总体来说，这些变化可能非常急剧和显著。例如，IBM公司的采购支出收益率在一个十年区间内就从28%增长到了44%。

企业管理部门没有忽视这种转变对利润率的影响。让我们对比两家利润率均为10%但拥有不同成本结构的公司（见表1-1，单位略）。A公司的采购支出收益率为20%，B公司为70%。假设采购效率提高10%（即采购成本降低10%），A公司的利润将增长20%，而B公司的利润会增长70%！

表 1-1

	A公司		B公司	
	原始状态	采购效率提高10%	原始状态	采购效率提高10%
销售收入	100	100	100	100
采购成本	20	18	70	63
所有其他成本	70	70	20	20
总成本	90	88	90	83
利润	10	12	10	17
利润增长	20%		70%	

此外，还有一些因素使公司高层提高了对采购的重视度：竞争加剧带来了利润率压力；业务流程重组；供应链管理得到更多重视；兼并和收购提升了成本效率；危急情况下组织结构亟须转型；等等。咨询公司孜孜不倦的游说和为降低采购支出出谋划策的行动，也对公司高层提高对采购的重视度起到了一定的作用。当然，我们应当牢记原材料成本只是各种采购成本中的一种。

案例 1-1 强生公司（Johnson & Johnson，J&J）的销售收入约有 50% 付给了第三方食品和服务供应商，只有 33% 用于购买原材料！剩余的大部分用于支付旅行、通信、计算机等相关服务费用。强生公司的采购经理认为，这些领域中分散化的采购行为（缺少专业采购人员的监督）表明公司在降低成本方面有着巨大的潜力。事实上，强生公司提高对采购的重视度所带来的好处才刚刚显现，例如在价值上百亿美元的药物剂型的生产中，物料采购成本降低了 10 亿多美元。

3. 客户采购流程发生变化

随着采购决策变得日益复杂和重要，客户的采购流程也发生了一些变化。

集中化。通信、计算机和互联网领域的技术进步加快了采购决策集中化的趋势。以往，客户企业的各业务单位在采购方面通常可以单独行动，"各行其道"。随着客户企业从不同业务单位收集数据的能力不断提高，采购活动的地点也发生了变化。例如，在很多零售连锁企业中，总部正越来越多地参与单个商店的采购决策——在以往，单个商店拥有更多的经营自主权。

现在，很多供应商企业允许客户企业的员工通过互联网完成采购活动。客户企业的员工只需要登录供应商网站就可以下订单。这样的采购系统使采购专员可以更全面、更准确、更及时地收集采购数据。在这种模式下，买方拥有更大优势，并且能够对比基准数据库追踪、了解采购进展。相关的信息系统不仅可以追踪单个供应商的表现，还可以监督双方员工是否严格按照统一谈判签订的供应合同行事。

案例 1-2 戴尔公司的"尊享网页"（Premier Pages）是为关键客户创建的带有密码保护的定制网页，网页包含了戴尔产品的配置和协议价格信息。关键客户企业的员工浏览"尊享网页"就可以获得他们需要的戴尔产品信息。"尊享网页"还可以提供各种管理报告，使关键客户企业能够追踪员工的电脑采购行为。

全球化。全球化带来的一个结果是企业可以在更大范围内寻找供应商，并且可以将供应商的全球覆盖范围大小作为重要的选择标准。在很多客户企业，集中化的趋势已经越来越具有全球性：负责全国和区域采购的人员现在都要向全球采购主管汇报。全球采购部"维护"着企业在全球范围内的主要供应商的档案，可从该部门查询到以往制订的采购方案。

高效化。以往的采购工作需要采购人员更多地依靠谈判技巧和办事能力，他们通常只需要具备中等教育水平，而新一代的采购人员往往是拥有MBA学位和丰富工作经验的快速信息追踪员和市场分析员，他们需要承担更多的职责。这些业务技术日趋精湛的采购人员在公司多个管理层级上开展工作，通常由新上任的高瞻远瞩的采购主管领导他们——新上任的采购主管往往会引入能够降低成本、提高质量和效率的新策略。

案例 1-3 通用汽车公司（General Motors，GM）新上任的采购部主管在上任的第二天就召集供应商在 GM 的技术中心开会。在会上，他拿起 GM 的合同样本，把它撕成两半，然后说："这就是目前你们手里的合同。新的采购合同必须把价格降低两成。"

战略化。客户企业的战略性采购计划给供应商企业施加了很大的压力。作为买方，客户会要求潜在供应商先填写一份内容全面的信息邀请书（Request for Information，RFI），然后对一份内容非常详细的招标需求书（Request for Proposal，RFP）做出回答。训练有素的采购人员通常会使用供应商成本结构模型展开攻势谈判，选出最能够满足具体需求且价格最实惠的供应商。

案例 1-4 IBM 采购部为采购人员开设了内容丰富的一系列课程，分为三个级别：基础核心课程、中级课程和高级课程。IBM 邀请供应商参加高级课程，重点学习如何联合降低成本。

新一代的采购人员通常不与供应商建立长期关系或者不重视与供应商建立长期关系，即使供应商是公司内部的部门。一些公司的采购部门向供应商工厂派驻自己的顾问，以帮助供应商工厂提高效率；还有一些公司经常用行业标准审查各项采购价格（如原材料、日常用品、打印服务等的价格），以确保公司在与供应商的谈判中掌握主动权。

联络简化。采购人员在与拥有多元化业务的供应商打交道的过程中已经认识到，他们不应与供应商每个业务部门的销售人员单独面谈，而应与一位供应商总代表面谈。

案例 1-5 过去，宝洁公司（P&G）每个部门的销售人员都与沃尔玛的采购人员单独联络，而在宝洁公司与沃尔玛建立的新型关系中，宝洁公司指派一名关键客户主管领导一个团队与沃尔玛相应的采购人员进行联络。

此外，通过为所有的产品和服务指定唯一的联络人和责任人，有些供应商获得了与客户的高层管理者直接接触的机会。

B2B 交易的电子商务化。基于互联网的电子商务交易正在使采购实践发生变化。B2B 电子商务交易具有多种形式，与关键客户管理最为相关的是买方主导的拍卖（逆向拍卖）。在此类拍卖中，买方会详述自己的需求，得到预先核准的供应商进行投标，并填写订单信息。最有意思的地方是，标的物的最终价格往往大幅低于起拍价格。随着 B2B 电子商务交易网站的激增（例如，在钢铁行业，国外有 e-steel.com 这样的 B2B 电子商务交易网站，国内有找钢网这样的 B2B 电子商务交易网站）和关键客户越来越多地发起网上拍卖，供应商必须做出关键性的战略和组织决策调整。

4. 供应商数量良性减少

在采购流程变化的同时，很多客户企业做出了积极决策，开始与数量更少的供应商建立更为紧密的关系——这些客户企业只允许最好的供应商参与业务竞争。这种做法与传统做法截然不同：传统做法是先向众多潜在的供应商发出需求清单，然后根据价格和交期等条件选出几家供应商。在我国，传统的邀请众多供应商的采购方式被称为公开招标，新的只邀请少量供应商的采购方式被称为邀标。

以下几个因素导致了上面这种变化：客户企业希望更严格地控制质量和原材料的投入量，希望提高采购效率，希望降低投入的成本（包括采购成本）；很多采购项目因涉及多项技术和客户定制服务变得更加复杂；等等。

案例 1-6 Grace Logistics 的总裁声称，大批量地采购维护、维修和运营（Maintenance，Repair & Operation，MRO）用品能够减少 10%～25% 的费用支出。

目前，很多客户企业已经通过互联网直购的方式降低了对 MRO 的投入成本。即时库存系统的应用，以及企业对降低营运成本的关注、业务流程的重组、对通过供应链管理提高资源转化效率和效果的重视都使企业降低了与 MRO 相关的成本。此外，组织机构的精简（包括缩小业务范围和外包等）使很多企业在某些领域中开始寻求与供应商建立更加紧密的关系（特别是在新产品开发领域中）。

科尔尼管理咨询公司（A. T. Kearney）对采购实践进行的一项研究表明，北美和欧洲的大型企业已经（或计划）大幅缩减供应商数量。这种情况不仅出现在制造业中，也出现在广告业中。不论是 IBM 还是 Reckitt and Coleman（英国居家清洁用品供应商），它们都把广告代理业务交给了一家广告代理商，而家乐氏和雀巢在世界范围内也都只有屈指可数的几家广告代理商。

1.3.4 小结

传统销售团队体系正面临巨大压力的冲击：竞争强度不断增加，宏观经济趋势导致有效客户数量不断减少，销售团队的成本持续增加。领先企业开始质疑它们与小客户打交道的传统做法。此外，企业面临着从未像现在这样重视采购工作的客户——对它们施加了难以忽视的压力。很多客户企业正在积极地缩减供应商的数量，并且显著地改变了采购方式。

我们从企业为应对上述压力和提升自身竞争地位而采取的大量行动中可以确定几点：首先，质量运动引发了产品与工艺领域全面的质量升级；其次，许多企业试图通过组织精简和业务流程重组等办法向外部转移成本；最后，很多企业正在重新定义产品/市场范围和供应链，并将以往在企业内部开展的很多活动外包出去。

采取经过深思熟虑的行动可极大地提高处于瞬息万变、动荡和复杂市场环境中的企业的经营绩效，而销售流程正在成为关注的焦点。结果，传统销售团队体系正在分崩离析，这为建立新型的销售与客户管理体系创造了条件。

1.4 新型销售团队体系

前面论述的各种压力促使很多企业开始重新评估它们与客户的沟通工作，特别是销售团队体系。很多企业已经意识到它们客户群里的客户并非同等重要，有些客户确实比其他客户有更高的价值。

结果是，传统销售团队体系正在逐渐瓦解（见图1-3）。企业的客户大体上可以分为三个群体：小客户、中等客户和大客户。在通常情况下，供应商企业会对中等客户沿用经过某些改进的传统销售团队体系，而对大客户和小客户使用变化显著的销售团队体系。下面我们分别阐述企业需要对大客户和小客户分别采取哪些行动。

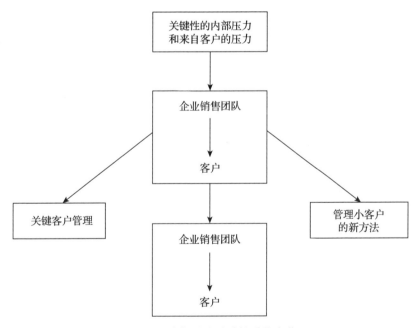

图1-3 销售团队活动性质的变化

1.4.1 面对大客户

几乎所有企业的经营中都存在着某种形式的80/20法则，虽然这条法则的具体比例在不同的企业里会有所差别（如 90/10 或 75/25），但是我们通常将这条法则解读为大多数企业 80% 的收入来自 20% 的客户（也就是我们通常所说的大客户），这 20% 的客户对企业未来的长期发展具有超出普通客户的重要意义。

大客户是公司的关键资产，当然，资产负债表不会体现它们的存在，但是它们对企业的长期生存和发展具有比很多固定资产更加重要的意义。实际上，一家固定资产为零却拥有大量客户的企业是可以成功的，而一家固定资产丰厚却没有任何客户的企业是无法成功的。而且，在市场需求发生变化和技术出现革新的情况下，固定资产反而可能成为战略性的负债。一家专注于固定资产积累的企业，可能无法适应不断变化的外部环境：IBM 无法欣然接受市场需求从大型主机向工作站和个人电脑的转变；巴诺书店（Barnes & Nobel）放弃了成为网上图书销售先行者的优势，将机会拱手让给了亚马逊。这些都是固定资产成为制约因素的典型案例。

大客户群体所拥有的高价值以及其他客户相互竞争以跻身这个群体的事实，都表明了大客户应该得到不同于其他客户的对待——它们应该获得更多的供应商企业资源，它们值得供应商企业高层管理者给予更多的关注。这个令人信服的理念促使很多企业制订了关键客户管理计划。

关键客户管理将企业关注点放在那些对企业当前和未来长期发展尤为重要的客户身上，并且优化了对企业稀缺资源的使用方式。关键客户管理为更全面地搜集客户的战略现状、关键需求和采购流程、竞争威胁以及重要的供应商资源等信息并进行深入分析做好了必要的准备，企业因此能够更好地识别机会和威胁，设定更加合适的目标，制定更优的战略和行动计划。此外，企业内部沟通和管理的改进将强化企业的行动力和执行力。

合理地设计和执行关键客户管理计划将使企业有所收益并改进企业面

向这些客户的工作绩效。事实上，研究表明，实施了关键客户管理的企业能够更加有效地改进与客户沟通的方式与效率，扩大市场份额，从而增加销售收入和利润。

如下所述，企业实施关键客户管理可以选择多种不同的方法。大多数关键客户管理方法与传统销售团队体系的重要区别在于：奔波在外的普通销售人员不再是企业与客户关系的唯一责任人。企业可以将管理关键客户的重任从普通销售人员身上转移到一个独立的部门。即使仍由普通销售人员对企业与关键客户的日常沟通负主要责任，但是重要的管理客户的责任往往会由关键客户经理承担。普通销售人员不必再承担管理职责，企业通常会将这一职责委派给一个独立的关键客户管理小组。关键客户经理需要与其他部门（包括销售部门）的同事共同组建一个关键客户管理团队，并作为该团队的领导者对维持关键客户关系的长期健康发展承担首要责任。为了完成使命，关键客户经理必须具备包括教导、培训、指导、规划和项目推进等在内的一系列普通销售人员所不具备的能力。此外，实施关键客户管理的企业通常会建立系统和流程以改进组织职能。

1.4.2 面对小客户

前面谈到的 80/20 法则的一个符合逻辑的推论是存在 20/80 法则，即有 20% 的企业收入来自 80% 的客户。这条法则引出了一个问题："服务 80% 的客户需要付出多少成本？"对于大多数企业来说，答案是"成本巨大"。

为确保完整性，我们简要介绍三种用以解决小客户服务成本持续攀升问题的方法。

1. 停止服务

我们可以将小客户简单地分为以下三类：①有可能扩大业务的客户；②有可能维持现状但不太可能扩大业务的客户；③无法保证未来长期业务的客户。企业可以依此做出决策，放弃第三类客户和第二类的某些客户。

通过做出果断的选择，企业可以最大限度地减少当前和潜在的损失并节约大量成本。

2. 找出成本更低的服务这些客户的方法

企业可以将维护高成本/低利润客户的工作从销售团队中分出去，转交给企业其他团队负责。企业可以通过电话、直邮、电子邮件和其他互联网联络方式与这些客户沟通，使企业在保持原有收入水平的情况下降低总体销售成本。例如，甲骨文公司规定，小于一定销售额的客户一律交给电话销售部门负责，其他销售人员与这些客户达成交易也不算业绩。

3. 把这些客户分给经销商

经销商所拥有的组织结构使其往往比企业更适合服务数量众多但采购量小的客户——它们的固定成本往往更低。企业可以告知这部分客户自己将不再向它们直接供货，但它们可以从经销商那里获得同样的产品和服务。如此，企业既可以节省直接销售成本，又可以继续获得经销商方面的收益。

> **案例 1-7** 3M 公司以往的客户数量超过 5000 个，其中大部分是小客户。一项盈利分析显示，很多客户是无法给 3M 公司带来足够的利润的。于是，3M 公司将除一些最大客户之外的所有客户移交给了精心挑选的经销商。3M 公司的直接客户数量由此减少到了 100 个，其中包括经销商。

虽然这种做法有好处，但是企业在做出向经销商移交客户的决策时必须非常谨慎——在移交客户的若干年后，有些客户可能会成功地发展到足以与企业重新建立直接销售关系的水平，可到那时，经销商往往不会同意移交回去！

1.5 关键客户管理的价值及注意事项

关键客户管理只有在企业面对重要客户时才可行，并且前提是关键客户管理能够为企业和关键客户都带来利益。表 1-2 展示了不同企业的与关键客户有关的数据。关键客户管理有多种方案可供选择，我们在本部分中将重点论述其能够带来的利益。当然，关键客户管理能否带来利益以及能带来多少利益完全取决于关键客户管理的设计及其对企业和关键客户的适用性如何。需要明确的是，关键客户管理并非万能钥匙，如果关键客户管理没有设计好，有些时候甚至会给企业和关键客户带来严重的问题和困扰。接下来，我们将先论述关键客户管理能够为企业带来的利益，然后论述其对关键客户的有利之处，最后会提出一些注意事项。

表 1-2

	高增长率的企业	低增长率的企业
对最有价值的客户持有"非常清楚的认知"的企业的百分比	38%	22%
综合实力排名位于前 10% 的客户给企业带来的销售收入占总销售收入的百分比	46%	32%

1.5.1 关键客户管理能够为企业带来的利益

关键客户管理可以为企业带来很多相互关联的利益，如下所述。

1. 与关键客户联系更紧密

（1）**使企业更好地了解关键客户的目标、战略和其他需求**。随着企业与关键客户关系的增进，企业内部各部门之间共享信息的程度加深了——企业对关键客户的业务环境更加了解，并且会参与关键客户经营目标和战略的制定，从而能够更好地了解关键客户的需求并对产品和服务的开发给予更多关注。反过来，关键客户也能够更加了解供应商企业的能力和正在开发的技术，从而相应地改进自己的战略。增进相互了解将为双方带来更好的绩效。

案例 1-8 美国电话电报公司（AT&T）市场运营部主管在接受我们采访时说："我们与关键客户的合作非常默契。我们能够从这样密切的合作中受益是因为我们始终与关键客户保持一致的战略方向。关键客户会告诉我们如何能够帮到它。"

案例 1-9 新华三公司通过给关键客户做战略规划工作坊，不仅获得了客户的认可和信任，而且更好地了解了客户的战略和需求，从而在一年内获得了客户的多个项目。

（2）**使关键客户的转换成本更高**。随着企业与关键客户的关系加深，关键客户会越来越依赖企业为其经营活动提供重要的投入，例如发展联合项目、定制产品和服务等。此外，企业的各项业务联系和各种社会/私人关系也在不断加强，包括多个部门的横向联系和不同层级的纵向联系。总的来说，这些因素将使企业与关键客户的关系更加紧密，会降低关系破裂的概率，使竞争者难以介入。

（3）**使企业更好地了解和管理关键客户**。当企业与关键客户之间存在多重销售关系时，在二者的总体关系中将不存在唯一的中心点。简单计算关键客户带来的收入和利润的行为可能使很多关于如何向客户提供更多价值的问题显现出来。

案例 1-10 3M公司通过实施一项关键客户管理计划，发现了很多以往单个业务部门难以识别的销售机会。

案例 1-11 一家拉丁美洲的金融机构以往追讨拖欠贷款的流程包括三个互相独立的子流程——行政追讨、预司法追讨和司法追讨。通过采用关键客户追讨流程，该金融机构能够及早地关注最严重的贷款拖欠问题，从而提高了总体的追讨绩效。

2. 管理复杂关系的能力得到加强

当企业的关键客户试图应对复杂的商业环境时，作为供应商的企业也会不可避免地面对同样的复杂性。企业需要管理关键客户与企业组成的众多关系网——有些关系网只存在于关键客户内部，有些关系网只存在于企业内部，还有一些关系网存在于企业与关键客户之间。关键客户管理是一个处理复杂关系和管理关系网的过程，这个过程将使企业能够更好地满足关键客户的需求。

3. 展现统一的企业整体形象

关键客户管理经常可以帮助企业展现统一的企业整体形象。作为单一的联络人，一名称职的关键客户经理必须能够精心安排企业里隶属不同部门和熟悉不同业务的众多员工共同组成一个服务于关键客户的团队，并向购买或可能购买企业多元产品的关键客户发出统一的声音。称职的关键客户经理还可能影响企业的子业务部门，使它们在收到多元业务招标需求书时能够从全公司的角度做出回应和行动。

4. 提升自身竞争力

如果企业对关键客户的选择是明智的，那么关键客户将提升企业在很多产品和服务领域中的绩效水平。随着企业不断提升和突破自身的最佳绩效以满足严苛的关键客户需求，相关"最佳实践"的普及将提高企业在目标市场的竞争力。

案例 1-12　Alpha Graphics（AG）是一家从事图文设计、复印、打印和网站设计的公司，是施乐公司的重要客户。当 AG 公司使用最新款的施乐设备以每年新进入 5 个国家的速度在全球扩张时，施乐公司遇到了当地工作人员短缺的问题。AG 公司的需求迫使施乐公司提升了自身的服务质量，同时也提高了施乐公司服务这些国家中的其他客户的能力。

5. 提升人力资源效益

关键客户管理将为企业带来以下几项人力资源效益。

（1）严格的招聘、选拔、培养和留用程序将确保企业聘请到经验丰富、能力合格的关键客户经理来管理重要客户。

（2）关键客户经理能够获得经营企业的经验，这对其个人的职业发展非常重要——这些宝贵经验将为其晋升高层管理职位奠定重要的基础。

（3）从事关键客户管理对销售人员来说是一个具有激励性的职业机会——关键客户经理职位为那些销售业绩优异但既无意担任销售经理也不具备相关能力的销售人员提供了很好的职业发展选择。事实上，优秀的销售人员经常会引发重要的销售管理问题（企业必须时常提供晋升的机会和选择，以留住业绩出众的销售人才），这些销售人员可能既没有主观愿望，也不具备管理一个销售团队的能力，如果晋升决策有误，那么企业将损失一位明星销售人员而得到一位不能胜任的销售经理！让这样的销售人员晋升为关键客户经理可以作为一个可行的替代性选择，既能体现企业对销售人员出众业绩的肯定，也能确保企业的关键岗位由能力适合的人员担任。

1.5.2　关键客户管理对关键客户的有利之处

如前所述，企业通常会采用关键客户管理计划对整个客户群的资源进行合理化分配，希望能够借此为重要客户提供更好的服务并确保获得显著的收益。但是，这个行为的关注点是内部导向的，企业还必须认真地回答下面这个外部导向的问题："关键客户管理计划对关键客户来说具有怎样的价值？"

关键客户管理计划的实施往往标志着企业组织结构有了重大改变，而对内部的关注程度很可能会影响企业的决策方向。可以肯定的是，如果企业无法向关键客户明确说明成为关键客户的真正价值所在，那么关键客户管理计划将无法取得预期的成效。当精明的关键客户意识到它们需要为获得企业的更多关注而付出更多的成本时，这个问题将变得更加严重。

关键客户经理肯定会向客户表明，被认定为关键客户后可获得哪些价值——很可能会让关键客户产生过高的期望。但是，让关键客户产生过高的期望却无法达到高绩效会令关键客户感到不满。企业在管理关键客户的期望时应向关键客户讲明被认定为关键客户可获得的正面利益，同时要让关键客户明白哪些利益是无法实现的。这种方式要比让关键客户在缺少供应商企业意见的情况下自发地形成某种期望好得多。特别需要注意的是，企业不应在不必要的情况下引起关键客户对自身议价能力的注意，否则关键客户很可能会要求得到更多资源和/或要求给予价格优惠。

显然，不同的关键客户获得这一身份认定所能得到的利益是不同的。通常，关键客户可以获得以下几种利益。

1. 拥有单一联络人

关键客户在与供应商打交道的过程中遇到的一个大难题是经常要与供应商的不同业务部门分别联系。由一位关键客户经理全权负责企业与关键客户间的关系将为关键客户带来以下好处：提高沟通质量；减少意外情况；获取资源更加便捷；缩短决策时间；解决冲突更有效率；普遍降低业务合作难度。

2. 采购成本降低，采购效率提高

关键客户可以从采购成本降低、采购效率提高（因为供应商数量减少了）和与供应商的联络方式简化（如一站式购物）中获得好处。

3. 在产能短缺的情况下按时拿货

当供应商以接近最大产能的状态运行生产设备以试图提高运营效率时，不可避免地会引发产能不足的问题。关键客户与供应商建立的紧密联系能够保护关键客户不受供应短缺问题的困扰，除非供应短缺问题非常严重。

4. 与供应商建立长期关系

关键客户与供应商之间紧密的联系使得关键客户能够对供应商的决策施加影响，由此双方可以在一种真正双赢的合作关系下共同识别市场机会并就相关问题共同制订解决方案，从而加强双方各自的市场地位。例如，北美一家重要的电信公司告诉它的供应商："我们希望在我们发现问题之前就能收到你们的解决方案。"

5. 获得更多好处

关键客户与供应商之间紧密的联系可以使供应商成为关键客户信任的咨询顾问，使关键客户得到供应商的格外照顾。关键客户可能获得的其他好处包括：获取供应商的先进技术；与供应商合作开发新产品；优先引进和测试供应商的新产品；利用供应商灵活的产品设计流程定制问题解决方案；获得稳定的高水平服务；享用特别设计的增值支持服务；等等。

6. 获得与交易非直接相关的利益

除了从与供应商的交易中获得直接相关的利益外，关键客户还可以从供应商那里获得与交易非直接相关的利益。例如，思科公司与其关键客户清华大学成立了联合实验室，还与很多中国著名大学合作选拔优秀大学生去国外实习。

当然，关键客户管理并非万能钥匙。我们下面将讨论一系列有关关键客户管理的注意事项。

1.5.3 关键客户管理的注意事项

各种形式的关键客户管理都是为了使企业专注于最重要的客户，通过提高利润、保障组织机构的生存和发展达成增加企业股东价值的目的。关键客户管理能够为企业及其关键客户带来很多利益，但是我们在看到积极方面的同时应知晓以下注意事项。

1. 供应商要避免风险过于集中（将太多鸡蛋放在同一个篮子里）

对关键客户的关注意味着供应商的资源向少数客户集中。如果供应商失去一个或几个关键客户，那将给供应商带来严重的影响。供应商针对这个问题可以采取的解决方法是对那些通过自身努力成功地"挽回"了有问题的或已破裂的客户关系的销售人员给予点名表扬，并表彰和奖励其中的一部分人员。

2. 供应商要知道自己可能无法充分获得利益

无论某个特定的关键客户多么重要，如果该客户以完全分散化的方式做出包括采购决策在内的重要决策，那么与这个客户建立的关键客户关系就有可能给供应商带来负面而非正面的影响。供应商要提醒关键客户，使它们意识到自己所采购的产品的多样性和丰厚的价值可能会给供应商带来降价、数量折扣等方面的压力。虽然存在这些问题，但供应商还是应当着眼于关键客户管理可能带来的全面利益而采取行动，因为如果麻烦最终无法避免，更好的做法是与关键客户共赢，而不是听天由命或者让竞争对手左右事态的发展！

3. 关键客户要知道自己可能无法充分获得利益

如果企业没有认真地管理关键客户的期望，那么关键客户可能无法预见它们可以获得的利益，随之而来的可能是关键客户的极大不满。

案例 1-13 英国一家大型公司的销售经理收到了客户发来的邮件："最近，贵公司的客户经理 Helen 告知我们，我们公司将得到升级服务，她将不再担任我们的客户经理。我们打电话给 Helen，告诉她我们对她的服务非常满意，不希望更换新的客户经理，但她告诉我们这是贵公司的规定，她无权改变。现在，我写这封邮件给您，希望贵公司能够从情理出发来考虑我们的诉求,而不是只遵照公司规章行事。我知道你们的内部政策要求当客户达到某个业务规模后必须为其指派关键客户经理……但我们非常希望由 Helen 继续担任我们的客户经理。"

4. 供应商要知道自己的市场机会可能减少

成功的关键客户管理计划将使供应商与关键客户的关系更为紧密——供应商与关键客户间的互动水平将得到提高。但是,供应商与关键客户更为紧密的关系可能会带来负面影响,即关键客户会禁止供应商与其竞争者有业务往来。反过来,供应商的潜在客户可能因为供应商与它们的竞争对手有紧密关系而感到不安。不论是哪种情况,供应商都将面临市场机会减少的问题。

案例 1-14 宝洁公司要求与它有业务往来的所有广告代理商都不能与其重要的竞争对手合作。因此,宝洁公司的广告代理商就失去了与高露洁公司、联合利华公司和雀巢公司合作的机会。

案例 1-15 几年前,可口可乐公司与环球电影公司建立了重要的市场营销合作关系。据《财富》(*Fortune*)杂志报道,环球电影公司的竞争对手——迪士尼公司的总裁从《华尔街日报》(*The Wall Street Journal*)得知这个消息后很不高兴。结果,迪士尼公司与可口可乐公司的合作不断发生摩擦,最终迪士尼公司增加了与百事可乐公司合作的业务。

当然,这种问题也可以有效地避免。在中国,一些软件应用服务供应商为了同时为中国移动、中国联通和中国电信提供服务,采用了注册不同名称的公司的做法。

5. 供应商要关注成本,避免"官僚主义"

将新型的管理体系与传统的销售团队结构相结合会产生大量的预算外成

本。事实上，企业启动关键客户管理计划通常是从制定复杂的企业规章和流程开始的，但是这形成的"头重脚轻"的管理体系往往过于烦琐。相比之下，更加可取的方法是：从确定相对较少的几个关键客户开始，随着企业关键客户管理经验的积累和一些最佳实践的形成再逐渐扩大关键客户群体的数量。

6. 供应商要知道应用关键客户管理系统会使自身的组织结构发生显著变化

不论供应商当前的关键客户管理系统是源自关键客户管理的首次尝试，还是从先前的流程发展而来的，在通常情况下，供应商的组织结构都会因这个系统发生显著变化。这些变化一般包括直线组织结构和报告关系的改变、组织制度（如薪酬制度）的改变和企业文化的改变。供应商应该执行有效的变革管理流程，并采取必要的措施最大限度地避免在未执行变革管理流程的情况下难免会产生的破坏性后果或其他严重后果，其中，销售团队是需要重点考虑的因素。

（1）**来自销售团队的阻力**。在大多数关键客户管理系统中，销售人员都会丧失某种程度的自主权。在有些情况下，管理关键客户的职权会被完全移出销售团队的职权范围。职权变化和与销售薪酬相关的各种问题都可能引发严重的士气问题。

（2）**职责与权限不明晰**。实行关键客户管理往往意味着销售人员要进行额外的报告——除了向区域销售经理报告，他们还要向关键客户经理报告。双重的报告关系可能使销售人员感到非常紧张，并且销售人员可能会不得不执行他们几乎没有参与制订的行动计划。此外，我们难以确定针对某个关键客户的管理取得成功或最终失败的原因，从而难以给予销售人员恰当的表扬或批评——这个问题在涉及薪酬时显得尤为突出。

7. 其他注意事项

企业与关键客户的关系可能会在经营周期内遇到问题，有些问题可能是关键客户造成的，有些问题可能是企业自身造成的。例如，盈利压力会迫使关键客户不断向企业施加降价压力，企业会因为担心关键客户有不良反应而不愿意冒险涨价。有时候，关键客户不愿意（或无法）按照企业的需要提供合理的需求预告以便企业提前做出生产安排，但当企业对它们的紧急订单延迟交货时，关键客户又会大发雷霆。

关键客户经理有时候会考虑到某些产品对关键客户的重要性而拒绝企业出于盈利考虑做出的放弃生产这些产品的决定，这种情况其实也会使企业与关键客户的关系出现问题。有时候，关键客户经理为了取悦关键客户可能会在介绍产品时过于激进，向其推荐一些企业目前无法生产或者短期内无法交付的产品。最后要说的是，即便是最完美的关键客户管理系统，也无法消除关键客户因为企业订单执行不充分、延迟交货、过高收费、服务糟糕等问题而产生的不满。

1.5.4 小结

尽管存在以上这些需要注意的事项，但对于大多数企业来说，实施某种形式的关键客户管理计划通常会获得大于其代价的利益。决定实施关键客户管理计划的企业应当谨慎地评估自己对关键客户的选择标准和各种可用的关键客户管理系统，然后需要做出艰难的权衡，选择能够最有效地管理关键客户的系统。

1.6 关键客户管理相合性模型

关键客户管理包含了以下事项：①确定企业当前和未来的重要客户；②设计管理系统以强化客户忠诚度，增加企业销售收入和利润。鉴于关键客户对企业的发展如此重要，如何满足关键客户的需求自然成了值得企业高层高度重视和认真解决的问题。事实上，当企业为特定的市场制定发展战略时，企业高层会发现企业在市场竞争中的成败在很大程度上取决于企业在有限的几个关键客户身上能够取得的业务成果的多少。

成功的关键客户管理要求企业必须考虑构成整个关键客户管理流程的若干复杂要素——成功的关键客户管理不是简单地任命几个关键客户经理和/或引入一套关键客户管理系统那么简单。更确切地说，企业必须考虑到构成关键客户管理相合性模型的互相关联的模块（见图1-4）。

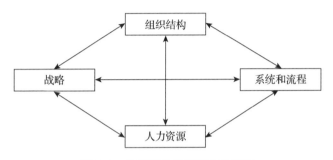

图1-4　关键客户管理相合性模型

关键客户管理相合性模型的基本要义要求企业必须基于现实的外部环境制定发展战略。我们在前面讨论了传统销售团队体系面临的各种压力，表明了筛选出关键客户是企业应当对此做出的正确回应。

关键客户管理相合性模型包含以下要素。

战略——企业要在多大程度上为关键客户管理投入资源。战略应包括为选择关键客户制定标准，建立和管理关键客户信息档案，等等。

组织结构——支持关键客户战略实施的组织形式。企业需要确定管理关键客户的重要主体（如高层管理者、关键客户主管、关键客户经理等）应该扮演的角色和承担的责任。

人力资源——致力于管理关键客户关系的重要的人力资产。企业尤其需要重视对关键客户经理的选拔和任命。

系统和流程——企业发展和管理关键客户关系所需的基于人力资源和

信息技术的系统和流程。其中，特别重要的是关键客户方案⊖的制订流程与资源分配的决策流程，包括关键客户群体内部的资源分配和关键客户与其他客户之间的资源分配。

关键客户管理相合性模型回答了企业应采用什么办法与关键客户打交道的问题。该模型包含了管理关键客户需要关注的要素。然而，依据关键客户管理相合性模型成功地管理关键客户关系并不是一项简单的工作，只有在企业高管充分理解关键客户管理所涉及的问题，并且把长期管理这些重要的客户资产所需的组织、技术、财务和人力资源全部落实到位的情况下，企业才能够在这项工作中取得成功。

1.7 本书的结构

写作本书的目的在于为企业高层管理者介绍以下内容：①与关键客户管理相关的重要问题；②制订关键客户管理计划的办法。

本书第一部分包括第 1 章——关键客户管理势在必行。在本章中，我们列举了当企业试图实现增加股东价值的核心目标时，传统的销售团队体系面临的各种压力；讲述了传统销售团队体系的瓦解如何引发了企业对关键客户管理的关注；详述了关键客户管理计划能够为企业和关键客户带来的各种利益，并提出了可能伴生的问题。最后，我们简单讲解了关键客户管理相合性模型——关乎全书的总体结构。

本书第二部分包括第 2～4 章，主要讲解了关键客户管理相合性模型的前三个要素。其中，第 2 章的重点是企业如何制定关键客户战略。我们首先讨论了企业对关键客户战略的投入，然后讲解了关键客户的性质和类型——我们重点关注了不同组织层面上的关键客户，以及基于企业与关键客户密切程度的关键客户关系的各种类型。随后，我们讲解了如何选择关

⊖ 在一些企业的实际操作中，"关键客户方案"有时指"关键客户管理计划"。

键客户，如何确定和使用关键客户选择标准，并且重点讲述了几个常见的关键客户选择的问题。最后，我们提出了基于关键客户组合对整个关键客户群体分配资源的不同方法。

在第 3 章中，我们讲述了组织结构方面的问题，并探讨了几种适用于关键客户管理的组织结构。我们阐述了关键客户管理的重要主体——特别是企业高层管理者、关键客户主管和关键客户经理的角色和职责。

在第 4 章中，我们关注了人力资源，特别是关键客户经理这一关键职位。我们确定了该职位人选必须具备的技能，讨论了如何招聘、选拔、培训和留住这一职位所需人才的一系列问题，还讨论了如何奖励关键客户经理的问题。

在本书第三部分中，我们讲述了关键客户管理相合性模型的第四个要素——关键客户管理的系统和流程。我们主要关注了关键客户管理的相关流程，涉及现况分析、战略的制定和执行以及协调与管理机制的问题。

第三部分包括第 5~8 章。其中，第 5~7 章关注了本书最重要的一部分内容，即如何做出关键客户方案规划。在第 5 章中，我们重点讲述了与关键客户分析相关的各种要素。在第 6 章中，我们论述了如何进行竞争分析与供应商企业自身分析，完成了现况分析的部分内容，并提出了企业在与关键客户的关系中可能面临的机遇和威胁——这两章构成了第 7 章提出的关键客户战略的基础。我们在第 7 章介绍了关键客户管理计划的愿景和使命，以及关键客户战略的各项组成要素（本书的附录列出了一个关键客户方案大纲，可以供企业参考使用）。

在第三部分的最后一章——第 8 章中，我们论述了三个主题：企业如何保持关键客户管理团队的专注性，如何与关键客户沟通交流，如何监控绩效。

第四部分包含第 9 章和第 10 章，主要讨论了两个关键客户管理的关键问题。其中，第9章讨论了企业与关键客户的合作伙伴关系，特别是该关系的演变过程和合作伙伴关系发展模型，并强调了建立和维护成功的合作伙伴关系的必备条件。在第10章中，我们将关注点转向了如何对全球关键客户进行管理的问题，讨论了管理全球关键客户与管理国内关键客户的区别以及前者更为复杂的原因。

第二部分

适用于关键客户管理的战略、组织结构和人力资源

KEY ACCOUNT MANAGEMENT AND PLANNING

KEY ACCOUNT MANAGEMENT AND PLANNING

第 2 章

适用于关键客户管理的战略

本章论述的基本问题是企业对作为其未来销售收入和利润关键来源的关键客户的投入。首先，我们提出了分析企业对关键客户的投入的框架。随后，我们讨论了关键客户的性质和类型，企业选择关键客户时可以选用的各类标准，企业选择关键客户时应考虑的问题。在本章最后，我们提出了关键客户管理可以选用的组合方法。

2.1 企业对关键客户的投入

如第 1 章所述，企业与客户打交道的传统方式正在面临来自多方面的巨大压力，这些压力要求企业必须引入某种形式的关键客户管理。

2.1.1 企业对关键客户的投入的战略模型

我们接下来从两个维度探究企业对关键客户管理的投入——广度和深度。其中，**投入的广度**衡量企业向其客户分配关键客户资格的总体水平；

投入的深度衡量企业分配资源给关键客户的总体水平和种类——新的专门的组织结构、系统和流程、人力资源。

反映关键客户投入广度和深度的简单 2×2 矩阵图包含四个战略区域（见图 2-1）。

广度窄／深度浅（D 区）。企业对关键客户的投入微乎其微，几乎没有做出任何努力对关键客户和其他客户施以略有差别的对待。企业甚至可能还未认识到某种形式的 80/20 法则正在"决定"着企业的销售绩效和盈利水平，或者企业虽然意识到了关键客户的重要性，但是没有给这些关键客户分配足够多的企业资源并给予充分的优待。

图 2-1 企业对关键客户的投入

广度广／深度浅（C 区）。企业认识到了关键客户对企业发展的重要性，并且已经确定了相当数量的关键客户，但是企业没有随之做出对这些关键客户分配重要资源的决定。企业没有为进行有效的关键客户管理做出必要的改变，而是仍然使用现有的组织结构和流程——关键客户获得的额外资源支持非常有限。

广度窄／深度深（B 区）。企业将少量客户确定为关键客户（可能是出于试验的目的），并且为关键客户管理付出了很多努力——重新设计了组织结构，开发建立了专门的系统和流程，分配了训练有素的员工服务这部分客户。

广度广／深度深（A 区）。企业不仅全面致力于关键客户管理，还对关键客户给予了更多的重视。企业确定了相当数量的关键客户，并将企业资源大量分配给这些客户：企业把关键客户战略与企业整体战略密切联系起来；企业管理部门投入了大量时间和精力重新设计组织结构，开发建立关键客户管理专用的系统和流程，并分配高质量的人力资源支持这一企业战略方向。此外，企业还在努力减少非关键客户的数量。

案例 2-1 美国一家重要的从事全国市场调研的公司针对其160个客户进行了一项全面的利润和收入调查。基于调查结果，该公司终止了与100多个客户的业务关系，开始专注于发展与关键客户的关系。几年后，该公司的客户数量为80个，但利润和营业收入分别增长了一倍和两倍。

2.1.2 制订全面的关键客户管理计划

在图2-1中，位于A区的企业已经下定决心，力图在未来从关键客户那里获得收入。但是，在通常情况下，企业不会从D区（付出最小的努力）一跃跨入A区（付出巨大的努力）。对那些试图从零开始引入综合的关键客户管理计划的企业来说，它们往往因为不了解以下四个要素相合的必要性而遭遇失败——战略、组织结构、人力资源、系统和流程。而且，这些企业往往也不了解，它们必须在组织职能方面做出重大改变才能满足数量众多的关键客户的需求。那些好高骛远、追求不切实际的目标且高层组织结构成本过高的企业往往会出现比较糟糕的局面，进而会过早地放弃关键客户管理计划。

位于D区的企业更可取的方法是通过循序渐进、"步步为营"的努力，经过几个中间阶段，最终实现目标：一开始，企业关注少数几个关键客户，随着关键客户管理经验的积累，企业改革自身的组织结构、系统和流程。

案例 2-2 3M公司先期对两个关键客户试行了其关键客户管理计划，随后将试行范围扩展到了20个关键客户。又如，施乐公司从5个关键客户开始实行其全球关键客户管理计划，10年后，这项计划已经涵盖了100个关键客户。

企业制订关键客户管理计划的过程可以分为以下五个阶段。

第一阶段：启动。这是个令人兴奋（或使人感到有趣）的阶段。在这个阶段，在企业内部，关键客户管理计划的价值获得广泛认可，各项流程处在逐渐落实的过程中。

第二阶段：产生不确定性。其他相关部门开始意识到关键客户可能具有竞争力；企业日常管理费用大幅增加，但是真正由关键客户管理计划带来的收益尚未显现。

第三阶段：压力带来动力。企业期盼获得积极的销售成果，但是关键客户往往会提出非标准化的要求，这些要求给企业的职能部门带来了压力。

第四阶段：收获成功。凭借跨职能部门的关键客户管理团队的努力，企业赢得了重要的新业务。

第五阶段：调整（基于对业务成本的考虑）。企业高层管理者对微薄的利润颇有微词，企业员工也担心非标准化的要求会给有限的预算带来压力。后效评估可以评估选择关键客户时使用的标准是否过于宽松，企业是否必须调整关键客户管理计划才能更好地满足客户需求。

2.1.3 关键客户管理计划的愿景

制订了全面的关键客户管理计划的企业往往会为它们的关键客户管理计划确定整体的愿景陈述。关键客户管理计划的愿景将为企业确定今后的工作重点和努力方向。下面，我们列举几个关键客户管理计划的愿景。

美利肯公司（Milliken）的全球关键客户管理计划：组建致力于以最低的流程成本实现100%客户满意度的工作团队，并建立该工作团队与公司全球关键客户的战略联盟关系。

这项愿景陈述明确了客户类型（全球关键客户）、关系类型（战略联盟关系）和服务这些客户的组织机制（工作团队），明确了服务客户的流程成本（而非美利肯公司的产品价格）是最重要的考虑因素。这项愿景陈述也

"含蓄"地说明了流程改进（包括美利肯公司的流程改进和关键客户的流程改进）是实现这一愿景的途径。

莱德劳公司（Laidlaw）的全国关键客户管理计划：成为获得认可的为加拿大国内大型企业提供创新型环境资源服务的首选供应商。

奥林公司（Olin）的全国关键客户管理计划：奥林公司和全国关键客户将通过能够为双方提供协同增效机会的销售、合资、技术合作等活动助力各自的短期和长期目标的实现。

DHL公司的全球网络客户管理计划：DHL公司将努力参与全球网络客户的战略目标计划并成为其中不可缺少的组成部分，最终通过这种方式成为全球网络客户首选的快递服务供应商。

2.2 关键客户的性质和类型

我们对关键客户（虽然其经常被称为大客户，但是我们认为关键客户更加准确，因为有些非大客户可以是关键客户，而有些大客户可以是非关键客户）的基本定义是对企业发展具有战略意义的客户组织机构——不论是企业在当前损失了来自关键客户的收益，还是在未来无法获得来自关键客户的潜在收益，都将对企业产生重大的影响。关键客户值得企业付出超乎寻常的努力来建立重要的关系，企业对关键客户付出的努力应远超对非关键客户付出的努力。

现在，我们来回答有关关键客户的三个重要问题：①企业如何管理不同组织层面上的关键客户？②关键客户关系有哪些类型？③关键客户与企业关系的密切程度如何衡量？

2.2.1 不同组织层面上的关键客户

企业可以在不同的组织层面上制定关键客户战略，例如，有些关键客户具有业务层面上的战略性，有些则具有企业层面上的战略性。对于全球性企业来说，有些关键客户的战略性体现在全球层面——全球关键客户，有些则体现在国际地区层面（如欧盟、拉丁美洲）。从单个国家的角度来看，有些关键客户具有全国层面的战略性（全国关键客户），有些具有区域层面的战略性（区域关键客户）。正如企业可以制定不同组织层面的战略（如公司战略、业务部门战略等），企业也可以制定不同组织层面上的关键客户战略。

案例 2-3 花旗银行基于客户的规模和经营范围确定了三种客户类型，其中两种都是关键客户。花旗银行的世界企业部（World Corporate Group，WCG）管理着世界范围内实力最强的 300～500 家跨国公司客户——全球关键客户；花旗银行的全国企业部（National Corporate Division，NCD）管理着那些规模足以进入资本市场（但是跨国性达不到 WCG 的要求）的美国公司客户——全国关键客户；花旗银行的商业银行部则负责管理所有其他公司。

在通常情况下，我们在本书中提出的概念和理论均适用于各个组织层面上的关键客户管理。

2.2.2 关键客户关系的类型

企业可以与其他组织机构建立单一或者多种类型的关键客户关系，我们下面将讨论五种关系类型。

（1）**直接客户**。对于大多数企业而言，直接客户占据了它们关键客户群体中的大部分。毕竟，这些客户可以支付现款换取企业的产品和服务。本书所论述的内容大多以直接客户为重点。

（2）**间接客户**。虽然直接客户非常重要，但是仅仅关注它们是有局限性的，因为对客户更为全面的定义应该是：任何位于生产经销渠道中的会影响对企业产品和服务采购的个人或组织机构（不包括竞争者）。

从这个意义上讲，关键客户可以是生产/经销渠道中更下游的企业。例如，对于向制模厂出售塑料芯片的生产商来说，制模厂的客户（如汽车或家电制造商）是塑料芯片生产商的间接客户，但也可以是塑料芯片生产商重要的关键客户。甚至，间接客户（汽车或家电制造商）可能绕过当前的直接客户（制模厂），要求与供应商（塑料芯片生产商）建立直接的业务关系。

（3）**附加产品供应商**。很多产品的销售与其附加产品的销售密切相关，例如，化学实验器械与化学试剂、个人电脑与电脑辅助设备（电脑硬件与软件）、洗衣机与洗涤剂、汽车与燃料等。在这种情况下，企业应该把主要的附加产品供应商（互补供应商）确定为关键客户。

案例 2-4 福特公司和通用汽车公司都与石油公司建立了长期合作，期望共同开发新型的未来潜力巨大的清洁燃料。

企业与其附加产品供应商很少会相互购买大量产品，但是相关产品对双方都有很大的影响——产品的供应必须在客户使用过程中做到顺畅的无缝衔接，使客户能够以最省心的方式获得最大化的收益。

（4）**与企业建立了重要关系的其他组织机构**。其他组织机构也可能对企业经营的成败产生重大影响。存在很多非客户性质的组织机构，如主要产品的供应商、合资伙伴、政府、认证机构（如美国食品药品监督管理局（FDA）之于药品和医疗器械公司）、股东、人力资源供应商等。此外，企业也应关注在采购流程中发挥重要作用的第三方实体，例如设计商、系统集成商（属于计算机行业）、关键客户资格条件咨询公司、招标公司等。

虽然企业应该把附加产品供应商以及其他与企业建立了重要关系的组织机构看作企业的关键客户，但在本书中，我们以直接客户和间接客户作为论述的重点。

（5）**企业内部部门/业务单位**。关键客户管理重点关注企业外部的组织机构，但是关键客户管理的原则对企业内部的组织关系而言也非常有效。企业内部的服务部门可能因为担心企业将业务外包，采取以客户为导向并重点关注关键客户的工作方式，以改进自身绩效。

案例 2-5 | E-Tech 是一家大型银行的内部服务部门，负责为该银行各个业务领域提供技术支持。为了提高该部门的服务水平，增强服务的灵活性、响应度和创新性，这家银行的高层管理者要求 E-Tech 遵循与外部供应商相同的自由市场规律。面对这项挑战，E-Tech 制订了关键客户管理计划，其中包括任命关键客户经理服务银行内部的战略性客户。

2.2.3　关键客户与企业关系的密切程度

虽然关键客户对企业的发展有着重要的战略意义，但是关键客户与企业关系的密切程度在连续的一段时间内可能会有很大的变化——这段连续的时间涵盖了企业逐渐从供应商发展为优质供应商并最终与关键客户建立合作伙伴关系的过程（见图 2-2）。

图 2-2　企业与关键客户的关系

（1）**供应商**。在图 2-2 标尺的左端，企业与关键客户的关系非常脆弱，只是传统意义上的卖方与买方的关系。企业需要减少不确定性以推动关键客户关系的发展，但是这种关系往往局限于标准产品和服务。企业最关心的是如何改进与关键客户的沟通以及企业内部的沟通。

尽管被指定为关键客户，买方还是倾向于与单个供应商保持一定距离，并保有较大的供应商群体——购销合同是短期的，经常需要重新投标。买方选择供应商在很大程度上会考虑价格因素，小幅的降价和交货期的缩短都有可能使买方更换供应商。地方关系是决定买卖行为的关键因素。供应商和买方都在限制相互间的信息交流，因为它们认为信息共享会有损自己在谈判中的地位。质量控制流程以单方为中心，提高生产率的行动也是单方的行为。总而言之，供应商与关键客户的关系是"间歇性"的，只有交易条件更优惠的供应商才能够拿到订单。

这种关系通常出现在关键客户对与企业建立密切的关系心存疑虑、犹豫不决的时候。这种疑虑限制了企业与关键客户的互动，但并不会影响企业做出的关键客户选择。尽管缺少密切性，而且企业与关键客户建立积极的密切关系也面临着重重困难，但企业还是应该以对待关键客户的标准来对待自己选出的关键客户。

（2）**优质供应商**。图2-2标尺中部表示企业与关键客户的关系已经超越了以减少不确定性为重点的阶段，进入了重视双方互相承诺的阶段——企业与关键客户都认识到更密切的长期合作关系能够给双方带来潜在的巨大价值。在这样的关系中，双方的转换成本都有所增加。此外，它们都明白组织机构间的交流将对生产高质量产品（或提供高质量服务）具有重要意义，它们都为持续改进质量制订了计划，并且企业能够获得大于竞争者的差异化优势。企业与关键客户会对价格进行谈判，而不再是简单地让市场力量去决定。二者还会共同制订计划，但是以策略问题而非战略问题为重点。企业面临的挑战是提升产品或服务的价值以保持竞争优势，而竞争对手则会想方设法消除这种优势。

（3）**合作伙伴**。在图2-2标尺的右端，企业与关键客户的关系发展到了建立长期的合作伙伴关系的阶段，双方将拥有共同的（或者共同制定）未来发展战略、技术和资源，共同关注整个产业价值链上的决策。关键客户将其供应商数量缩减到了几个（可能只有一个），并且从价值而非价格的角度做出重要的采购决策。双方都在对方产品开发的前期就参与其中。当企业超出基本的业务范畴帮助关键客户解决重大问题时，企业与关键客户间就会出现大量的经常性的敏感信息交流。双方的合作伙伴关系涉及跨越机构界限的多层级互动，包括联合质量控制流程和由双方共同组建的共享信息与专业技术的项目联合小组。企业拓展了自身的核心理念，把帮助关键客户实现经营目标包含其中。很多以往碍于更为狭隘的关键客户管理原则而不被考虑的活动如今变得可行。

案例 2-6 阿姆斯壮世界工业公司（Armstrong World Industries）针对其关键客户实施了一项管理发展计划。这项计划没有包含任何推销阿姆斯壮的产品和服务的说辞，而是以提高阿姆斯壮关键客户的管理人员的技能为重点内容。阿姆斯壮认为关键客户方面管理技能的提高将帮助关键客户改善经营绩效，而阿姆斯壮也将因此受益。

案例 2-7 百特医疗公司（Baxter Healthcare Corporation）发现一个重要的医院关键客户经常会在下紧急订单后发现"丢失的"库存，因此，百特就为这个关键客户安装了新的库存管理系统，从而帮助其实现了最优的库存水平。

在以上案例中，企业与关键客户的关系得到了加强。通过帮关键客户增加价值，企业缓解了价格竞争带来的压力（因为企业与关键客户的关系已变得越来越重要。我们将在第 9 章中专门讲述企业与关键客户建立关系过程中的关键问题）。

2.2.4 小结

在确定关键客户组合（请见下面的内容）时，企业必须对分配这三种类型的关系做出艰难的战略决策。从供应商到优质供应商，再到长期的合作伙伴，企业与关键客户间的相互依赖程度和关系破裂成本逐渐增加，维持每种关系类型的必要的资源投入也相应增加了。企业需要做出的一项重要决策是在每种关系类型中希望维持的客户数量。

此外，企业的选择通常受限于以往的经验。如果没有任何关键客户管理经验，企业就不可能在一夜之间成功发展出大量的合作伙伴。而且，并非所有"选项"都适用于具体的企业与关键客户之间的关系，毕竟成为合作伙伴的双方必须对它们希望建立的关系类型达成一致意见——不论企业多么希望建立某种关系，只有当关键客户怀有同样的愿望时，它们之间的关系才有可能建立。如果企业把自己希望建立的关系类型强加在"错误"的关键客户身上，那么其将为此付出高昂的代价（我们将在第 9 章中继续讨论这个问题）。

2.3 选择关键客户

关键客户管理计划要求企业必须对其重要客户付出特别的努力，因此企业必须准确地选择那些对企业的长期健康发展具有真正重要意义的客户作为关键客户，这一点非常重要。事实上，关键客户的选择是个残酷的过程。错误地选择关键客户将带来两个可能的后果：①企业会浪费严重稀缺的资源；②企业会错失真正的关键客户，从而无法满足真正的关键客户的潜在需求。下面，我们将论述关于选择关键客户的三个核心问题：①选择关键客户的标准；②如何使用标准选择关键客户；③选择关键客户过程中的问题。

2.3.1 选择关键客户的标准

企业可用的选择关键客户的标准有以下三个大类。

1. 销售收入和利润

选择关键客户的两个最重要的标准是客户当前给企业贡献的销售收入和利润，此外，企业还需要考虑未来从客户那里能够实现的销售收入和利润、客户的财务安全（以及潜在的收购风险）。

（1）**当前的销售收入**。当前的销售收入是企业选择关键客户最常用的标准。毫无疑问，丢失一个符合这项标准的客户会带来非常严重的问题，因为这会使销售收入和相关利润急剧下降。

案例 2-8 戴姆勒－克莱斯勒公司决定将其价值 18 亿美元的广告业务全部委托给 Omnicom 集团负责。如果 Omnicom 集团丢失了戴姆勒－克莱斯勒公司这个关键客户，后果将会非常严重。

即使是在关键客户购买企业的产品会给企业带来实际亏损的情况下，这项标准也可能有效。高销量产品通常负担着支付企业大部分日常管理费用的重任，失去这些销量高但不赚钱的产品业务，将迫使企业的其他产品不得不去承担这个重任，从而导致企业总利润减少。

尽管业务量大的大客户有很多优点，但是企业不应该不加甄别地随意使用这项标准——有些高销量业务虽然可分担日常管理费用，但确实让企业无利可图。事实上，采用了客户利润率管理系统的企业会发现，有些业务量大的大客户并没有给企业带来利润。出现这种情况的原因可能是：有些业务给予了大客户过多的折扣；业务维持费用居高不下；很多大客户变得难以应付，例如它们可能会出现不良的商业行为。尽管业务量大，但是这些大客户可能不值得企业花费时间和精力将它们指定为关键客户。

（2）**当前的利润**。有些客户能够带来大量销售收入但会使企业实现的利润相对较少（如前所述，这样的客户仍然可以被指定为关键客户），还有些客户可能会带来较少的销售收入但可使企业实现可观的利润。前面一种情况可能发生在大客户拥有强大的议价能力从而可以迫使企业降低销售价格之时，这使企业最终只能赚取少量的利润。相比之下，小客户对价格的敏感度可能较低，它们可能更关心企业能否为自己提供大客户可以获得的额外服务。无论如何，对于企业来说，中等客户可能是盈利性最好的客户，因此企业应当给予它们关键客户的资格。

然而，采用这项标准的前提是企业必须能够核算出自己在这些客户业务上的利润率。令人遗憾的是，很多企业的信息系统非常落后，成本核算系统也很陈旧，因此很多企业无法核算自己在关键客户业务上的利润率。对于采购项目涉及多个业务部门或者多个国家的关键客户，很多企业甚至无法得知这些客户为企业带来的总销售收入！

此外，成本核算系统的缺失意味着大量的运营和营销成本（例如销售团队的开销及订单处理、现场服务、技术支持、产品交付等费用）没有被恰当地分摊到单个客户的成本之中。因此，尽管采用现代化的成本核算系统对于企业而言可能存在一定的困难，但是有条件的企业还是应该尽量采用这样的系统。

案例 2-9 美国电力公司（American Electric Power，AEP）开发了一个软件用于预测在客户业务上的预期利润率。此外，AEP 还使用这个软件进行关键客户选择和调整对关键客户的投入。

（3）**未来的销售收入和利润**。令人遗憾的是，很多企业错误地将高销售收入作为选择关键客户的唯一标准，而通常没有使用潜在销售收入这个标准。由于完全依赖当前销售收入这个标准，这些企业忽视了增加销售收入和利润的机会，赔上了企业的未来。对潜在销售收入和利润的估计可以基于以下几个因素：当前重要客户的目标发展市场，正在成长壮大的小客户，目前从竞争者那里购买类似产品的客户，企业当前瞄准的新的细分市场中的客户以及有意购买新研发产品的潜在客户。

当然，企业应当谨慎地使用这项标准，因为有些客户可能看起来潜力巨大，但实际上无法达到预期。例如，竞争对手的客户可能购买量巨大但并不值得企业付出多少努力，因为竞争对手与其客户间的密切关系会使企业难以获得大的生意机会。

此外，正如我们在第 1 章中提到的，与一个行业中的某家企业做生意可能会失去与这个行业中其他企业做生意的机会——企业必须认真决策哪个客户是最适合自己的关键客户。

案例 2-10 总部位于旧金山的品牌战略咨询公司 Prophet 发展迅速并且与信用卡机构 Visa 公司建立了密切的合作关系。但是，当 Visa 公司不愿意继续增加投入时，Prophet 公司放弃了 Visa 公司转而与万事达卡公司（MasterCard）合作，因为 Prophet 公司认为后者拥有更大的潜力。

（4）**财务安全**。企业的管理团队必须确保关键客户在财务方面是安全的。这不仅是因为企业需要拿到已交付产品和服务的货款，还因为如果关键客户遭遇经营失败或是被收购，那么企业在关键客户身上所做的长期投入都将付之东流。

2. 组织机构间的相互关系

接下来，我们介绍其他几项可用的标准，包括与企业战略的协调性、企业是否受到客户的重视以及文化契合度。

（1）**与企业战略的协调性**。关键客户管理计划不能独立于企业的整体战略之外而存在。不论是企业的哪个层面（企业或者业务单位层面）做出决策，关键客户的选择都是一项战略实施决策。企业所有高层战略的核心内容都包含了关键客户管理计划必须与之相协调的市场营销战略。举例而言，如果企业的市场营销战略覆盖了广泛的产品线，那么企业可能会希望关键客户购买多元化的产品；如果创新是企业战略的关键因素，那么企业可能会只选择那些偏爱"创意"（如研发支出较高）的客户。此外，经销范围也可以作为重要的选择标准，尽管潜在的销售量可能不会特别高。

案例 2-11 在德国，SPAR 公司经营着很多小型零售超市，因此多家香烟和日用消费品供应商都把 SPAR 公司作为自己的关键客户。

（2）**企业是否受到客户的重视**。企业选择的关键客户在当前和未来都应该重视企业所提供的产品和服务。除非客户相信企业能够在长期内满足其需求，否则企业最好把有限的资源分配给其他客户。

（3）**文化契合度**。企业可能会发现有些客户很容易打交道，而有些客户难以应付：在一些客户的组织机构中，基层部门发挥着"看门人"的作用，它们不允许供应商企业与自己组织机构中的重要决策者直接对话；一些客户可能会遵循不同于供应商企业的道德原则。关键客户应该能够接受供应商企业的关键客户流程。企业在寻求合作伙伴时应该确定未来的关键客户对与自己建立合作伙伴关系这件事持开放的态度，并且/或者有相关的经验。我们可以用一个词来形容此类对接问题——文化契合度：如果双方的文化契合度很低，那么不论某个客户在其他方面多么理想，企业都应该将其排除在潜在关键客户的行列之外。

3. 间接的潜在销售收入和利润

我们在此讨论两项标准——舆论领导力和被收购的可能性。

（1）**舆论领导力**。在很多行业中，有些大客户因卓越的产品检测能力和严苛甄选供应商的态度而备受瞩目。通常，这些大客户保持着行业内领先的销售收入，因此符合企业以当前或未来销售收入为标准对关键客户的判定。但是，企业有时候却会选择那些基于直接销售收入和利润标准完全不应在考虑范围之内的小客户作为关键客户，这是因为这些客户能够对行业内的其他客户产生很大的影响并因此影响企业的销售收入。不仅如此，这些客户还可以充当企业新技术的发展（测试）平台。由于恪守高标准并激励企业实现绩效的最大化，这些客户为企业的腾飞搭建了"发射平台"，可帮助企业夺取市场领导者的地位。

案例 2-12　印度工业信贷投资银行（ICICI）作为一家行业内领先的金融服务机构，是首家在美国纽约证券交易所上市的印度企业。Infosys 是印度软件行业中的领先企业，以商业上的成功、优质的产品和极高的道德标准而广受赞誉，是第一家在美国纳斯达克证券交易所上市的印度企业。虽然 ICICI 与 Infosys 之间的业务量很少，但是 ICICI 因 Infosys 标杆式的声誉而将其视为关键客户。

案例 2-13　TECO 是一家管理完善、广受赞誉、致力于提供长期电气解决方案的非常成功的企业，总部位于美国佛罗里达州。虽然该企业规模相对较小，但是很多供应商都因为 TECO 的"资历"而将其视为关键客户。

当规模较大的潜在客户不愿意使用企业的新产品时，企业选择具有创新意识的小客户作为关键客户可能更为合适——小客户对新产品的采用可能成为企业开启大客户业务之门的钥匙。

案例 2-14　中国香港一家食品经销商在销售新的冻鸡系列产品时遇到了难题：香港的两家大型连锁超市（控制着香港 75% 的食品销售）都不愿意上架这个系列产品。于是，这家食品经销商将

> 工作重点放在了两家较小的连锁超市身上，并签署了经销合同。随后，这家食品经销商为该系列产品开展了高可见度的营销活动。很快，那两家大型连锁超市都向这家食品经销商发来了供货要求和合作推广要求。

（2）被收购的可能性。企业间的兼并和收购活动此起彼伏。当两个拥有自己的采购部门的企业合并为一个新企业时，新企业通常会对供应链进行合理化调整。在所有条件同等的情况下，合并前实力更强的企业（通常为收购方）的供应商更有可能成为新企业的主要供应商，而合并前实力较弱的企业（通常为被收购方）的供应商之前所做的一切努力就有可能付之东流。依此看来，选择实力较强的可能成为收购方的客户作为关键客户更有可能为企业带来长期的收益。

在了解以上这些选择关键客户的标准之后，企业应该从中做出选择并开发一套选择关键客户的综合系统。

2.3.2 如何使用标准选择关键客户

如前所述，企业必须选择自认为最适合的标准来确定关键客户。显然，企业可以采用多种不同的方法，综合运用这些标准来选择关键客户。一般来说，这些方法的基本做法是对企业的客户进行一系列的吸引力评分，然后选择评分高于某个最低分数的客户作为关键客户，同时考虑资源的可用性。

接下来，我们举例来说明其中一种方法。在这一方法中，我们根据客户在三个问题维度的表现得出单个客户吸引力的总体评分。值得注意的是，这是一种补偿性方法，即某个客户若基于某一项标准有较低的吸引力评分，可以因另一项标准获得的较高的吸引力评分而获得补偿（在非补偿性方法里，某个客户若在某一个标准上无法满足条件，即使在其他标准上得到了高分也无济于事,即无法补偿),表2-1展示了这一方法。

表2-1 计算关键客户吸引力的示例

1.衡量关键客户吸引力的标准	2.标准的权重	3.客户在该项标准上的得分(1~10)	4.第2列数值×第3列数值
"我们希望关键客户……":			
a.在企业文化方面与我们相契合	25	4	100
b.能够带给企业高销量	20	5	100
c.能够带给企业高毛利	15	7	105
d.能为企业未来的发展提供很大的助力	15	8	120
e.拥有成熟的技术	15	3	45
f.在其所属行业中拥有舆论领导力	10	4	40
总计	100		510

1. 一般性问题(面向所有备选客户)

第一步,问题1:我们喜欢怎样的关键客户?

这个问题旨在确定标准组合用以区分有吸引力和没有吸引力的备选关键客户(表2-1第1列)。

第二步,问题2:如何对问题1确定的标准组合中的各项标准分配权重(权重总和为100)?

这个问题旨在确定关键客户标准相对的重要性(表2-1第2列)。

2. 具体问题(针对具体客户)

第三步,问题3:对每个备选关键客户如何评分(用从1分(最低分)到10分(最高分)的评分系统表明该客户在每项标准上所获得的评分)?

这个问题旨在基于各项标准对每个备选关键客户进行评分(表2-1第

3列)。

3. 还有两个步骤

第四步：将表2-1第2列中的数值乘以相对应的第3列中的数值，将结果填写在第4列中。

第五步：计算第4列中数值的总和，计算出的数值应该在100至1000之间。

通过上述方法，企业所有的潜在关键客户都会获得一个吸引力评分。在通常情况下，企业会指定特定数量的评分超过某最低限值的高评分客户为自己的关键客户。除了给出量化数值作为潜在关键客户资格排序的依据，这种方法还能够帮助企业在筛选重要客户群的过程中完成定性的工作，例如用于关键客户组合的管理（详见下节）。

2.4 管理关键客户组合

我们在前面论述了通过开发客户吸引力指标来选择关键客户，但有些企业更愿意采用较为复杂的二维矩阵图进行选择，而不是仅仅依靠单一的吸引力指标。接下来，我们将使用关键客户吸引力/企业商业能力综合指标对潜在的关键客户进行排列；随后，我们会使用关键客户吸引力/客户易损性综合指标评估当前的关键客户。不论哪种情况，我们都使用了前面提供的方法确定关键客户的吸引力。

2.4.1 关键客户吸引力/企业商业能力综合指标

我们可以采用与前面所述的开发吸引力指标类似的方法开发企业商业能力指标，并使用类似的补偿性办法（即基于一项标准的优势可以补偿基于另一项标准的劣势）确定企业商业能力综合指标。

如表2-2所示，以下三个问题均针对具体的潜在关键客户。

表 2-2 计算企业对关键客户的商业能力的示例

1. 衡量企业商业能力的标准	2. 标准的权重	3. 企业在该项标准上的得分（1~10）	4. 第 2 列数值 × 第 3 列数值
企业必须具备怎样的商业能力才能与关键客户成功合作？			
a. 良好的研发能力	25	7	175
b. 训练有素的本地销售团队	15	9	135
c. 运营成本低	10	4	40
d. 提供高质量服务	15	6	90
e. 财力雄厚	10	9	90
f. 部署得当的经销机构	20	5	100
g. 快速转变的组织结构	5	3	15
总计	100		645

第一步，问题 1：企业必须具备怎样的商业能力才能与关键客户成功合作？

这个问题旨在关注企业与该关键客户成功合作的必备条件（表 2-2 第 1 列）。

第二步，问题 2：如何对问题 1 确定的各项商业能力分配权重（权重总和为 100）？

这个问题旨在评估各项商业能力标准对特定关键客户的相对重要性（表 2-2 第 2 列）。

第三步，问题 3：如何对企业的各项商业能力进行评分（最低分 1 分，最高分 10 分）？

这个问题旨在评估企业在各项商业能力上的表现（表 2-2 第 3 列）。

第四步：将表 2-2 第 2 列中的数值乘以对应的第 3 列中的数值，将结果填写在第 4 列中。

第五步：计算第 4 列中数值的总和，得到的数值应在 100 到 1000 之间。很明显，数值越高表明企业越具备相应的商业能力可以与该关键客户成功合作。

　　这个分析框架非常强大,可以显示完整的关键客户组合。在通常情况下,企业会对每个关键客户进行独立的分析,并基于分析结果绘制如图 2-3 所示的组合矩阵图。该矩阵图中关键客户的位置在哪里,可为企业如何向单个客户分配必要的资源提供重要的指导:在所有条件同等的情况下,企业应该向高关键客户吸引力/高企业商业能力区域的客户分配比其他区域客户更多的资源——圆圈大小表明企业与关键客户之间当前的业务量大小。企业可以通过合理地分配资源提高自身的商业能力。

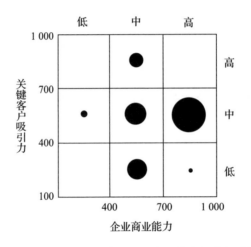

图 2-3　关键客户吸引力 / 企业商业能力组合矩阵图

2.4.2　关键客户吸引力 / 关键客户易损性综合指标

　　另一种评估关键客户的方法是使用关键客户吸引力 / 关键客户易损性矩阵图(见图 2-4)对每个关键客户进行排列。这个矩阵图可为关键客户吸引力 / 企业商业能力综合指标的方法提供补充。在使用此矩阵图时,我们也需要如前所述确定关键客户的吸引力。

　　我们通过考察企业在多大程度上有可能在某个关键客户的业务上输给竞争对手来确定该关键客户的易损性。易损性的大小取决于三个主要因素

（如下所示）。我们可以采用差别分析的办法（将企业与竞争对手的情况进行对比）得出每个关键客户的易损性分数。

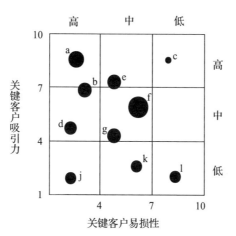

图 2-4　关键客户吸引力 / 关键客户易损性组合矩阵图

注：为了与易损性数值相对应，我们将图表中的关键客户吸引力数值除以了 100。

相对绩效因素。我们在这里关注的是关键客户需要获得的收益和价值，包括产品性能带来的"硬收益"和以服务为载体的"软收益"。在商品日趋同质化的市场中，服务等"软收益"正变得越来越重要。

价格因素。企业与竞争对手的价格对比，包括市场标价、发票价格、信用期限、数量折扣、回购安排等。

转换成本因素。转换成本增加了关键客户将供应商转换为其竞争对手的难度——即使是在竞争对手能够提供相对更优的收益和价格的情况下。转换成本包括正在执行的合同的损失，竞争对手的发货和账户接收系统与关键客户无法匹配而产生的成本，以及关键客户与当前供应商密切的私人关系可能遭到破坏而产生的成本等。

企业应基于这些因素使用从 1 分到 10 分的评分标准对每个客户的易损性做出评估。评分标准通常包含以下几个解读点。

1 分 = 企业非常容易失去当前的客户。企业的绩效低于客户预期，并且/或者企业的主要竞争对手能够以更低的价格满足客户的需求。此时，转换成本不构成阻碍因素。

5分=客户正在认真考虑将现有供应商的业务转给其竞争对手，但是对现有供应商的竞争对手的评估尚未完成。企业还有足够的时间加强其供应商的地位，此时客户的转换成本处于中等水平。

10分=企业拥有非常稳固的客户关系。竞争对手的活动对企业的影响非常小，并且企业的产品/服务令客户非常满意。此时，客户的转换成本非常高。

在图2-4中，每个圆圈代表一个关键客户：圆圈大小与企业从该客户身上实现的销售收入成正比，即更大的圆圈表示该客户当前能够带给供应商更多的销售收入。在这个图中，10个圆圈表示企业的关键客户组合包含了10个客户，其中两个客户（a和b）处于高吸引力/高易损性的危险区，还有一个客户（c）处于高吸引力但易损性不是特别高的区域。本图中的数据可为企业决策如何向各个关键客户分配资源提供重要依据：企业在查看此图之后可能会决定对处于吸引力中偏高/易损性中偏高的4个区域中的6个客户（a, b, d, e, f, g）加大投入；企业可能决定为确保自己作为高吸引力/低易损性客户（c）的供应商的地位而给予客户c更多的投入；企业可能会决定对低吸引力的客户（j, k, 1）终止投入，并取消它们的关键客户资格。

企业还可以从图2-4的延伸——图2-5中深入了解每个关键客户的发展轨迹。在图2-5中，圆圈仍然表示关键客户的当前位置，箭头方向指示其发展轨迹，箭尾方向指向其之前的

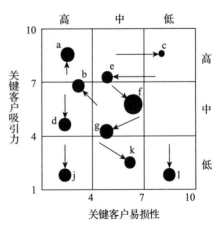

图2-5 关键客户吸引力/关键客户易损性组合矩阵图：当前的业务轨迹

位置。该图显示两个高吸引力/高易损性的客户 a 和 b 正在慢慢向安全区域移动，但是路径不同；高吸引力/低易损性的客户 c 只是在近期来到了稳固的安全位置。企业在进行更复杂的资源分配分析时可以考察关键客户的历史发展轨迹。

2.4.3　当前的关键客户与具有发展性的关键客户

前面谈到了对当前的关键客户和具有发展性的关键客户进行资源分配的差别。企业可以因为一些客户对其当前销售收入和利润的重要性而将它们指定为关键客户，也可以基于其他一些客户未来可以带来的预期销售收入和利润而选择这些客户作为关键客户。当然，还有一类客户同时具备以上两个条件。

企业应该对在保持现有业务和开发新业务之间进行资源分配做出积极决策，因为如果在某种程度上屈从于当前的绩效压力，企业可能会在指定关键客户的过程中忽略一些当前规模较小但是有可能在未来创造很大销售收入和利润的客户。

为了确保自己不会忽略或者不恰当地对待有可能带来高销售量的客户，企业可以建立两套相关联的关键客户管理系统，一套基于当前的业务，一套基于未来潜在的业务。这种办法使对未来的高销量客户分配资源成了企业的战略决策内容，企业不再仅仅根据当前的客户销量来决定资源分配的"战术"。企业高层管理者应该确定企业用于维持现有关键客户业务与用于提高未来销售收入和利润的稀缺资源的分配比例。当预算紧张时，这种办法有助于降低企业对潜在的高销量客户投入不足的可能性。

决定哪些客户应该获得发展性投资的一种方法是确定有助于各关键客户实现业务增长的各种机会。企业应该广泛评估各项机会需要用到的资源，预测短期与长期的销售收入和利润，并且确定成功的概率（见表 2-3）；将每项机会可能实现的短期绩效或长期绩效乘以成功的概率，即可得出每项机会的预期价值；所有机会的预期价值的总和构成了整体预期价值，而整体预期价值可以作为企业向单个客户分配资源的基本依据。企业可以通过考虑不同时间区间内的成功概率，并采用现金流贴现方法和敏感度分析方法使这项分析更加细致。

表 2-3 对具有发展性的关键客户的分析

客户A：短期分析				
实现业务增长的机会	所需的资源	短期内具有可行性的目标（销售收入、利润）	成功概率	预期价值（第3列×第4列）(销售收入、利润)
A机会				
B机会				
C机会				
其他				
总计				
客户A：长期分析				
实现业务增长的机会	所需的资源	长期内具有可行性的目标（销售收入、利润）	成功概率	预期价值（第3列×第4列）(销售收入、利润)
A机会				
B机会				
C机会				
其他				
总计				

鉴于当前风险投资市场的强劲势头和信息经济的发展，在现有业务和未来业务之间分配资源成了企业特别关键的问题。很多当前非常重要的企业在几年之前可能根本无法获得关注——新经济企业正在越来越多地与旧经济企业竞争。随着实行新业务模式的新型企业的成功发展，那些只关注旧经济的企业将面临被甩在后面的风险。

当然，投资发展潜在新业务的风险可能比支持现有业务的风险更大，因此，企业应该认真考虑建立一个具有发展性的关键客户组合。企业必须认识到有些投资将无法带来回报，只会造成亏损。不管怎样，只要有一部分投资能够带来大的收益，那么这项工作就是值得的。这就是有些企业设立战略发展部的意图，因为它们知道要平衡打猎和种地——既要当猎人也要成为农夫。

2.5 选择关键客户过程中的问题

不论采取哪些标准选择关键客户，也不论采用何种方法综合基于这些标准的评分，企业都必须解决关键客户选择方面的几个问题。

1. 关键客户或客户的等级

相比于将客户简单地归类为关键客户和非关键客户，企业越来越多地希望对关键客户进行分级——每个等级的客户都有资格在一定程度上获得某种类型的资源，不同等级的客户有权获得的资源各不相同。在某种程度上，这和 B2C 市场上的各种忠诚度计划会员体系非常类似，例如持有航空公司的白金卡、金卡、银卡等不同卡种的会员获得的特别礼遇各不相同。

案例 2-15　Travelers 保险公司发展了三种类型的代理：第一类代理有资格出售特定的产品种类，并会因此获得 Travelers 保险公司一定程度的支持；第二类和第三类代理有资格出售更复杂的产品，它们获得 Travelers 保险公司支持的水平随着产品复杂度的增加而增加。

案例 2-16　Moore 公司采用了一种"三阶段"的关键客户选择系统。入选第一阶段的客户都拥有很高的销量增长潜力，并且非常重视支持性服务。入选第二阶段的客户除了符合上述条件外，还要求获得高水平的支持性服务。入选第三阶段的客户除了具备前面两项的条件外，应为 Moore 公司带来高毛利和大订单（订货量对 Moore 公司来说是最重要的成本动因）。此外，Moore 公司将其最大的七个客户称为"企业客户"，因为这些客户拥有很高的采购量和复杂的支持需求。

案例 2-17　由于 DHL 的客户管理资源被一小部分高价值客户占据着，其他的重要客户没有得到足够的关注，于是 DHL 基于客户需求开发了一个四层的客户结构系统，以便更好地服务全球关键客户。

客户分级的问题和前面所述的企业与关键客户关系（供应商、优质供应商、合作伙伴）的密切程度问题相关联。一般来说，高等级客户更倾向于建立优质供应商关系或合作伙伴关系，低等级客户则更倾向于建立简单的供应商关系。事实上，正如任何一个刚刚学习营销学的学生都清楚企业必须对市场进行细分一样，企业也应该对其关键客户群体进行细分。在通常情况下，企业为满足不同的关键客户的细分需求所需使用的资源类型和资源数量是不同的，相应地，企业对不同的关键客户使用的市场覆盖模型也应有所区别。在其他所有条件相同的情况下，企业会对获得最多资源的客户设置更高的损益平衡点——高等级客户应具有带来高销售收入的潜力。

跨国企业还面临着一个与关键客户类型相关的具体问题。实行关键客户管理的跨国企业会有全球层面和单个国家层面的关键客户，关键客户经理必须在全球和国家两个层面上分别制定战略。对于国家层面的关键客户，跨国企业的国家/区域经理通常在企业应如何对待某个特定客户的决策上拥有相当大的权力；对于全球层面的关键客户，企业会在更广阔的全球层面上制定战略，此时国家/区域经理虽然也会参与制定关键客户战略的过程，但其根本任务通常是执行战略。当某个全球关键客户对单个国家而言并不具有特别的重要性时，如何向该客户分配资源将成为企业需要面对的难题。

2. 非关键客户

企业指定一些客户为关键客户并向这些客户分配与它们的关键程度相对应的企业资源,未能获得关键客户资格的客户则相应地将获得较少的资源。换句话说,企业给予这些非关键客户的待遇在某种程度上低于作为VIP的关键客户。虽然这些非关键客户的重要性低于关键客户,但是其中很多客户对于企业来说仍然是非常重要的。企业在发展关键客户体系的过程中必须谨慎对待这些重要但非关键的客户,并且必须准备好应对竞争对手给予这些客户附带明确收益的关键客户资格的情况。

案例 2-18 IBM 公司和惠普公司都实行了关键客户分级系统。在墨西哥,这两大巨头的一个规模较小但非常重要的竞争对手把 IBM 公司和惠普公司的一部分客户指定为自己的高等级关键客户,这些客户对于 IBM 公司或惠普公司而言要么是低等级的关键客户,要么根本不是关键客户。这个竞争对手吸引客户的方法就是告诉这些客户:"你会是我们的第一级客户。"

3. 对具体标准的要求

不论企业采用哪些标准来确定关键客户资格,都应该为每项标准规定具体的量化级别。这种方法有助于企业对整个客户群做出一致的决策。这一点,同样可以参考 B2C 市场上的各种忠诚度计划会员体系,例如星空联盟的各家航空公司都要求会员每年飞行 8 万公里才能获得金卡或保级金卡。

如果没有制定不容变更的硬性规定,那么企业对关键客户资格的判定有可能成为一个与个人职位利益相关的问题——有些企业的高管可能会为其偏爱的但不符合关键客户条件的客户在获取企业稀缺资源方面提供便利。例如，惠普公司对其高级别经销商通常可以给予1000万美元的授信，这当然会成为不符合关键客户条件的经销商渴望的福利。对企业来说，这种企业内部的受个人职位利益驱使的资源分配方式不是最优的方式。

当然，企业也应该为撤销关键客户资格设定明确的标准。此外，尽管企业应该努力制定客观的量化标准，但是一些管理人员的主观判断也应发挥一定的作用。

4. 对关键客户和关键客户标准的持续评估

不论企业在哪个特定的时间采用哪种标准选择关键客户，商业周期阶段的变化、技术的更新换代、客户和竞争者活动的变化、企业战略的改变等都会在很大程度上影响企业的关键客户组合。

企业应该定期对关键客户和准关键客户进行评估，以确定是否提升或降低某些客户的等级。此外，企业还应该定期评估其选择关键客户的标准。无法预见的事件（如销量显著下降等）也可能引发重新评估的行动。

重新评估之后，以往具有关键客户资格的客户可能不再享有这一资格，相反，以前的非关键客户（第二级客户）有可能获得关键客户（第一级客户）的资格。如果不做持续评估而是保持关键客户资格一成不变，那么企业很有可能会错误地分配重要的稀缺资源。

5. 关键客户资格的撤销

分配关键客户（或者高等级客户）资格与撤销关键客户资格涉及不同的问题。一般来说，客户对关键客户资格持有积极的态度，乐意获得资格，不希望失去资格。降低客户的等级往往不是容易的事情，来自关键客户和企业内部员工的压力可能会破坏此类行动。企业应该为撤销关键客户资格制定并统一实行明确的标准。企业不能因为以下原因保留客户的关键客户资格：出于利他主义的容忍、私人关系、为企业员工提供个人利益（如参观风景名胜等）以及企业员工的消极怠工。

企业一旦决定撤销某个客户的关键客户资格，就应该实施一项精心设计的资格撤销策略。对一些客户来说，资格的撤销将使其可以享受的服务减少；对另一些客户来说，资格的撤销可能意味着企业与自己之间的关系终止。不管是哪种结果，企业都应当谨慎地实施这一策略，并且意识到客户可能需要其他供应商来维持经营。

2.6 总结

在本章中，我们重点关注了企业对作为其当前或未来销售收入和利润来源的关键客户的投入。我们介绍了投入广度和投入深度的概念，论述了如何制订全面的关键客户管理计划，并特别介绍了关键客户管理计划的愿景。我们讨论了关键客户以及关键客户关系的性质和类型，重点讲解了如何选择关键客户。我们为如何选择关键客户确定了多种可用的标准，为衡量潜在关键客户的吸引力确定了方法。我们还引入了关键客户组合矩阵图，作为帮助企业决策对具体关键客户分配哪些资源和分配多少资源的重要工具。在多数情况下，对关键客户组合进行分析能够帮助企业完成一定程度的关键客户细分：在同一客户细分中，企业会使用相似的市场覆盖模型对待每个关键客户；对于不同的客户细分，企业会使用不同的市场覆盖模型。最后，我们进一步讨论了与选择关键客户相关的一系列问题。

KEY ACCOUNT
MANAGEMENT
AND PLANNING

第 3 章

为关键客户管理构建组织结构

我们在第 2 章中讲到了不同企业对关键客户的投入在广度和深度上会有很大差别，同一家企业对关键客户的投入也会随着时间的推移而变化。与构建适合于关键客户管理的组织结构相关的一个关键问题是相合性的问题，即企业在某个特定时间内的组织结构和流程必须与企业在同一时段中采用的关键客户总体战略相协调、相适合。而且，考虑到企业对关键客户的投入会随着时间的推移而变化，我们希望为关键客户管理构建的组织结构也能相应地做出改变。

首次尝试关键客户管理的企业必须完成从与客户直接打交道的传统销售团队体系向新的关键客户管理系统的转型，而已经建立了关键客户管理系统的企业可能必须做出重大改变，以新方法对待关键客户，例如从全国或多国地区性的组织机构转型为全球性的组织机构。

关键客户管理计划的引入往往会打破原有的权责界限，使现有的组织系统和流程变得不再适用。任何组织结构的变化都有可能破坏权力基础，因此而引发的"地盘之争"和个人出于职位利益的行动都有可能阻碍关键客户管理计划的成功引入。正如我们在本章后面的内容中提到的,企业高层管理者的坚定支持将为关键客户管理计划的实施减少阻力。但是,负责关键客户管理工作的企业高管可能需要付出巨大的努力才能使关键客户管理计划得以启动和运转。

在本章中,我们用实例说明特定的关键客户管理组织方法受两方面关键因素的影响:企业对关键客户的投入,企业与关键客户的复杂度。我们还特别论述了关键客户管理计划的类型、实施层面、实施主体的组织结构,以及实施主体的组织结构从一种类型向另一种类型转变所涉及的问题。在本章 3.3 节中,我们讨论了关键客户管理中的重要参与方(高层管理者、关键客户主管、关键客户经理)各自的角色和职责。

3.1 设计关键客户管理组织结构

接下来,我们先探讨企业对关键客户的投入对关键客户管理组织结构的影响,随后讨论企业与关键客户关系的复杂度对关键客户管理组织结构的影响。

3.1.1 企业对关键客户的投入对关键客户管理组织结构的影响

我们在第 2 章中使用了一个 2×2 的广度 – 深度矩阵图讨论了企业对关键客户战略的投入情况。为了接下来讨论的方便,图 3-1 再现了这一矩阵图。关键客户管理采用的组织结构应该与企业在矩阵图中的位置所指示的投入水平密切相关。

1. 深度浅 / 广度窄的关键客户投入

在深度浅 / 广度窄的区域(D 区)内,企业对关键客户战略的投入非常少:企业只是将一些客户指定为关键客户,它们的所有努

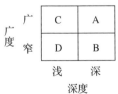

图 3-1　企业对关键客户的投入

力很可能只是本地化的并通过单个销售人员和区域销售经理的工作来完成。在传统销售团队的组织结构中，单个的销售人员通常只负责管理中小规模的客户，有时候也负责小部分的大客户（包括当前或潜在的大客户）。销售人员对待这些大客户的方式只是或多或少地区别于（优于）其他客户，这些客户也只能够获得销售人员能力范围之内的企业资源。单个地区或区域的销售经理可能会决定将地区或区域内的一些客户指定为关键客户，他们会拿出部分时间亲自管理这些客户，或者指派一名或多名销售人员专门负责这些客户。

2. 深度浅/广度广的关键客户投入

在深度浅/广度广的区域（C区）内，企业已经判定关键客户对企业未来的健康发展非常重要，并且已经将关键客户的资格给予了一些客户，但是企业没有相应地做出将重要资源分配给关键客户的决策。企业没有为实施关键客户管理做出必要的重大改变，没有为关键客户管理提供额外资源或者付出更多努力——企业基本上只是试图将现有的组织结构和流程移植到关键客户管理工作中。此类企业最常用的组织方法包括正式任命本地化的关键客户代表，任命销售团队支持人员，任命高管人员负责管理关键客户。

3. 对关键客户给予深度浅投入的企业一般会采用以下三种组织方法中的一种

（1）**正式任命本地化的关键客户代表**。如上所述，地区或区域销售经理可以在其销售地区或区域内自行任命具体的销售人员作为管理关键客户的代表。销售管理部门还可以任命关键客户经理（向其所在的组织机构的地区或区域销售经理汇报工作），从而将这种组织方法正式化。在企业的区域组织内部任命关键客户经理有利于充分利用企业的实践经验。这种方法还可降低企业销售团队因某些业绩优秀的销售人员未能得到晋升而引发士气低落问题的可能性。这种方法意味着，企业管理部门为销售人员开辟了一条通往非管理方向的职业发展道路。

企业还可以指派像地区或区域销售经理这样的企业高管人员在日常工作之余负责管理某个关键客户，有时候企业甚至会指派企业的全国销售经理担任这一角色。企业也可能会任命专职的关键客户经理。不论采用哪种方法，企业都可以将关键客户管理工作交给经验丰富的高管人员负责，这对关键客户管理无疑是大有裨益的。但是，关键客户管理工作可能会使负责这项工作的销售经理在其他管理工作上分心。此外，将关键客户管理工作指派给销售经理还可能造成销售人员士气低落的问题，他们会感觉自己被抢走了大客户，失去了获得更高收入的机会。

（2）**任命销售团队支持人员**。这种组织方法的具体做法是在当前的销售团队中任命一位关键客户经理，由其负责协调和信息处理的工作。关键客户经理没有直线职权，传统的销售团队体系仍在一定程度上照常运行——他的主要职责是确保负责各个关键客户区位（如分公司或工厂等）的销售人员都能够获得与关键客户相关的信息。关键客户经理每隔一段时间可以从客户的立场出发，对企业应如何对待关键客户提出自己的建议。

（3）**任命高管人员负责管理关键客户**。有些时候，企业会认为它们的销售团队与关键客户的关系不够紧密，而企业与关键客户的高层关系（可能是企业战略层面的关系）是非常重要的。这种"外交"形式的关系通常由企业高管人员负责维护，这是他们的日常工作，也是他们众多职责中的一项。负责关键客户管理的企业高管人员的主要职责在于发展和巩固他们与客户的人际关系，并在必要时参与合同的洽谈。

4. 深度深的关键客户投入

在广度窄/深度深和广度广/深度深的区域（B区和A区）内，企业在致力于推进深入的关键客户管理。这两个区域的主要区别是关键客户管理计划涉及的关键客户数量不同。深度深的关键客户投入可以采用以下两种主要的组织方法。

（1）**关键客户经理矩阵结构**。在矩阵结构组织方法中，大部分的日常客户联系工作仍由传统销售团队中的本地客户代表负责。单个的销售人员向一线销售经理实线汇报，向关键客户经理虚线汇报。关键客户经理对关键客户负全面责任，其职责包括管理重要的人际关系。企业通常要求关键客户经理负责制定关键客户战略，保持现有的销售收入和利润，并识别新的商机。

在这种矩阵组织结构下，关键客户经理拥有的正式职权非常有限，他们通过发挥领导力和调配企业资源来实现管理的目标。特别需要指出的是，他们的关键客户管理团队通常由具有各类专业知识和技能并负有相应职责的人员组成，所涉及专业知识有物流学、信息系统、营销工程和客户服务等。这些人员有时候作为关键客户经理的直接下属，有时候隶属于各自的团队（这些团队主要向其职能部门汇报）。

（2）**独立的关键客户管理单位**。在独立的关键客户管理单位中，关键客户经理全权负责与客户的联络，并且他的工作不通过按地理区域形成的销售团队完成。企业将管理关键客户关系的职责全部交给一个由多名关键客户经理组成的独立的关键客户管理部门。这样的管理部门通常能够使用大量的专项资源，这些资源（如营销工程师或客户服务）通常供特定的关键客户专用，也可能存放在关键客户的资源库中。企业可以基于地理因素考虑为各销售区域就近安排关键客户经理。很多时候，关键客户经理还可以通过一个与常规销售团队体系平行的组织体系向关键客户主管汇报。

关键客户经理对其关键客户承担全面责任，其职责包括进行各种销售活动、解决客户投诉、做好企业内部的协调等。企业并不期待关键客户经理能够在技术上精通企业产品和服务的方方面面，但是企业希望关键客户经理能够在客户需要时为客户提供相应的技术和专业服务。

3.1.2 企业与关键客户的复杂度对关键客户管理组织结构的影响

矩阵结构组织方法与独立的关键客户管理单位,哪一个可以作为重要的组织工具,在很大程度上取决于企业与关键客户的复杂度和关系类型。我们先对要素进行定义,然后在图 3-2 中对各项要素进行整合。

关键客户的复杂度。关键客户的复杂度是一个多维度的概念,主要包括对组织结构方面的考虑。如果关键客户拥有很多的采购决策点、影响点和/或使用点,特别是当这些要素在地理上分散分布时,企业将需要进行大量的协调工作并为此付出高昂的成本。

企业的复杂度。对企业复杂度的考察不应局限于其向关键客户供应的产品、服务、应用程序和设立经销点的数量。如果企业只提供单一的产品、服务、应用程序并且/或者只设立了单一的经销点,那么企业几乎不需要进行内部的协调。但是,随着产品、服务、应用程序和设立经销点数量的增加,企业将不得不面临如何做好内部协调的严峻挑战。

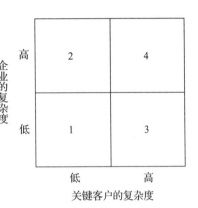

图 3-2 企业与关键客户的复杂度

下面,我们详述图 3-2 中的四个区域。

低复杂度关键客户 + 低复杂度企业(1 区)。该区域反映了企业与关键客户之间最简单、最直接的交流。这些关键客户是企业重要的销售收入来源,但是企业与它们打交道并不特别复杂,企业的复杂度也很低。此时,隶属于独立的关键客户管理单位的关键客户经理可以充当适合的组织工具——在必要的支持单位的帮助下,关键客户经理能够胜任其职责并对关键客户采取适当的行动。

低复杂度关键客户 + 高复杂度企业(2 区)。在这个区域中,关键客户的复杂度仍然很低,但企业的复杂度很高。企业向关键客户供应很多的产品、服务、应用程序并设立了很多经销点，这些产品、服务、应用程序和经销点可能来自或者属于不同的企业业务部门。此时，隶属于独立的关键客户管理单位的关键客户经理仍然可以充当适合的组织工具，但是企业的高复杂度要求关键客户经理必须具备广泛的技能。关键客户经理的支持单位很可能必须依据实际情况而变化。

高复杂度关键客户 + 低复杂度企业（3 区）。关键客户的复杂度高，即关键客户拥有很多在地理上分散分布的采购决策点、影响点和/或使用点。相比之下，企业的复杂度较低，即其供应的产品、服务、应用程序的种类和设立经销点的数量相对较少。此时，最适用的组织方法是**关键客户经理矩阵结构**——由关键客户经理负责制定关键客户战略，并管理重要的企业战略层面的关系；分散在各地的销售人员主要负责与关键客户的日常沟通，他们通常向关键客户经理进行虚线汇报。

高复杂度关键客户 + 高复杂度企业（4 区）。这个区域中的企业可能会从关键客户管理中获得极高的价值。企业与关键客户都具有很高的复杂性：企业向关键客户供应很多种类的产品、服务、应用程序并设立了很多经销点，关键客户拥有很多在地理上分散分布的决策点、影响点和使用点。此时，最常用的组织方法是**关键客户经理矩阵结构**。

3.2 负责关键客户管理的组织单位和组织层面

企业可以在内部的不同层面上为单个关键客户制定战略，既可以在一个或多个业务部门内部为关键客户制定战略，也可以在企业战略层面上制定关键客户战略。此外，从地理因素方面考虑，企业既可以在一国国内制定地区性或全国性的关键客户战略，也可以制定多国区域性的关键客户战略或者全球性的关键客户战略。

企业为关键客户管理构建的直线型组织结构应当体现出企业制定关键

客户战略的方式，其主要包含两个维度：组织单位和组织层面。

3.2.1 负责关键客户管理的组织单位

不论采用哪种组织结构管理关键客户——关键客户经理矩阵结构或者独立的关键客户管理单位，企业把关键客户管理工作交给哪个组织单位负责都是一个关键性的决策。

对于在单个国家经营单一业务的企业来说，这个决策比较简单。这样的企业最有可能在国家层面上对其全国关键客户实施深入的关键客户管理。相比之下，对于拥有全球多个市场和多项业务的更复杂的组织机构而言，其负责关键客户管理的组织单位通常可以包含以下几个选项：①单个部门/业务单位；②单个国家；③地区范围或全球范围；④企业战略层面。

此外，鉴于企业不同业务单位、不同地区的分公司对关键客户战略的投入会有差异，企业应该同时采用多个不同类型的关键客户管理组织结构。对于大型跨国企业客户，企业可以采用全球关键客户经理矩阵结构对全球关键客户进行管理。在单个国家中，企业可以结合使用独立的关键客户管理单位和关键客户经理矩阵结构来管理全球关键客户与重要的全国关键客户。对于在某个地区或区域层面上有资格成为关键客户的规模较小的客户来说，有些关键客户管理方式也可以在原销售系统里发挥作用。

1. 业务单位或企业层面的关键客户管理

当某关键客户同时从企业的几个业务单位进行采购时，企业可以分别在业务单位和企业层面上管理该关键客户。业务单位层面的关键客户管理应以产品/市场战略为重点，而企业层面的关键客户管理应以发展和维护企业间的全面关系为重点。此外，当有些业务单位向类似的关键客户供应竞争性产品和/或互补性产品（或者在未来有互补性的产品）时，企业需要在企业层面上进行更主动的关键客户管理。

案例 3-1 3M 是一家具有很强创新性的公司。在美国，3M 公司是经营产品种类最多的企业，拥有遍布全球的 50 多个不同的业务部门，这些业务部门都由各自的总经理负责经营并承担盈亏责任。为了推动创新，3M 公司设定了严格的目标：3M 公司每年都必须从基于新技术的产品上获得 20% 的销售收入！

除了业务单位层面的关键客户管理计划，3M 还制订了企业层面的关键客户管理计划，旨在协调利用各业务单位的核心竞争力和技术实现 3M 与关键客户的互利共赢。关键客户管理计划最初只对两个客户试运行，几年之后，计划的实施范围扩大到了基于未来创造销售额的潜力标准挑选出来的 20 多个客户。

3M 公司的关键客户经理主要管理两类关键客户并向 3M 公司销售部汇报。关键客户经理需要用 20% 的时间与 3M 员工建立联系，用 20% 的时间建立客户员工与 3M 员工的联系（以期实现具体的可确定的应用前景），用 60% 的时间发展 3M 公司与客户间的关系，了解客户在什么情况下会使用 3M 技术。

3M 公司要求关键客户经理拥有多业务、多职能部门和国际化的工作经验。关键客户管理团队由来自多个业务单位、职能部门和多个国家的成员组成（如制造部、物流部、信息技术部、研发部、销售部、营销部等），成员共同帮助关键客户经理制订和实施针对每个客户的关键客户方案。

每个关键客户都拥有一位高管级别的支持者（最高可达到 3M 公司副总裁的级别），后者负责开发 3M 公司对该客户的全球范围内的业务（使用全球销量报告系统测评）。高管支持者能够帮助关键客户经理突破 3M 公司的内部障碍，关键客户经理在确定正确的客户联系人的工作中也需要向高管支持者寻求帮助。在关键客户经理看来，他们的职责既包括代表 3M 公司面向客户，也包括通过帮助确定适合的组织机构联系人代表客户面向 3M 公司。

3M 公司用"硬钱"衡量与关键客户的合作是否成功，目标是关键客户为 3M 公司带来两倍于平均水平的增长率。当然，3M 公司与关键客户间的沟通互动水平以及联合技术开发、联合产品开发等活动的进度指标的评估结果也非常重要。

当关键客户与企业的多个部门都有业务往来并且存在很大的交叉销售的可能性时，企业可以实施企业层面的关键客户管理计划。在有些情况下，企业可以为了支持企业层面的关键客户管理计划而牺牲单个业务单位的销售努力。

案例 3-2 以往，印度最大的金融服务集团 ICICI 的企业与项目融资团队管理着共计 12 个产品部门，每个部门都由自己的销售团队负责本部门的销售工作。一项客户分析显示，集团的经营收入中有很大一部分来自 100 个关键客户。通过一次大规模的集团重组，ICICI 规定了产品销售工作不再由产品部门各自负责，而是交给一个关键客户经理团队负责。关键客户经理向关键客户主管汇报，关键客户主管与产品部门主管具有同等地位。

如果关键客户的业务主要集中在企业的某个业务单位，与其他业务单位的业务非常少（或者只有零星业务），那么企业很可能无法顺利地推进企业层面的关键客户管理计划。在这种情况下，企业必须建立其他机制以确保对一个业务单位非常重要的关键客户能够从企业的其他兄弟单位得到适当的对待，尽管这些客户对于后者来说并不重要。

案例 3-3 约翰迪尔公司（John Deere）通过相互独立的业务单位向农场和建筑行业销售重型设备。虽然购买建筑系列设备的客户大多不会购买农场设备（反之亦然），但是一个建筑行业的关键客户偶尔会需要从农场设备业务单位购买产品。约翰迪尔公司建筑设备业务单位的管理部门采用了一系列非正式的机制以确保农场设备业务单位能够给予这个关键客户恰当的服务。

有些时候，企业会正式授权某个业务单位负责整个企业与关键客户间的关系。在这种情况下，践行团队合作文化并建立了合理的绩效衡量和奖励机制的企业，将更有可能取得关键客户关系管理上的成功。

案例 3-4 美利肯公司要求企业业务单位层面的全球关键客户经理都要为企业其他业务单位留意商机。美利肯公司的企业文化、基于绩效的薪酬制度以及严格的年度考核都为这项要求的落实提供了组织保障。

当两个拥有很多相同客户的企业通过合并或收购成为一家企业时，会引发一个特别的问题：企业为了在客户面前呈现统一的企业形象，必须在如何划分客户责任方面做出重要决策。

案例 3-5 美国一家主要商业银行与投资银行的大规模并购，带来了如何划分关键客户责任的难题——原先这两家机构的客户关系经理都与他们的关键客户建立了密切的关系。虽然投资银行的客户经理非常希望与这家商业银行的2000多个跨国客户建立单独的关系，但是合并后的组织机构的客户关系由商业银行的客户关系经理主要负责。即便如此，对于原来供职于投资银行的投资银行家来说，他们还是从以往与他们只有极少量业务的客户那里获得了很多重要业务。

2. 关键客户间的关系

当企业的关键客户之间存在直接的竞争关系时，将带来一些非常微妙的问题。在这种情况下，企业必须向每个关键客户证明自己会公平行事，并且已经采用了有效的组织流程阻止机密信息在关键客户间传递。企业可以将关键客户经理分别安排在组织机构的不同位置，以此方式确保关键客户经理的支持团队不会有人员重叠；企业也可以对关键客户的特定数据设置"防火墙"保护以实现同样的效果。

当企业的关键客户之间存在供需关系时，企业应如何对待这些关键客户也是一个问题。如果正在考虑进行前向整合，那么企业必须非常小心地对待其直接客户。不管怎样，当直接客户和间接客户都是企业的关键客户时，是否为它们指派相同的关键客户经理将是企业需要做出的一项关键决策。如果企业与直接客户的关系非常牢固，那么为这两种类型的关键客户指派相同的关键客户经理将给企业带来巨大收益。

案例 3-6　3M 公司长期以来与朗讯公司保持着良好的关键客户关系。后来，3M 公司增加了负责朗讯公司的关键客户经理的职责，让他同时管理朗讯公司最大的客户——AT&T。

3.2.2　负责关键客户管理的组织层面

将关键客户管理系统置于企业哪个位置的决策涉及组织层面的问题。如果把关键客户管理系统深埋于企业组织结构之中让其远离权力中心，它将难以产生组织影响力，关键客户主管人员会发现他们难以获得必要的资源。如果企业高层管理者真的以严肃认真的态度对待关键客户战略，那么他们必须将关键客户管理系统置于较高的组织层面上。

案例 3-7　在一家《财富》全球 500 强企业中，负责管理关键客户的高级经理向全国销售主管汇报。这位高级经理发现他很难获得服务关键客户所必需的资源，而且，他发现对关键客户管理职位感兴趣的企业员工的才干和水平普遍低于期望值。通过组织结构重组，全国销售主管不再拥有对关键客户的管辖权，新任命的关键客户主管获得了在汇报关系中与全国销售主管同样的级别。很快，企业的资源流动变得更加自由，竞选关键客户经理职位的人员素质水平也有了显著提升。

鉴于企业通常与很多客户有合作关系，企业还应该把与关键客户的所有关系作为统一的整体进行管理。为了完成这项任务，企业应该任命一位关键客户主管，由关键客户经理向这位主管汇报工作——我们将在下面讨论这一职位应该发挥的作用和职责。

3.2.3 关键客户管理组织结构的转型过程

不论选择哪种关键客户管理组织结构，企业都必须管理好从现有组织结构向新的组织结构的转型过程。与对待所有的组织结构转型一样，企业应谨慎地对待关键客户管理组织结构的转型，并重点关注两个因素：涉及销售收入和利润等财务领域的"硬因素"，以及包含客户关系、信息提供等主题的"软因素"。

企业在启动组织结构转型之前应该详细了解企业的历史销售纪录和服务关键客户的真实成本。除了直接的产品成本外，企业还应该确定对每个关键客户的支持成本，如销售成本、服务成本和管理成本。企业应该核算销售团队在发货和制作发票等外部事务以及举行会议与向管理层做业务陈述等内部事务方面花费的成本。这种使用基于活动的成本核算进行的分析能够给出在现有组织系统中关键客户为企业带来的利润率的真实数值，从而使企业能够很容易地评估新的组织结构带来的成果。

此外，企业应注意向那些受到组织结构变化影响的个人说明变化的理由和变化可能带来的影响，包括企业自身的员工和关键客户公司的员工——他们的角色、职责和与关键客户相关的行为都必须做出改变以适应新的组织结构。

3.3 关键客户管理中的角色和职责

企业推进关键客户管理不仅要进行组织结构的调整，还要确定企业关键客户管理计划中关键参与者的角色和职责。接下来，我们重点关注关键客户管理计划中的三个重要角色：高层管理者、关键客户主管和关键客户经理。

3.3.1 高层管理者

为了使关键客户管理计划发挥最大的潜能，企业高层管理者必须给予关键客户管理计划充分的、公开的和实实在在的支持，并且这种支持必须是多方面的。关键客户管理计划可以由一位高层管理者作为计划的拥护者，为计划提供公开且持续的支持。最理想的情况是由公司CEO担任计划的支持者——万豪酒店集团的CEO小比尔·马里奥特就曾担任过这一角色。企业的销售负责人或营销负责人也可以作为计划的支持者。

接下来，我们从多个方面来讨论企业高层管理者在关键客户管理计划中的职责。

对关键客户战略的投入。 企业高层管理者必须习惯做出艰难的选择，以牺牲其他客户为代价将企业资源有侧重地分配给关键客户。对参与关键客户管理的工作人员来说，这样的分配显然是合理的，并且与企业将重要客户指定为关键客户的行动相一致。然而，这样的资源分配不是必然发生的。

> **案例 3-8** 美国一家重要的医疗保健公司的关键客户经理对资源分配有所抱怨:"我们的高层管理者告诉我们他们支持关键客户管理计划,但他们并没有准备好对资源分配做出艰难的管理决策。他们没有给予我们的关键客户与其重要性相符的优先考虑和优质服务,而是为所有客户提供了同样糟糕的服务。"

为获得高质量人才创造良好的企业内部环境。企业高层管理者需履行职责以确保企业任命合适类型和数量的高质量人才,并使其在关键客户管理过程中发挥关键性的作用。确定关键客户主管的报告级别是企业需要做出的一项重要决策。如前所述,关键客户主管在组织结构中的位置传递了有关企业对关键客户管理的投入承诺的强有力的信息。关键客户主管的级别,通常在很大程度上决定了其为关键客户获取资源的能力以及高质量地任命关键客户经理和其他关键客户管理团队成员的能力。任命关键客户主管是一个非常重要的决定,企业应该加倍谨慎,选择经验丰富、尽职尽责、才能出众的高水平管理人员担任这一职位。

为开发和/或购买关键客户管理系统提供资金。不论高层管理者如何出色地完成了选拔任命高水平人才担任关键客户管理职位的工作,如果企业没有将合适的关键客户管理组织系统和流程落实到位,那么关键客户管理终将无法成功。为了确保关键客户管理每天都能高水平地发挥作用,企业必须为合适的组织系统和流程提供大量必要的资源(详见本书第三部分),而且企业高层管理者必须确保这些资源的可用性。

发展关键客户文化。企业高层管理者必须在组织中发展一种关键客户文化。关键客户管理的最终目标是通过建立与关键客户的长期关系使企业获得销售收入和利润,进而实现企业与关键客户的互利共赢。关系建设对于企业与关键客户来说都是非常重要的,特别是在企业正在寻求成为优质供应商和与客户建立合作伙伴关系的情况下(见第 2 章)。

在培养企业与关键客户关系的工作中，一个关键因素是企业中与关键客户对接的支持部门工作人员——他们必须胜任自己的工作，并且能够充分接受企业组织机构中普遍存在的以客户为中心的企业文化。关键客户管理人员和销售人员都非常重视客户的需求，但是支持人员（相比于服务客户的工作）可能更多地从事与职能部门和/或职位相关的工作。关键客户经理与支持人员在工作性质和职位上的差异可能会加剧这一问题的严重性——怨恨、嫉妒和消极合作的问题可能会随之而来。举例来说，与关键客户经理和销售人员可以享受令人兴奋的旅行和自由的时间安排相比，企业 IT 部门的专家和专职管理人员的大部分工作都是平淡无趣地在办公室里进行的。现场和技术服务人员需要深入关键客户组织内部开展工作，并且通常需要解决关键客户的问题以平息其怒气。财务人员往往是企业的卫士，他们负责确保企业的财务健康并在一定程度上使企业远离麻烦，保持企业的合法存在。

虽然关键客户管理需要遵循不容置疑的逻辑性，但是组织机构的历史、文化和奖励机制可能会削弱关键客户经理有效地履行其职责的能力。例如，一家全球性的银行在其投资部门实施了一项关键客户管理计划，但是交易与销售部门员工的个人主义文化和财务奖励制度的缺位阻碍了该计划的实施。关键客户经理发现他们既难以获得银行高层的支持，也难以获得他们需要的关键客户信息。

企业高层管理者有责任确保企业所有员工都能真正领会关键客户对于企业未来发展的重要意义。高层管理者必须用他们的言语和行动，证明他们会持续地为关键客户管理计划付出努力，并且已经准备好了做出艰难决策，以便有效地服务企业的重点客户。

案例 3-9 一家大型制药公司委托一家独立的市场调查公司对其全球关键客户进行定期的客户满意度调查，调查对象是每个全球关键客

> 户的多位决策者和对决策有影响力的人物。这家制药公司的 CEO 强调，市场调查公司必须向他及时地提供任何表明该制药公司与关键客户间存在的现有和潜在问题的数据，他会根据数据马上采取行动。

由于关键客户管理计划的实施需要花费大量成本，关键客户主管和关键客户经理必然需要获得企业高层管理者的支持——他们必须证明关键客户管理的真正价值。

确保企业的多项关键客户管理计划不会相互冲突。我们在前面提到了关键客户管理可以在企业的不同业务单位（部门）和/或在企业层面上执行。在通常情况下，企业各业务单位（部门）的高管会决定是否引入关键客户管理计划，引入什么类型的计划以及领导角色的性质。如果该项关键客户管理计划与上级部门的关键客户管理计划相关（如企业计划与业务部门计划、全球计划与全国计划等），企业高层管理者必须最大限度地确保各项关键客户管理计划对待关键客户的方式不会相互冲突。

直接参加与关键客户的沟通交流。不论关键客户经理组建和带领关键客户管理团队的能力多么出众，企业高层管理者都应该时常参加与关键客户的直接沟通交流，以表明企业对客户关系的重视。例如，某设备生产商的关键客户主管在按照关键客户管理计划的实施流程进行工作时接到了公司总裁的电话，总裁说有个关键客户的一个替换零件出了问题，要求关键客户主管马上解决这一问题。

此外，只有企业高层管理者才能对关键客户做出他们定期需要的重大承诺。特别是，企业高层管理者对高管伙伴计划（Executive Partner Program，详见后面的内容）的大力支持可切实证明他们对关键客户管理的坚定投入。

3.3.2 关键客户主管

关键客户主管是整个关键客户管理过程的总指挥，犹如橄榄球比赛中的四分位球员（亦称四分卫，是负责发动进攻的球员）。企业应当任命经验丰富的管理人员担任这一职位，并且企业高层管理者应给予其全力支持，帮助其完成工作任务。关键客户主管必须确保关键客户管理四大要素的相合性——战略、组织结构、人力资源、系统和流程。此外，随着外部环境的变化，关键客户主管应在适当的时候获取高层管理者对修改关键客户战略的批准，并根据需要修改关键客户模型里的四大相合性要素（见第1章）。

下面我们来论述业务单位（部门）级别的关键客户主管的职责。如果是企业层面上的，企业的销售负责人或营销负责人既可以作为关键客户管理计划的支持者，也可以直接担任关键客户主管——这就是我们经常说的"领导牵头"或者"领导挂帅"。

案例 3-10 IBM的全球关键客户管理计划由担任公司高级副总裁并兼任销售与经销部门执行总裁的高管人员发起。发起人直接向IBM总裁汇报并掌管着IBM在全球的销售机构。

影响关键客户战略的制定和实施。关键客户主管是企业组织机构中关键客户管理团队的"啦啦队队长"，他们会对高层管理者如何看待关键客户施加重要的影响。关键客户主管应积极管理企业关键客户战略的各项要素，领导战略的制定并在适当的时候改变战略。关键客户主管的职责包括（详见第2章）：确定关键客户管理计划适合的广度和深度；按照供应商－优质供应商－合作伙伴的顺序对关键客户进行分类；确定和修改选择关键客户的标准；选择新的关键客户；撤销不再符合标准的关键客户的资格；从总体上管理关键客户组合。

管理关键客户管理过程中的潜在冲突。企业的客户往往不是独立的个体，它们之间可能存在供求关系或者直接竞争关系。在这种情况下，企业必须清楚地了解关键客户之间通过共同的供应商能够在多大程度上进行信息传递。当两个关键客户之间存在供求关系时，企业应帮助它们改进相互间的信息流动，并鼓励它们在重要的合作计划上取得进展。

当企业的两个关键客户之间存在直接竞争关系时，它们之间的信息传递将损害某个关键客户的利益并引发严重的商业道德问题。特别是当两个关键客户使用企业的产品竞争同一项业务时，企业必须加倍小心。关键客户主管在管理关键客户的过程中应主动识别潜在的冲突并做出必要的组织结构安排，常用的办法包括制定严格的保密措施和规章制度、进行人事安排等。

确保相合性。关键客户主管必须确保服务于关键客户管理的组织结构、人力资源、系统和流程与关键客户战略的相合性。

（1）**组织结构**。关键客户主管应负责设计并在获得上级批准后构建适合的组织结构——组织结构应当随外部环境的变化和企业对关键客户管理投入水平的变化而改变。

（2）**人力资源**。关键客户主管应负责开发和执行对关键客户经理的招聘、筛选、培训、管理、留用和奖励的整套流程，并负责确保有助于提高关键客户绩效的相关资源落实到位。

（3）**系统和流程**。关键客户主管应当开发/购买和管理适合的组织系统以确保关键客户管理能够正常发挥作用。关键客户主管应管理好关键客户数据库，并在企业内部对各种关键客户管理系统进行必要的协调，如全球关键客户管理系统、区域（多国家）关键客户管理系统以及全国关键客户管理系统。

关键客户主管应当首先确定（并持续更新）制订关键客户管理计划的流程和模式，并为这项工作设定时间表，然后利用必要的公共数据和关键客户分析（如行业与竞争对手分析）提高工作效率，最后审核批准所制订的计划并确保计划的实施。关键客户主管应确保各项关键客户管理计划与企业的营销计划相协调,并对相同行业的不同客户的单项客户计划进行比较和对比。

案例 3-11	全球 500 强之一的瑞士 ABB 集团的新闻发言人表示:"对同一行业中不同客户的客户计划进行对比是决定我们取得成功的一项重要因素。为什么我们在组织结构相似的客户面前会有不同的市场业绩?我们需要借助这项工作更好地了解 ABB 的潜力。"

关键客户主管还应管理关键客户资源合理化分配的全过程。对于关键客户主管来说,一个非常重要的问题是组织目标的协调一致。关键客户经理的目标通常与关键客户的绩效大小有关,而其他的组织部门可能会设定与此相冲突的目标。因此,当使用区域销售绩效作为衡量指标的区域销售主管管理其销售区域内的全国(关键)客户经理时,难题将随之出现。同样,作为销售团队成员的关键客户经理可能会发现当组织目标不一致时,销售人员往往会抗拒实施关键客户战略。

关键客户主管必须努力确保相关领域内的目标设定与对关键客户经理的绩效衡量标准具有相合性。目标管理(Management by Objective,MBO)系统在这方面将非常有效。

促成整个企业对关键客户管理的认同。获得认同永远不是件容易的事,当一个拥有强大的职能和/或业务惯性的企业首次引入关键客户管理时,更是如此。关键客户主管必须努力减少企业内部阻碍实施关键客户管理的因素,使关键客户管理计划有效地发挥作用。此外,不论企业 CEO 表面上如何支持对关键客户管理的投入,严酷的现实是除了关键客户管理计划,他们还必须考虑更多的问题,因此,企业 CEO 对关键客户管理的支持有时候是"蜻蜓点水"般的,毕竟实施关键客户管理计划对于他们来说只是企业的多项重要举措之一。

在这种情况下，关键客户主管面临的一个重大挑战是为关键客户管理计划争取和保持企业内部的投入，他必须劝说企业组织机构内的很多高层人员加入进来，包括像首席财务官（CFO）和首席信息官（CIO）这样的执行委员会成员、地区主管和职能部门主管以及企业的客户联络官。关键客户主管可以采用很多方法争取企业对关键客户管理的认同，但最后都可以归结为"沟通"。由于企业人员会有变动，关键客户主管显然永远也无法停止这项努力。

案例 3-12 雅培公司的一位部门总裁对关键客户管理的价值持怀疑态度，他认为关键客户管理计划会使企业产生不必要的日常支出，他需要看数据来决定。于是，关键客户主管向他展示了数据，让他相信实施关键客户管理计划确实能够为企业增加收入。

案例 3-13 一家美国纸业公司新任命的关键客户主管把他上任后的前9个月时间都用在了企业的内部联络和沟通上，包括与现场经理、现场销售、销售支持、高级职能经理的联络和沟通，意在获得他们对关键客户管理计划目标的认同。这项工作结束后，他才着手实施计划。

另一个重要的相关问题是确保其他职能部门不会对关键客户管理计划造成负面的影响——参与计划的其他部门不能采取它们认为合理的但有可能损害组织间关系发展的行动。

案例 3-14 欧洲一家公司最大的客户遇到了现金流问题。关键客户经理在企业销售部门的帮助下付出了巨大努力来帮助该客户解决问题，但是这家欧洲公司的财务部并不了解这些，在60天账期到期后停止了对该客户的供货并寄去了催款书。结果，该客户虽然支付了货款，但是从此之后再也没有与该公司做生意！

案例 3-15　在一次激进的裁员过程中，美国一家公司对能够为企业带来增量收入的员工施加了压力。公司会计部门检查了十年间向公司最大的客户开具发票的历史纪录，并发现了多处错误。公司会计部门向客户寄送了修改后的发票，但是没有通知关键客户经理。结果，客户与关键客户经理对此都非常恼火。

案例 3-16　某公司是中国惠普公司的一个关键客户。在使用信息系统时，该公司发现惠普小型机出现了故障，于是立刻联系中国惠普服务部提出服务申请，服务部接到请求并在查询系统后告知：该设备已过保修期，该公司需要先购买延期保修服务，中国惠普才能派工程师上门服务。此事关系到该公司所有员工工资的按时发放，十万火急，而该公司花钱需要有预算，还要走审批流程，不可能马上购买延期保修服务。然而，中国惠普服务部又坚持没有保修合同或不付费就不能上门服务。该公司无奈之下只好向中国惠普政府事业部总经理投诉中国惠普服务部不为客户着想，并表示非常气愤。为了这个关键客户，中国惠普政府事业部总经理马上协调资源，并做出担保，让服务部先解决关键客户问题，立即派出工程师上门维修，此事才得以解决。在解决完问题之后，该公司非常满意，又继续购买了惠普的保修服务。

有些企业为关键客户管理计划建立品牌，向客户和组织成员展示了企业正在以不同以往的方式走向市场。

案例 3-17　万豪酒店集团推出了"联盟客户"关键客户管理计划，制作了小册子介绍该计划的主要内容，还为该计划设计了商标并印制了 T 恤等礼品以使该计划更加切实可见。此外，他们开发了关键客户管理计划网站以持续添加和更新有关关键客户管理计划的成功故事与信息。

建立关键客户文化。鉴于企业高层管理者负责引入和保持关键客户文化，关键客户主管将负责完成大部分的日常工作。关键客户主管应使所有支持人员都能感觉到他们是关键客户服务团队的成员。邀请支持部门参加关键客户会议，安排支持人员到关键客户那里参观拜访都是达到这一目标的办法。支持人员对关键客户的现场参观可以包括企业物流专员参观客户的接货组，或者企业行政人员参观关键客户的财务组。通过参观活动，企业支持部门人员能够更好地了解关键客户的目标、他们自己的工作性质以及今后工作中将面临的限制条件。

关键客户主管还必须与企业高层管理者搞好关系，以便获得企业高层管理者对在全公司建立客户导向的关键客户理念的投入和支持，并争取让他们为实现组织的相合性提供足够的资源。关键客户进度报告是开展这项工作的一个有用的重要工具；报告可以按月或者按季度出具，用于详细介绍企业与所有关键客户之间现有项目的进展情况，预估未来销售收入；报告可以帮助企业高层管理者持续了解关键客户的最新动向，确保企业负责人能够了解未来的计划实施要求。

尽最大努力做好关键客户管理。关键客户主管应采取各种办法不断提高关键客户管理的水平。

案例 3-18 中国人民大学出版社是国内领先的经管类教材出版社，其每年定期邀请国内各主要高校（关键客户）的授课教师参加教学方法培训班。通过这种方法，中国人民大学出版社和各大高校授课教师保持了非常好的关系，同时定期获得了各主要高校授课教师的建议和反馈，也进一步开发了客户需求（例如出版新版教材）。

设定基准。高级别的关键客户工作人员在开发和/或管理关键客户管理计划时应避免做无谓的重复劳动。鉴于很多企业都对关键客户管理计划拥有丰富的实践经验，关键客户主管应该把行业内领先企业的关键客户管理实践设定为基准，并把从中学到的经验融入企业关键客户管理系统的相合要素中。通过了解其他企业采用的流程，重点关注哪些实践方法是有效的，哪些是无效的以及无效的原因，企业可以避免犯很多常见的错误，尽快达到成功实施关键客户管理计划的水平。事实上，企业可以去了解重要竞争对手采用的关键客户管理流程，也完全可以使用自己的关键客户管理系统作为强有力的竞争武器。

成功的关键客户管理不可能一蹴而就，企业应定期调整工作方法，或者在可能的情况下与非竞争关系的企业相互交流有关关键客户管理实践的信息。

问题诊断。关键客户主管应当警惕可能出现的全系统性问题，适时地对组织结构进行合理改造以确保关键客户管理计划更顺畅地运行。

最佳关键客户管理实践。企业应开发一套程序，用于企业内部持续交流关键客户管理方面的最佳实践。各位关键客户经理可以对具有广泛适用性的具体问题发展创新性的解决方案。努力使所有相关的关键客户管理人员都能了解关键客户管理的最佳实践，这将从整体上提升企业关键客户管理系统的绩效水平。

启动和管理高管伙伴计划。高管伙伴计划是反映企业高级执行官对关键客户管理投入程度的一项非常有用的工具，并且能够为企业与关键客户的关系带来巨大的增值。在高管伙伴计划中，企业会指定高层管理者负责管理一个或多个关键客户。高管伙伴能够为关键客户经理提供支持，并且作为关键客户管理团队的成员参与关键客户战略的制定和实施。关键客户经理可以在其认为必要时召集关键客户与高管伙伴会议。

高管伙伴是关键客户经理在发展与关键客户的牢固关系的过程中可

以利用的宝贵资源，他们通常可以参加关键客户经理无法参加的高级别会谈，并因此获得从其他渠道无法获得的参与权。当企业与关键客户的会议需要企业高层出席时，高管伙伴就可以扮演这样的角色。当企业与关键客户相关的活动遇到阻碍时，高管伙伴应该具备冲破企业权力体制出色完成任务的能力。在实践中，高管伙伴与关键客户沟通交流的频率可能有很大差异，可能每周举行一次会议，也可能半年举行一次——会议的中心任务是处理关键问题，关注潜在的机遇，促进组织间关系的发展。高管伙伴还可以举办由企业多家供应商与多家关键客户共同参与的活动，如新产品发布会、签约活动等。

> **案例 3-19** 在惠普公司的高管伙伴计划中，高管伙伴的职责包括：培养与关键客户的高管人员个人的密切关系；开发和支持惠普公司的销售机会；自上而下地解决销售流程问题；参与客户计划，参加工作总结会议；培养和培训惠普公司的关键客户经理和销售团队等。

关键客户主管的任务是执行高管伙伴计划并使其发挥应有的作用，必要时可以向企业 CEO 寻求支持。很多 CEO 都曾担任至少一个关键客户的高管伙伴。很多时候 CEO 可以提出，企业高层管理团队的每位成员都应参与关键客户关系——CEO 的建议将促使高层管理者争相与关键客户建立联系。高管伙伴计划通常不涉及薪酬问题，但也可以使用基于关键客户经理依据全面的文档记录所提供的建议而建立的奖励体制。

关键客户主管必须依据他们与企业高管的面谈结果将企业高管与关键客户相匹配，企业则往往依据企业高管与关键客户当前的人际关系或其他类型的关系做出这样的匹配。在此过程中，高管人员当前的职责通常不是考虑的因素。事实上，高管伙伴计划的理念基础是企业高管人员与关键客户的关系应该是长期的，而且应当作为企业高管的核心职责之一。当然，关键客户主管对企业高管与关键客户的匹配必须有一定的选择性,有些高管人员可能完全不适合担任高管伙伴的角色。为了找出不合理的匹配,关键客户主管必须创建一套控制体系,以确保高管伙伴-关键客户经理-关键客户之间的关系正常运行。关键客户主管必须做出艰难的再任命决定,包括必要时取消高管伙伴的资格。

对于刚刚开始实行高管伙伴计划的企业来说,为一位高管人员匹配多少关键客户是个非常重要的问题。显然,这取决于适合这个位置的可用的高管人员的数量和企业需要为之匹配高管伙伴的关键客户的数量。由于高管人员都有自己正式的职责和组织生活压力,他们每个人实际上只能负责少量的关键客户。例如,如果一家行业领导企业的高管人员需要每人负责30~40个关键客户,那么这家企业很可能无法从高管伙伴计划中获得充分的潜在收益。

除了企业高层管理者与关键客户的关系能够带来的特定价值以外,高管伙伴计划将确保企业高层管理者在培养企业最重要的资产——关键客户的工作中发挥积极的作用,即使他们各自的职位责任可能不涉及与客户的沟通。近年来,高管伙伴计划成了很多《财富》全球500强企业普遍应用的方法,成功案例来自3M、AT&T、惠普、IBM、施乐等企业。

考虑组建客户咨询委员会。在建立关键客户文化的过程中,关键客户给予的明确反馈将会是非常有益的帮助。关键客户主管应考虑组建关键客户咨询委员会,咨询委员会由不存在直接竞争关系的关键客户组成。咨询委员会的成员定期举行会议,讨论共同感兴趣的问题,并向企业的关键客户管理部门提出问题和建议。这样的咨询委员会将极大地增强企业和客户之间的关系,实际上也可以提高客户转换成本。

很多企业都组建了以关键客户为主要参与方的客户咨询委员会。客户咨询委员会通常包括5~10名成员(建议不超过15名),每年至少举行两次会议(或者每季度举行一次会议),成员资格可以采用轮流制。

客户咨询委员会的成员还可以包括企业高管人员或者重要职能部门的高管。

客户咨询委员会可以关注像产品/服务交付这类具体的业务问题，也可以关注更广义的问题。客户咨询委员会可为关键客户经理和高管伙伴计划提供支持，并可促进企业与关键客户的沟通交流。

有些客户咨询委员会可能是行业特有的（但有些企业可能会特意从不同行业选择委员会成员，以避免成员间存在直接竞争关系），通过这种组建方式，关键客户间的信息流动得到加强。组建客户咨询委员会的企业通过公开讨论来解决问题的做法无疑会带来一些风险，但是，开放性能够给企业带来诸如反馈和关系建设等价值不可估量的收益。

> **案例 3-20** 惠普公司组建了一个由 20 名成员组成的重点关注研发的客户咨询委员会，每年举行一次会议。微软公司按地理区域组建了多个包含 20 名成员的客户咨询委员会，还组建了一个包含 50 名成员的全球客户咨询委员会，每年举行两次圆桌会议，共同讨论业务拓展问题。其他一些设立了客户咨询委员会的公司包括思科、IBM 和默克。

3.3.3 关键客户经理

无论企业采用哪种组织结构和系统流程管理关键客户组合，通常都是由关键客户经理对具体关键客户的管理承担主要责任。在通常情况下，企业会正式任命专人担任关键客户经理，但是如第 2 章所述，企业也可能安排销售人员或公司高管在负责其他工作的同时担任关键客户经理的职务。关键客户经理是全部组织机构间的关系得以顺畅运行的关键点。

关键客户经理的角色和职责在不同类型的关系中显然会有所差别，我们前面谈到的复杂度（见图 3-2）就是造成这种差异的一个重要因素。关键客户的复杂度与其数量、地理上的分散性、采购决策点、影响点以及使用点有关。企业本身的复杂度与其供应的产品、服务、应用程序的种类和设立经销点的数量有关。如果考察对立的两端，即低复杂度关键客户＋低复杂度企业的区域（1区）和高复杂度关键客户＋高复杂度企业的区域（4区），我们会发现这两个区域中的关键客户经理的角色和职责有着显著的差别。

与1区的关系相比，4区的关系要复杂得多——这个区域中的组织关系网络非常密集，关键客户经理需要展开大量工作以协调关键客户与企业关系中的众多参与方之间的关系。相比之下，在1区中，虽然关键客户经理也要发挥协调作用，但他们通常隶属特定的关键客户部门，其协调工作要简单得多。

企业与关键客户关系的类型也是决定人员配置的重要因素，即每位关键客户经理管理多少个关键客户。在简单关系中，关键客户经理几乎不与关键客户的员工以及企业自身其他部门的员工接触，此时通常可以为每位关键客户经理安排多个关键客户。但在复杂关系中，关键客户经理要与关键客户和企业自身其他部门的很多员工打交道，此时关键客户经理与关键客户一对一匹配可能更加合适。

关键客户经理必须使用某种人力资源系统来满足从最简单到最复杂的组织机构安排的需要——人力资源系统应涉及关键客户管理团队、关键客户内部以及关键客户与企业之间的各种关系集合。关键客户内部以及关键客户与企业之间的关系涉及不同组织层面和很多职能领域的人员，这些人员往往拥有不同的价值观、利益、设想、目标以及对企业与关键客户关系的理解。使用这样的人力资源系统对关键客户经理来说并非易事，他们必须小心处理当前和潜在的一系列矛盾，这使得关键客户经理的工作成了组织机构中难度最大、最具挑战性的工作之一。

关键客户经理是企业与关键客户之间的边界连接者，因此他必须平衡好企业与关键客户之间相冲突的要求。一方面,关键客户经理应拒绝关键客户提出的有损企业盈利能力的"不合理"要求;另一方面,他必须约束企业内部其他部门/员工希望采取短期内能够给企业带来收益但长期会损害企业与关键客户关系的行动的愿望。

关键客户经理能够取得多大程度的成功取决于他们对企业和关键客户的所有相关工作人员的需求和愿望的敏感度,其中最重要的是构筑信任、建立密切关系、激发尊重感和创造兴奋感的能力。尽管发展和管理人际关系非常重要,但是关键客户经理还是应该把促成机构间关系的制度化作为工作的核心目标。一项调查有助于我们了解关键客户经理工作的复杂性,见表3-1。

表 3-1 关键客户经理的时间分配

	工作任务	时间分配(%)
企业内部的工作	与销售代表和其他销售渠道沟通	15
	与市场营销部门沟通	9
	与生产和运营部门沟通	5
	与其他内部部门沟通	6
	小计	35
面向关键客户的工作	与客户的高层决策者沟通	11
	与客户的采购部门沟通	5
	与客户的生产和运营部门沟通	5
	与客户的销售渠道和市场营销部门沟通	4
	小计	25
其他	其他/管理工作	21
	出差	19
	小计	40
总计		100

为了优化企业对关键客户的工作绩效,关键客户经理必须扮演好很多截然不同的角色并履行好各个角色承载的职责:①实现企业对关键客

户的绩效目标；②制定关键客户战略和行动计划；③确保关键客户战略和行动计划按计划实施；④组建和管理关键客户管理团队；⑤管理与销售团队的关系；⑥开发和管理关键客户关系；⑦管理关键客户信息系统；⑧确保企业对关键客户的响应力；等等。接下来，我们会详细阐述这些职责。

当然，关键客户经理为完成这些不同的角色和职责需要付出多少努力与组织机构间关系的复杂度相关。关键客户经理在任职期间的不同阶段（探索阶段、建立阶段、维护阶段和脱离阶段）所付出的努力也有所不同。

（1）**实现企业对关键客户的绩效目标**。关键客户经理最重要的职责是实现企业对关键客户的绩效目标。在多数情况下，企业会从关键客户那里寻求盈利，但在缺少衡量客户盈利率系统的情况下，很多企业设定了以销售收入和增长率为基础的目标。

企业的绩效目标各有不同，最重要的差别可能是它们对获得销售收入和利润的时间选择不同。有些关键客户经理的首要目标是在当前从满足明确客户需求的特定产品中获取销售收入和利润，有些关键客户经理的首要目标是确定企业利用现有和/或开发中的技术在未来能够获得业务机会，还有一些关键客户经理的首要目标包含这两个部分的内容——获得当前的销售收入和利润，确定未来的业务机会。

无论企业对关键客户设定了怎样的绩效目标，关键客户经理的工作成绩在很大程度上取决于他对自己角色和职责的完成情况。

（2）**制定关键客户战略和行动计划**。企业高层管理者有责任对整个关键客户战略做出宏观的战略决策。相比之下，关键客户经理需要为每个关键客户制订计划，列明详细的目标、战略和行动计划。每个关键客户战略都应重点关注如何在激烈竞争的环境下满足客户的关键需求。

关键客户经理对关键客户管理计划的制订负有终极责任。这项工作最主要的推动力来自关键客户经理希望帮助关键客户实现其经营目标的愿望。关键客户经理必须展示出他们对关键客户战略和行动计划的全心投入。但是，关键客户经理往往不会亲自从事所有必要的计划制订活动，其他人员会负责大部分的数据收集和分析工作。通过激发关键客户管理团队和关键客户的员工的创新潜能，关键客户经理将有效地提高战略制定水平，企业与关键客户也更有可能按预期实施关键客户战略和行动计划。关键客户经理在制订计划的过程中应对各类影响因素采取开放的态度，但是应当警惕和预防关键客户战略和行动计划成为企业组织结构中握有重权的子部门之间的利益妥协结果。

（3）确保关键客户战略和行动计划按计划实施。只有在关键客户战略和行动计划按计划实施的情况下，关键客户经理才有可能完成其在制订关键客户管理计划时所确定的目标。然而，制定战略和计划与成功实施它们完全是两回事——最大的困难无疑是关键客户经理既不拥有对实施战略和行动计划的具体人员的直线职权，也不掌握获取战略和行动计划实施所必需的组织资源的途径。实际上，关键客户可能还需要为战略和行动计划的实施提供相关的人手和资源。

如前所述，关键客户经理可以在战略和行动计划实施过程中引入关键参与者以便完成对关键客户管理计划的管理工作。通过这种方式，关键客户经理能够有效地提高成功实施关键客户战略和行动计划的可能性。虽然可以引入参与者，但是战略和行动计划的实施还需要很多稀缺资源，关键客户经理必须充分施展能力以确保获得这些资源——关键客户经理获取资源的能力具有深远和长期的影响。

案例 3-21 一家大型制药公司的高级财务总监这样讲述与一家银行打交道的经历："我们与这家银行的合作已经有十余年了。刚开始我们在这家银行只有几个账户，现在我们的账户数量已经达到五六十个。账户数量增加的首要原因是我们公司的服务需求增加，而满足服务需求的关键是设立账户服务专员。这家银行的关键客户经理迈克·麦克林非常了解我们公司，他为此付出了很大的努力。他是我们公司与银行的联络员，帮助我们公司与银行的沟通达到了非常高的默契。我们非常珍视这一点。当我们开始将一些业务转移给这家银行的锁箱中心（Lockbox Center）时，迈克马上为我们提供了一个现金管理与业务专员小组。我们非常惊讶他提前为此所做的如此大量的准备。我们很喜欢迈克在多年间连续为我们公司提供的高质量服务，这要比我们与同一家银行的多名业务专员分别联系、分别从他们那里获得其管辖领域内的优先资格高效得多。"

关键客户经理应在计划实施的整个周期内监测进展情况以及进展情况与计划要求的相符性——包括计划内行动的实施情况和预期效果。当实际情况与计划要求不符时，关键客户经理应采取必要措施进行中期修正，这可能涉及关键客户战略和行动计划的修改。这种中期修正实际上具有方向控制（计划－实践－检查－行动）的意义。

（4）**组建和管理关键客户管理团队**。在多数情况下，关键客户经理实现企业的目标不是依靠个人行动，而是依靠一个由各自身怀绝技又相互依存的多位成员组成的关键客户管理团队的共同努力。这个团队的成员人数不多，但是拥有互补的技能，致力于相同的目的和完成共同的绩效目标，对采取的工作方法负有共同的责任。关键客户管理团队的规模越大、合作范围越广，企业与关键客户关系的复杂度就越高。关键客户管理团队的成员通常包括来自管理、应用工程、客户服务、物流、运营、市场营销、研发和技术支持等职能部门的工作人员。关键客户经理对这些人员通常没有直线领导职权，这些人员实际上组成了一个"虚拟团队"。对于持续进行的关键客户管理工作，关键客户管理团队是企业与关键客户的组织机构间的关系中所固有的角色，但是对于具体的管理项目，组建临时的关键客户管理小组可能更加可取。

所以，组建和管理虚拟团队是关键客户经理要掌握的一项重要管理技能。例如，中国惠普公司和思科（中国）公司经常会为一些关键客户的重大项目和工程组建虚拟团队——虚拟团队是跨多个部门的，一般由高层领导牵头。

关键客户经理必须集合必要的人力资源组建关键客户管理团队，并确保团队成员参与关键客户战略、目标和行动计划的制定且对这些内容非常了解。此外，关键客户经理必须确保这个团队对关键客户采取协调统一的管理方法。这些都需要日常信息的大量流动和团队成员定期的会议沟通，这样所有成员才能及时地了解关键客户相关活动的最新情况。每年一次的关键客户管理团队评审将为制定来年的关键客户战略和行动计划做好准备。

需要注意的是，考虑到企业组织的实际情况，关键客户管理团队的成员及其所属的各个职能部门都有自己的目标、工作重点和限制条件，这些差异可能造成重复工作、分歧和内部冲突。这些冲突可能使团队成员无法清楚地了解客户需求，导致服务和产品质量下降、成本增加，甚至使客户失去对企业的好感。

关键客户经理领导着企业对关键客户的管理工作，他必须解决企业内部冲突并协调不同职能部门和不同层级的成员的行动，以确保企业在客户面前展现统一的组织形象。当关键客户经理需要组建临时的关键客户管理小组为具体项目制定提案时，上述工作将变得尤为困难。

管理虚拟团队有难度并不代表可直接管理的关键客户管理团队就是更优的选择。美国一家拥有丰富的关键客户管理经验的大型制造商将其直接管理的关键客户管理团队换成了虚拟团队的结构，以避免降低关键客户经理在日常管理工作中对关键客户的关注程度。

关键客户经理必须确保关键客户管理团队成员都能真正地理解他们的角色和职责，包括①高效合作；②以团队目标为先；③共享信息、看法和意见反馈；④根据需要付出努力；⑤展现领导力；⑥解决重大难题；等等。

关键客户经理应该为团队成员提供充分的自主权和有挑战性的机会，并以此鼓励他们承担责任。关键客户经理还应评估团队成员在完成目标方面的表现，并对优异表现给予认可。此外，关键客户经理还应以公平公正的态度面对和处理绩效不足的问题。

关键客户经理在组建关键客户管理团队时应该把团队成员关系看作一种基于信任和互惠并能够使每位成员都从中获益的联盟关系。团队成员可以获益的类型包括①启示性的收益——为成员的工作带来一些启示；②任务辅助——为成员完成任务提供辅助；③职位强化——强化成员在组织中的地位；④关系加强——加强成员的社会关系；⑤个人意义——加强成员的自我意识；等等。

关键客户经理必须确保自己能够了解和满足关键客户管理团队成员的需求，并妥善处理每位成员拥有的各种各样的组织内和组织间的关系。关键客户经理可以基于实际情况维护、改进、修复或中止与团队成员的关系。

（5）**管理与销售团队的关系**。在所有与关键客户发展关系的组织成员中，除了关键客户经理之外，最重要的主体大概就是销售团队了。企业必须对关键客户经理和销售团队成员的角色与职责有清楚的认识。当企业采用关键客户经理矩阵结构的组织方法时，这种清楚的认识尤为关键——关键客户经理对关键客户负全面责任，传统的分散在各地的销售团队成员负责与客户的日常沟通。除非关键客户经理和销售人员对他们的角色与职责都有清楚的认识，否则他们的工作可能会给企业带来预料之外的负面后果。

这个问题在变化的环境中往往最为严重。这里所说的变化包括企业首次引入关键客户管理，或者从一种关键客户管理系统向另一种转变。除非企业做出改变——往往涉及分配新的职责，否则现状被打破很可能给相关人员造成失落感，而这种失落感还会带来不良情绪和非正常表现。例如：①销售人员认为关键客户管理人员侵入其销售区域；②销售人员在重要的客户关系发生问题时推卸责任；③销售人员感觉自己是"二等公民"，只能在当地销售区域内执行关键客户经理的决策；④当地销售人员与关键客户管理人员之间缺乏销售业绩分配计划，双方对经济收入都感到不满。

关键客户经理可以大方地承认销售人员在为企业获取销售收入方面的作用，以最大限度地降低双方产生矛盾冲突的可能性。企业高层管理者应该发挥重要作用，确保组织流程不会妨碍关键客户经理与销售人员之间的合作——销售业绩和薪酬往往也是很重要的问题。

案例 3-22 美国一家大型公司的全国关键客户管理计划为公司带来了增幅超过 30% 的年营业收入。本地销售人员可以从全国关键客户经理开发的业务收入中获得销售业绩。如果销售人员在本地开发的客户在销售人员的辖区之外为企业带来了营业收入，销售人员也会因此获得销售业绩。

企业必须清楚地界定关键客户经理与销售人员的角色，否则当销售人员因为不是他们的错误而受到惩罚时，他们会对这样不公平的对待怀有怨言。相应地，关键客户经理也可能会抱怨销售团队对他们的支持不够。

如前所述，关键客户经理的任务是制定战略和行动计划，销售人员也应参与这项工作并提供有帮助的信息和建议。更重要的是，现场销售人员的任务是在本地执行关键客户战略，抓住本地可控的机会开展销售和服务活动。现场销售人员也应注意发展和维护与本地客户的持续性关系。关键客户经理从关键客户那里获得"宽尺度"合同相当于给销售团队颁发"狩猎许可证",销售团队要做的就是在合同条款下(猎场内)最大限度地实现销售(捕获猎物)。

在一些企业的组织机构中,关键客户经理既负责关键客户的管理,又肩负与销售相关的其他职责。有的关键客户经理除了要担任某个客户的关键客户经理,还要作为当地的区域销售代表负责对其他关键客户的销售业务。这样的双重职责使他们能够更加深刻地理解这两种角色,并使他们带来更有效的团队合作和更优的执行力。

企业高层管理者应确保关键客户经理与销售人员的工作目标没有严重冲突。如果存在冲突,企业应尽早地公开冲突,并与销售人员及其销售经理共同解决。

(6)**开发和管理关键客户关系**。在关键客户经理通过规划流程确定了关键客户战略的情况下,他必须开发和管理大量与关键客户员工之间的关系,其中可能涉及关键客户的很多职能部门和组织层级。有些关系可能需要双方频繁接触,而有些关系可能更多地具有偶然性和阶段性。关键客户经理可以同时管理大量关系,例如在 IBM 公司,负责花旗银行的关键客户经理维护着 IBM 公司与 300 多位花旗银行员工的关系。

关键客户经理还必须确保开发和管理企业与关键客户员工之间的多元化关系,这些关系可能涉及多个职能部门和管理层级。每次企业与关键客户员工之间的个人联系都是可以加强或削弱组织间整体关系的"真相时刻"。

关键客户经理可以通过会议、演讲、社会活动、公司访问等形式精心安排和协调组织间的互动,其中有些活动涉及 CEO 之间的高层互动,有些涉及企业发货人员与关键客户接货人员之间的互动(在发货和接货地点都有相互交流的机会)。为确保这些关系的成功发展,关键客户经理必须扮演好关键客户管理团队成员的导师、培训师和引导者的角色。在这样的背景下，关键客户经理必须与关键客户的执行主管对组织机构间日常联系的性质和频率达成一致意见。

案例3-23 在3M公司的关键客户管理系统中，3M公司为关键客户经理的时间投入提出了明确要求：他们需要花20%的时间与3M公司50个不同业务部门的员工建立内部联系，花20%的时间为实现具体的可以确定的应用前景建立关键客户的员工与3M公司的员工之间的联系，并将大多数时间（60%）用于发展客户关系，了解关键客户在何种情况下会使用3M的技术。

最后，关键客户经理应尝试管理关键客户的内部关系，虽然这项工作难度不小。管理这种内部关系非常重要，因为关键客户内部的重要员工如何互动交流并形成对企业及其竞争对手的判断对于企业能否在竞争中胜出具有重要影响。关键客户经理应通过面谈和提供信息等方式达到沟通交流的目的——他们应该认识到，来自关键客户内部的可靠信息，往往比企业自身销售人员猜测的信息更准确。

（7）**管理关键客户信息系统**。关键客户经理在企业与关键客户的沟通中发挥着枢纽的作用。借助企业的通用信息系统和单个关键客户的信息系统，关键客户经理必须确保企业能够在关键客户管理团队和关键客户的员工中间收集、分析和传播适当的信息。当然，关键客户经理不需要了解每项信息的具体内容，但他必须确保信息的高效流动。

除了管理日常的信息流动，关键客户经理还应规划定期的交流活动。他们应在企业与关键客户签订合同后对合同签订的过程进行审核，并对企业与关键客户的关系进行定期审核。关键客户经理还应帮助关键客户的相关员工了解企业取得的进展和/或成绩，此外，他可以采用新闻通稿的方式报道企业与关键客户的关系。

案例 3-24　美利肯公司地毯部负责花旗银行业务的全球关键客户经理制作了一份面向客户的新闻通稿，详述了双方关系的最新发展动态，其中包含了重点项目的相关数据——基准确定、客户拜访、按时交付等信息以及美利肯公司帮助花旗银行获得成功的一些方式。

（8）**确保企业对关键客户的响应**。关键客户经理应确保企业对关键客户关注的问题做出快速响应。有很多方式可以体现这种响应力：对关键客户的员工来电快速回复，及时跟进企业与关键客户会谈中约定的行动，等等。管理日常执行工作的能力是影响关键客户对企业的关键客户经理、关键客户管理团队以及企业总体评价水平的关键因素。

3.4　总结

第 3 章的重点是为关键客户管理构建适合的组织结构。我们着重论述了两大主题：如何设计适合关键客户管理的组织结构，关键客户管理系统中的重要参与方各自的角色和职责是什么。

我们确定了五种构建关键客户管理组织结构的方法。独立的关键客户管理单位和关键客户经理矩阵结构是全力投入关键客户战略的企业可以采用的两种主要的组织方法。我们结合复杂度模型讨论了两种组织方法的应用，随后论述了负责关键客户管理计划的组织单位和组织层面。

我们在本章的第 3 节讲述了企业高层管理者、关键客户主管和关键客户经理的角色和职责。这三个参与方对关键客户管理计划有效发挥作用具有至关重要的意义。

KEY ACCOUNT
MANAGEMENT
AND PLANNING

第 4 章

关键客户管理的人力资源：关键客户经理

关键客户管理相合性模型的第三大模块是人力资源。很明显，当实行某种形式的关键客户管理计划时，企业的很多人员都会参与到客户关系的维护中，而关键客户经理在组织间的关系中扮演着重要的角色。因此，本章重点讨论"关键客户经理"。

关键客户经理的角色日益重要，而对其工作能力的要求也越来越严苛。这使得这一职位必须由能者居之。企业必须对关键客户经理的知识、技能和能力要求有清晰的认识，也必须制定出一套切实可行的招聘、选拔和培训流程，以培养出能够胜任关键客户经理这一角色并能承担相关责任的精英。

能力较强的关键客户经理是一种极有价值的组织资源，企业应该将其视为资产而非成本。企业应建立起自己的一套留住优秀关键客户经理的机制，尤其应认真思考关于奖励机制的问题——物质奖励的重要性毋庸置疑，但企业也要考虑其他形式的奖励机制。

本章将首先从关键客户经理的职业技能问题切入，随后关注关键客户经理的招聘、选拔、培养和挽留机制，最后谈谈关键客户经理的奖励机制。

4.1 关键客户经理的职业技能

关键客户经理职位是企业对外交往中岗位要求较高、较严苛的职位之一。如前所述，与很多销售人员工作的性质相同，关键客户经理扮演着边界连接者的角色，他必须在关键客户和企业的要求之间做出两难的权衡。将关键客户经理与传统销售人员区别开来的主要特征是责任的轻重。

如前所述，企业在确定哪些客户可以进入关键客户名单时应非常谨慎。被列入关键客户名单的客户应是对企业的未来发展极为重要的客户——关键客户应能给企业带来显著的当期和/或预期收益。所以，企业挑选担任关键客户经理职位的个人应有能力"驾驭"这一层次的责任。考虑实行关键客户管理计划的企业应对关键客户经理的职业技能要求做出详细评估，这一评估应与第3章所述的关键客户经理的角色和责任直接相关。

在对关键客户经理的职业技能要求进行评估时，企业应清楚其对这些经理人员的期望。保持和增加企业一系列成熟产品的现有销售额所要求的技能，与发现企业新研发技术面临的市场机会所要求的技能可能是大不相同的。此外，在一个矩阵式组织中协调复杂的企业与关键客户的关系所要求的技能，与在一个专门的关键客户部门内部处理相对简单的关系所要求的技能也可能是迥然相异的。

在本节中，我们将分若干主题讨论针对优秀关键客户经理的一系列一般性要求。在本节最后，我们将讨论关于关键客户经理的一些研究结果。

4.1.1　企业管理技能

在很大程度上，关键客户经理的工作就是经营一笔生意，而这门生意就是关键客户。根据关键客户和企业的规模以及所涉及的项目的性质，这笔生意的年营业额可达上亿美元。此外，在运行较好的关键客户项目中，关键客户经理不仅有确保销售收入的责任，还有确保利润的责任（至少要有利润贡献）。

关键客户经理须具备经营数百万美元生意的重要技能。在制订关键客户管理计划、表述针对关键客户所实行的战略和行动计划中，关键客户经理扮演着核心角色。关键客户经理不仅要大量收集数据，而且要对市场和客户有较强的抽象关注力。关键客户经理还要具备较强的形成抽象概念、分析和计划的技能，这些技能是建立在敏捷思维、批判性思维、定量推理和发散性思维（跳出固定思维框架）的基础上的。他必须能对关键客户的采购体系进行判断，清楚了解关键客户的采购决策过程和在其中扮演不同角色的人员，还必须能做出艰难的权衡决定，这通常会涉及复杂的经济利益。关键客户经理要具备"精明"的市场和财务分析能力，这在普通的销售团队中是不常见的。此外，互联网和社交媒体应用的不断普及对关键客户经理的各项网络技能也提出了越来越高的要求。

然而，单有制定计划和策略的技能是不够的，关键客户经理还要负责执行总体计划下的各个具体行动方案，不论这些行动方案是针对关键客户的还是针对企业自身的。关键客户经理需要有主持和推动会议、进行顾问式销售的技能，也需要有谈判、演示和沟通的技能——这些工作的对象通常是组织较高层面的经理人员。关键客户经理还需要有创业者的精神和态度，时刻留意能为企业与关键客户的关系增加价值的机会。成功的关键客户经理能够创造性地帮助关键客户发现和解决问题，不论关键客户的员工是否意识到了这些问题。

4.1.2 跨越界限和建立关系的技能

出于履行诸多角色和责任的需要，关键客户经理必须能够跨越诸多组织界限开展工作，这些界限包括关键客户内部以及企业内部的职能界限和层级界限。在关键客户那里，关键客户经理必须抬高企业的位置以取得订单；而在企业这里，关键客户经理必须申请安排关键客户所要求的资源以满足关键客户的需求。关键客户经理必须拥有重要的人际关系网，也必须有与企业各部门员工和关键客户各部门员工保持融洽工作关系的能力。

在开展跨越界限的工作时，关键客户经理必须处理好诸多方面的复杂关系。当企业和关键客户都是规模较大的组织时，关键客户经理应能够处理好关键客户内部人员、企业内部人员及双方之间的上百种人际关系。为成功完成这一任务，关键客户经理必须具有较广的知识面，确保与各关键人员适度沟通。他还应对双方的组织结构、流程、程序和文化较为敏感——关键客户经理必须对组织行为有着深刻理解，并对组织政治情况有着较高的敏感性，这样才能有效驾驭双方组织。这些技能可能会在企业发生兼并和收购的情形（尤其是之前有不愉快事情发生的）中经受最为严峻的考验，此时关键客户经理承担着处理企业新业务部门与关键客户关系的责任。

总的来说，关键客户经理的工作重心是商业关系本身以及支撑商业关系的社交活动。但时不时地，关键客户经理还需要处理好企业和关键客户员工之间较难处理的个人关系。

> **案例 4-1** 一名关键客户经理负责领导一个有 60 多名成员的团队，团队与来自关键客户的 30 多名员工联络。他发现组织间的商业关系往往会演变成个人关系，而个人关系的终结往往会对组织间的商业关系造成负面影响。

4.1.3 领导力和团队建设技巧

在很多情况下,许多关键客户经理不是以个体形式从事经营活动的,而是将自己视为关键客户管理团队的领导者,但他们不是依据自己在正式组织中的地位通过直线职权行使职责的。相反,他们必须通过领导力和团队建设技巧发挥个人影响力。

为了确保实现目标,关键客户经理必须通过领导力和团队建设技巧发挥个人影响力——个人影响力是关键客户经理在履行自己的职责时从至关重要的人们那里获得支持的直接结果。成功地运用个人影响力可以赢得赖以取胜的支持,进而赢得客户,而失败地运用个人影响力会导致失去支持,进而失去客户!

为了成功地领导关键客户管理团队,关键客户经理必须具备较强的人际交往技能以建立信任,化解矛盾。此外,自信、魅力、感召力、活力、灵活性、诚信、坚持、自律性、自我反省、坚韧等个人特质都可提高成功的机会。

关键客户经理必须做好准备,挑战现有的组织制度,树立共同愿景,开拓智能行动计划,并就上述要素进行充分沟通以激励关键客户和企业自身人员,包括组织内部同等层级人员和更高级的管理人员。其中,承认个人贡献和鼓励成就是至关重要的。关键客户经理必须树立积极的榜样,对企业自身和关键客户做出承诺,提供满意服务。关键客户经理还必须发展组织影响力,以确保每个相关人员信守上述承诺。

成功的团队具有以下特点:①团队成员拥有高水平的技能或潜在技能;②团队成员之间高度互信;③团队成员之间恪守承诺,相互支持;④团队和成员保持灵活适应性;⑤团队成员有高标准的卓越行为与绩效;⑥有开放性反馈;⑦坚持领导工作的原则性;⑧有明确且鼓舞人心的团队整体目标;⑨团队成员共同创造业绩;⑩有高效的沟通架构。

如果关键客户经理工作效率高,则团队业绩突出,能为关键客户提供良好服务,并能听到企业自身内部不同职能部门的一致的声音。如若不然,关键客户则会获得前后矛盾的信息,(包括来自企业各职能部门不和谐的声音)和有可能损害企业与关键客户关系的信息。

成为关键客户经理的起点是了解自己的个人社交风格和领导艺术,然后了解企业自身和关键客户相关员工的社交风格和行事风格。关键客户经理成功的关键因素是向他人展示自己的行事风格和领导才能,这有利于双方培养富有成效的互助关系。为了建立企业和关键客户的关系,关键客户经理需要领导企业自身的团队成员努力进行团队建设,加强自身领导技能和能力的协同作用。

接下来,我们借鉴哥伦比亚大学商学院著名的领导力专家威廉·克莱伯教授开发的克莱伯领导模式(见图4-1)来探讨两种模式特性,从这些模式发展而来的四种社会风格以及与每种社会风格相关联的领导行为。

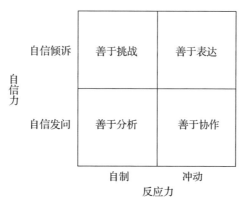

图4-1 克莱伯领导模式

模式特性。该模式基于两个方面:①自信力,用于评价自身在与他人交流时是倾向于自信发问还是自信倾诉;②反应力,用于评价自身在与他人交流时是倾向于控制感情(自制)还是展示感情(冲动)。

社会风格。这两种模式特性的2×2矩阵产生了四种社会风格:①善于分析——自信发问／自制；②善于协作——自信发问／冲动；③善于表达——自信倾诉／冲动；④善于挑战——自信倾诉／自制。

领导行为。不同类型的领导行为与不同的社会风格相关联。关键客户经理可以采用任何一种领导风格。①善于分析——他们言行一致，是他人的榜样，他们借助计划达成无数个小的成功达到持之以恒的进步，从而吸引他人追随自己。②善于协作——他们通过推动各方就合作目标达成共识和建立信任促进协作，通过共享信息和能力、提升判断力及知名度加强与他人的合作。③善于表达——他们不断设想令人振奋的"崇高"的未来，争取让他人拥有共同愿景并努力影响他人的价值观、兴趣、希望和梦想。④善于挑战——他们不断寻找挑战的机会改变自身以实现成长、创新和自我完善，勇于尝试、承担风险，努力从错误中吸取教训。

组织货币。行事高效的关键客户经理能妥善进行"组织货币"交易，即通过表 4-1 中的各种做法确保其他相关人员的应具行为。

表 4-1 "组织货币"

"货币"总类	"货币"类型	"货币"描述
与精神相关	愿景	参与任务并发挥对组织单位、整个组织机构、客户或社会更加重要的作用
	追求卓越	提供把重要的事情做好的机会
	道德正确性	为以超越效率的更高标准做好正确的事情提供机会
与任务相关	资源	出借或给予资金、更多预算、人员、场地等
	辅助	帮助执行现有项目或接手别人不愿意从事的工作
	合作	提供支持，给予更快的响应，批准项目或帮助实施
	信息	提供组织信息和技术信息
与职位相关	晋升	安排有助于晋升的任务或工作
	认可	认可努力、成绩或能力
	能见度	提供被组织高层或重要领导知道和了解的机会
	声誉	使正在接受观察的人员的发展道路更加平稳
	重要性	塑造重要感和归属感
	关系网	提供与其他人建立关系的机会

(续)

"货币"总类	"货币"类型	"货币"描述
与关系相关	认可/包容	产生亲密感和友谊
	个人支持	给予个人情感支持
	理解	倾听对方的关切和问题
与人相关	自我意识	使个人能够更加坚定自己的价值观、自尊和自我认知
	挑战/学习	共同完成有助于增强技术和能力的工作
	所有权/参与权	使其他人拥有所有权和影响力
	态度	表达感谢或感恩

除了进行组织货币交易以确保其他相关人员的应具行为，成功的关键客户经理还应该利用自己的权力资源，制定高效有影响的策略：①理由和劝说——利用事实和数据来支持逻辑论证；②联盟——动员其他力量；③友好——以善意和积极的关系为基础；④谈判——基于利益交换进行谈判；⑤自信——直接和有说服力的需求，有时伴有威胁或制裁；⑥咨询——获得更高层次的支持，影响他人的决策过程；⑦鼓舞人心的诉求——呼唤理想、个人价值和抱负。

4.1.4 研究成果

近年来，研究人员对成功的关键客户经理所应具备的条件进行了很多研究，其中一项研究将这些必备条件分为三类，即个人特质、技能以及行业知识和经验（见表4-2，表中三列内容无对应关系）。

表4-2 成功的关键客户经理需要具备的个人特质、技能、行业知识和经验

个人特质	技能	行业知识和经验
机智老练	关系建设能力	了解关键客户的工作人员以及他们的个性
正直诚实	谈判能力	了解企业自身的产品/服务
关注道德	沟通能力	了解企业自身的流程
积极进取	领导能力	了解关键客户所在的行业

(续)

个人特质	技 能	行业知识和经验
富于创造	人际关系能力	了解关键客户的产品/服务
有责任心	表达能力	拥有管理大客户的经验，以及规划方案和设定目标的经验
追求成就	分析客户问题的能力	了解关键客户的合作偏好
有抱负	解决冲突的能力	了解定价和销售条款
	协调能力	了解关键客户的业务优势和弱势
	执行能力和声誉度	了解关键客户的流程
	取得订单的能力	了解关键客户的需求

另一项关于全国关键客户经理及其上司的研究为关键客户经理指明了五项关键的成功因素：①管理关键客户关系；②熟悉关键客户的业务；③确保对关键客户的行动和响应能力；④增强他人与关键客户的关系；⑤确保实现关键客户管理计划中的承诺。

研究表明，一般来说，关键客户经理会在管理关键客户关系与确保对关键客户的行动和响应能力这两方面付出适当的努力，但较少顾及以下方面：熟悉关键客户的业务，增强他人与关键客户的关系，确保实现关键客户管理计划中的承诺。

进一步的研究明确了下列能力决定了关键客户经理的卓越程度：①协调关键客户与企业的战略目标；②关注点不仅仅局限于关键客户的需求；③了解决策所造成的财务影响；④协商解决问题；⑤统筹规划组织资源；⑥构建关键客户-企业关系愿景；⑦实施自我评估和持续学习的策略；⑧制定战略与计划；⑨利用基本的销售技巧。

4.2 关键客户经理的招聘、选拔和培训

4.2.1 招聘和选拔

从传统的销售团队体系到关键客户管理的转变代表了一项重大的组

织变革，因此在最初引进关键客户管理的时候，关键客户经理的招聘是最困难的——此时，企业面临真正的风险，即聘用的可能是无相关知识、技能、能力、经验及/或组织影响力的人员。从本质上来说，关键客户经理的招聘有两种途径——内部招聘和外部招聘。

1. 内部招聘

也许，对于关键客户经理这个职位来说，最具优势的候选人就是一直在新认定的关键客户所在的区域开展销售工作的销售人员。这样的销售人员在简单的情况下会做得极其成功（也许是长时间和客户接触的缘故），然而，让他们进行更复杂的关键客户管理则相当困难——成功的销售人员与成功的关键客户经理在能力方面有很大的差异，许多成功的销售人员没有能力做出相应的转变。

企业提拔优秀销售人员做销售经理后，却看到他们没有能力管理一个销售团队——提拔失败，这种情况是非常常见的。关键客户经理这个职位为能够克服困难转变为关键客户经理的优秀销售人员提供了别样的职业展望。因此可以说，关键客户经理的职位在某些销售人员的职业生涯规划中占据着重要的位置。

当然，销售团队不是关键客户经理的唯一内部候选人来源——候选人最合适的来源是由关键客户经理的角色和职责的特殊性决定的。因此，候选人可能来自许多不同的业务/功能领域，例如，3M公司的一个成功的关键客户经理之前管理过一个研发实验室。

对于那些还剩几年即将退休的员工来说，关键客户管理是一个不错的最终职务。由于具备丰富的经验以及与关键客户有友好关系，资深员工可能在此方面尤其得心应手。

内部招聘的第二个来源就是组织里的后起之秀，这类人员可能来自某一职能领域，他们会把任职关键客户经理视为积累经验的重要方式——企业可能会将若干年的关键客户经理工作经验作为晋升高层经理的必备条件。毕竟，关键客户经理有管理企业某些最宝贵资产的责任，这些经验可能会使他们更好地胜任综合管理的职责。

尽管关键客户经理具有相当大的发展潜力，企业还是应该慎重考虑关键客户经理的更换频率，不能太频繁。由于建立关系是关键客户管理的一个重要因素，企业必须仔细权衡内部其他部门对优秀管理者的需求、关键客户经理的个人发展目标，以及企业与关键客户关系对优秀管理者提出的要求。

2. 外部招聘

关键客户经理候选人的第二个来源是外部候选人，他们可能有重要的关键客户的管理经验或者对关键客户有相当的了解和良好的关系，也许是某个竞争对手或非竞争对手企业的主管或雇员。这类候选人也许对当前企业不熟悉，但是他们在关键客户管理方面的优势能弥补这个不足。

案例 4-2 英特尔（中国）公司需要任命一位新的关键客户经理，其所要服务的关键客户是某机构。英特尔（中国）公司决定从该机构的工作人员中招聘，因为从该机构招人再对他进行技术培训，要比对现有雇员培训如何向该机构销售容易得多。最后，英特尔（中国）公司成功招聘了一位来自该机构的工作人员来负责相关业务。

3. 招聘和选拔所涉及的问题

内部／外部招聘的决策会涉及很多问题。从内部候选人中招聘的好处是，候选人对企业内部的流程和程序熟悉。此外，这也是一个激动人心的正面激励员工士气的好机会。然而，如果企业内部员工不具备足够的关键客户管理知识和潜力，那么只有从外部招聘才能使关键客户管理有坚实的基础。

不论关键客户经理的候选人来源如何，企业都应当考虑建立有关的政策体系来储备潜在的关键客户经理，建立关键客户经理的后备人才库。这是因为关键客户对企业来说实在太重要了，不能让关键客户经理这个职位空缺或任命不合适的人选。

对于内部候选人，该体系要能发现潜在的关键客户经理人选，确保他们能通过培训和工作掌握相关技能、获得相关经验。对于外部候选人，要持续不断地招聘和面试候选人——不管什么时候有职位空缺，都能有稳定的人选来源。

关键客户经理的选拔过程，应当遵照企业选择其他重要管理职位的同等严格标准。特别地，要包括有效的面试程序，由那些在关键客户管理方面有资深经验的高级管理人员组成面试小组，进行多轮面试。这些面试要聚焦在关键客户管理的岗位职责以及所要求的技能上。很多大企业还会使用心理测试工具来选拔关键客户经理。

关键客户经理的选拔过程有一个变量——关键客户的参与。有的企业会请关键客户的员工过目一个简短的可接受的候选人名单，这样关键客户就可为选拔过程提供参考信息。在某些情况下，关键客户甚至会从企业提供的名单里直接选人！

4.2.2 培训

在企业与关键客户的关系中，关键客户经理的作用至关重要。因此，企业应当尽其所能地确保为这个职位配备最佳人力资源。培训的作用就是帮助经历招聘和选拔过程后被选定的人员，将他们塑造为卓有成效的关键客户经理。如果关键客户经理是从传统的销售人员内部提拔起来的，那么培训就尤其重要：将短期的建立在交易基础上的销售视角转化为发展长期关系的视角，是一种重大的转变，需要特别的培训介入。

新任命的关键客户经理所需的具体培训包括阐明企业的功能、重要客户以及理想的企业－关键客户关系。培训内容要取决于企业所任命的关键客户经理的知识、技能、能力、经验。因此，如果新任命的关键客户经理非常有经验而且以前曾为企业的竞争对手服务，那么他们需要某种特定的培训。如果新任命的关键客户经理是从企业内部提拔的新星，他在过去三年开发了企业的新采购系统，那么他可能需要另一种非常不同的培训。

案例 4-3 在一家非常有名的科技公司，被委派为关键客户经理的员工此前专注于拓展客户，因此这家公司开发了一个计算机模拟系统，令培训人员分组模拟关键客户管理所涉及的全部活动——打电话、谈判、资源分配。

一些关键客户经理可能需要关键客户管理计划制订方面的培训，而另一些关键客户经理需要提高谈判、提案以及合同制作、时间管理、领导力和／或团队建设等各种技能水平。不管哪种情况，关键客户管理培训既可以由企业的人力资源部门根据关键客户经理各自的需要制订个性化培训方案，也可以由企业制订一份标准化培训方案，要求所有新任关键客户经理必须完成。当然，培训不可能一蹴而就——企业要考虑为关键客户经理提供定期的培训计划。

关键客户经理代表企业与客户打交道，因此企业管理者应确保，不管企业为了适应不断变化的环境如何发展，关键客户经理都要能够对相关情况了如指掌。而且，既然关键客户经理在关键客户面前通常都拥有比普通销售人员更高的行政级别，他们也应该对自己的企业和关键客户的情况更加了然于胸。企业可以采用各种方法来确保关键客户经理能够与时俱进、跟上变化。例如，一家美国大型造纸厂每季度都会为所有的全国关键客户经理提供一次为期两天半的宣讲会和培训，会上各部门的总经理或副总经理都会发表讲话。

除了制定招聘、选拔和培训流程以确保关键客户经理能够胜任其职位，企业也不能忽视关键客户管理团队中每位成员的培训需求。当企业决心投入一项关键客户战略时，这些团队成员也必须应对其职能特长之外的事务——不仅要和各个层次其他职能部门的同事打交道，还要和关键客户的员工打交道。这种多功能、多层次、跨组织的工作环境与传统意义上专业人员的工作环境截然不同，因此企业应设计相应的培训方案，使得这些专业人员可以充分发挥自己的作用，为关键客户管理团队做贡献。

案例 4-4 一家大型制药公司为了确保普通销售人员能够从本质上充分理解关键客户方案，在每个地区都指定了一名地区关键客户经理时刻关注该地区的关键客户，同时，这些关键客户经理要对本地区的新进销售人员进行培训，指导他们在关键客户管理计划下行事。

在关键客户经理和关键客户管理团队成员的培训中，企业自身的关键客户经理和团队成员并非参加培训人员的唯一来源。如果企业实质上已经介入某项关键客户业务，可以让关键客户的相关人员也参与到培训中来。

案例 4-5 欧文斯科宁复合材料公司的关键客户培训计划既包含了关键客户经理，也包含了关键客户管理团队成员以及关键客户的相关人员。该培训专注于欧文斯科宁复合材料公司关键客户的流程、产品和需求，以及该公司未来需求预测和用户解决方案制订办法。

在某些情况下，整个关键客户管理团队可以在一种行动式学习环境中一起接受培训。在这里，我们为关键客户管理计划和战略制定特别提出了一种强有力的方法，即"2+1+1 培训法"，已经有很多大公司采用了这种行动式学习法并取得了显著效果。参与者可以从中学到一种创新且有效的关键客户管理计划制订方法。采用该方法，每个关键客户管理团队都可制订出一份关键客户管理计划，而且可以在集体活动中巩固关键客户管理团队的成员关系，从而二次获益。

"2+1+1培训法"具体实施步骤如下。

（1）培训开始（2天）。第1天，培训师对关键客户管理进行说明并讨论关键问题，同时列出关键客户管理计划制订方法。第2天，每个关键客户管理团队进行多个计划制订练习，并做出结果报告。培训师对提交的结果报告做出评价。

（2）一个月后（1天）。各团队提交基本完成的现况分析，包括规划假设、机遇、挑战以及关键客户战略草案。培训师、同行以及高层管理者对提交的结果做出评价。

（3）再一个月后（1天）。每个团队提交现况分析的要点、规划假设、机遇、挑战以及关键客户战略和执行方案。培训师、同行以及高层管理者对提交的结果做出评价。

4.3 关键客户经理的绩效测量、薪酬和奖励机制

4.3.1 绩效测量

在制定关键客户经理的薪酬和奖励机制前，企业必须构建适当的绩效测量体系。因此，我们在这里先就绩效测量进行讨论。

首先，我们可以在以下两个方面使关键客户经理的责任概念化。①工作范围：区域、国家或全球范围的责任；业务单位或企业层面的责任。②工作性质：从侧重基于个人成就的短期销售业绩向涉及关键客户团队管理的长期关系转换。

鉴于关键客户经理的工作范围扩大，且考察范围由短期变成长期，绩效测量体系必须做出改变。对于主要责任是短期销售的关键客户经理，销售额或可能的利润贡献在现阶段是最普遍的测量指标。由于时间跨度变

长，现阶段的销售收益和利润虽然重要，但维持关键客户和企业关系的长期稳定变得越来越重要。除销售收益外，销量增长、在相关行业领域所占份额、利润贡献、产品组合、新业务开发、管道测量（例如是否成为客户的首选供应商）以及客户满意度等指标都变得很重要。显然，长期绩效的测量方式比仅侧重当前销售额的方式更加复杂。

一些企业目前使用平衡计分卡方法进行关键客户经理的评估。在使用此方法时，企业应在多个领域确定测量指标，包括①财务绩效指标——销售收益和利润贡献；②增长指标——开发新的应用，销售给先前未销售到的客户；③客户指标——客户满意度；④内部指标——企业内部关系质量、库存管理水平和团队领导力。

短期和长期绩效指标之间的平衡可能因企业/关键客户关系类型的不同而不同，详见本书第2章供应商、优质供应商和合作伙伴这三种关系类型。此外，对于从事多元化经营业务的企业层面的关键客户经理的绩效测量，很可能更侧重于长期指标。相反，对于向区域销售经理汇报的关键客户经理的绩效测量，很可能更侧重于短期指标。

案例 4-6　一家大型制药公司对关键客户管理团队的绩效测量总共包括4组指标（9种）：①财务指标——销售额、市场份额、利润；②运营效率指标——预算、过程改进；③创新/创造力指标——学习、资源利用；④客户/团队满意度指标——客户调研和360度团队成员评估。

案例 4-7　美孚石油（Mobil）开发了一个系统化程序，用于：识别客户和美孚石油要达成的关键客户关系的目标，识别达到目标的手段，填写监控目标进展情况的计分卡。

在选择适当的关键客户经理绩效测量体系时，管理者应考虑四种目标：①协调关键客户管理的前景、使命、策略和目标；②关键客户经理可以对经营绩效进行控制；③企业报告系统可以用于追踪；④专注——避免测量指标过多。

专注是一个特别的问题。过多的测量指标容易造成混淆并阻碍关键客户经理达成核心目标。表4-3所示的研究成果显示了企业实际使用的关键客户经理绩效测量指标的数量。

表4-3 关键客户经理绩效测量指标数量

绩效测量指标数量	1	2	3	4	≥5
占样本数量的百分比（%）	19	19	26	12	24

在明确了关键客户经理的绩效测量体系后，企业管理层和具体的关键客户经理应共同研究制定针对具体的关键客户的绩效等级。企业应尽可能确保将绩效等级直接与关键客户管理计划的目标挂钩。同时，企业应将这些绩效等级紧密地与关键客户经理的薪酬挂钩。

4.3.2 薪酬和奖励机制

合理设计的薪酬和奖励机制能对关键客户经理产生较强的激励作用，促使他们加倍努力工作。企业精心招募和充分培训的关键客户经理所付出的加倍努力反过来能够帮助企业整体实现高水平绩效。企业须确保其薪酬和奖励机制在人才市场富有竞争力，这样才可以留住而不失去有能力的关键客户经理。

总的来说，企业可以通过多种形式奖励表现出众的关键客户经理。我们先从薪酬说起，随后论述晋升、其他正式奖励机制以及无形的自我奖励。

1. 薪酬

对于大多数关键客户经理来说，薪酬是一项很重要的工作动力来源。

为关键客户经理制订适当的薪酬方案，意味着企业应对薪酬体系的构建过程予以充分重视。特别地，在进行具体分析之前，企业高级管理层应召开讨论会，明确关键客户经理对薪酬的期望。企业管理者应认识到关键客户经理这一职位的特殊性，召集各部门共同参与薪酬体系的设计。最起码，关键客户管理部门和人力资源部门的代表应发挥关键作用。

关键客户经理薪酬体系应有别于普通销售人员的薪酬体系。这一薪酬体系的构建过程应包括了解现任关键客户经理对现行薪酬体系的看法，以及他们希望保留和改变哪些方面。此外，与客户的沟通交流也可能为薪酬体系的设计提供重要信息。例如，与企业发展合作伙伴关系的关键客户可能反对薪酬体系过分基于当期的销售收入！

企业应鼓励新的薪酬方案的制订——通过前向和后向方式。后向鼓励包括考察关键客户经理在过往两三年中的业绩表现，论证在新的方案下的支出情况，并与现行方案对比。前向鼓励包括基于对未来表现的一系列假设问题对薪酬金额进行计算。每项分析不仅对每位关键客户经理来说具有价值，而且对薪酬体系的设计者同样具有价值。切实鼓励薪酬方案的制订可以确保当企业实施新的薪酬方案时，不会有人感到吃惊。

接下来我们就企业必须回答的一系列关键客户经理薪酬问题进行讨论。

（1）企业应支付给关键客户经理多少薪酬？

企业管理层须确定关键客户经理的总体薪酬目标。这一薪酬目标由工资或工资＋业绩目标奖金组成，视公司薪酬结构而定（下面将进一步讨论）。很多企业在构建关键客户经理薪酬体系时参考了销售经理岗位的薪酬水平，如城市经理或区域经理。总体目标薪酬随两个因素而变化——所促成的销售收入和达成销售成果的时间，因此：

- 关键客户经理所促成的销售收入越高，其薪酬越高。

- 企业越重视当前销售收入（与关键客户经理的目标一致）而非长远发展，则关键客户经理的现金薪酬越高。
- 关键客户经理的职责范围越广（从区域客户经理到全国关键客户经理，再到全球关键客户经理）薪酬水平通常越高。通常关键客户经理的薪酬范围下限相当于城市经理的薪酬水平，上限要高于区域经理的薪酬水平。薪酬最高的关键客户经理的薪酬在所有销售人员中的排名在前10%。

不管企业的具体薪酬水平和所采用的薪酬确定因素如何，整个薪酬体系必须在市场上具有竞争力。不然的话，有价值的关键客户经理可能会被竞争对手或其他招揽优秀人才的企业挖过去。

其他关键的薪酬问题还有关键客户经理薪酬与企业其他岗位的关系。若关键客户经理薪酬水平不足，企业可能无法充分吸引优秀人才应聘关键客户经理这一职位。此外，在矩阵式的组织架构中，基层的销售人员通常会付出巨大的销售努力，这些销售人员的作用是在关键客户经理在企业层面制定的销售框架下识别和抓住具体的销售机会——企业不仅应给予关键客户经理薪酬奖励，也应适当奖励每一位销售人员。

（2）企业如何合理设计薪酬体系？

关键客户经理薪酬体系主要包括以下三个关键的组成部分。

- 工资——每年或每月固定金额。
- 佣金——基于销售量/销售额变动。
- 奖金——达到业绩标准后的一次性奖励。

任何销售导向的薪酬体系的设计应把重点放在激励销售人员通过实施战略达成目标——关键客户战略和目标。很明显，由于各企业关键客户经理的职责以及潜在关键客户战略和目标的范围不尽相同，各企业的潜在薪酬体系范围也不尽相同。

对于追求短期销售目标的关键客户经理，目标激励薪酬（佣金和/或奖金）可能超过总薪酬的50%。而对于追求长远客户关系发展的关键客户经理，目标激励薪酬可能仅为总薪酬的10%（当然，有些企业甚至只发放工资，不给佣金和/或奖金奖励）。

（3）企业应如何安排激励薪酬比例？

显然，这一比例的安排没有固定答案。原则上，关键客户经理对销售目标达成的个人影响越大，激励薪酬（佣金和/或奖金）的比例应越高，企业甚至可以采用加速系数确定各销售额目标区间的激励薪酬比例。有一条黄金法则是企业可以拿出销售额的25%作为激励薪酬（如果可能的话）。

不论具体的薪酬结构如何，薪酬上限对关键客户经理来说总是一个敏感话题，就像它对所有销售人员来说一样。遗憾的是，很多企业都设定了薪酬上限。我们认为薪酬上限是很挫伤积极性的，企业应尽量避免设定薪酬上限。实际上，如果企业能够合理设计薪酬体系，设定薪酬上限是完全没有必要的。很多时候，企业设定薪酬上限是因为管理层没有在鼓励员工参与薪酬体系构建方面做好功课。

（4）关键客户销售达成是谁的功劳？

除非企业事先设计好合理的薪酬框架，不然经常会出现这种情况：销售人员抱怨其在完成重要销售任务中付出了巨大努力，而得到的褒奖甚微。企业必须注意避免此类挫伤积极性的情形发生，不要让基层销售人员和城市销售经理觉得他们的努力更多是让关键客户经理得到了好处，而自己一无所获。为确保公平，很多企业采用了激励薪酬双评分体系，对于关键客户销售的促成，既给予关键客户经理奖励，也给予基层销售人员奖励。

当企业与关键客户之间的关系发展为合作伙伴关系时，关键客户经理通常会领导一个专门为该客户服务的团队。在这类情形中，只给予关键客户经理激励可能不再合适。此时，企业应制订针对整个团队的激励方案，使整个关键客户管理团队都可以因为他们的优秀表现而获得奖励。先不论管理层是否有意愿践行公平理念，刻板的组织规矩经常使得企业不对关键客户管理团队的其他成员（如后勤、技术服务人员）予以薪酬奖励。

案例 4-8　在一家《财富》500 强公司中国子公司的一个发展较快的业务部门中，部门总经理会自掏钱袋子，给表现出众的员工以公司薪酬体系之外的奖金奖励。

（5）出现什么样的状况时，企业应重新考量关键客户经理薪酬方案？

有研究结果表明，出现以下状况时，企业应重新考量现行的关键客户经理薪酬方案。

- 关键客户经理的工作内容不明确或工作内容有所变更，而薪酬体系没有被重新考量。
- 在激励薪酬方案下，很大一部分关键客户经理没有获得激励薪酬或仅获得很少激励薪酬。
- 关键客户经理的工作表现差异比其所得薪酬差异大得多。
- 薪酬方案有四个以上的绩效考核指标，而有些指标对于薪酬的确定影响甚微。
- 薪酬的计算结果有时会让关键客户经理和/或企业吃惊。
- 企业经常对激励薪酬体系做出重大更改。
- 企业发现自己很难招聘到可以胜任工作的关键客户经理，或很难留住表现优异的关键客户经理。

如果管理层发现以上任何一种状况发生，都应考虑重新设计关键客户经理薪酬方案。

此外，企业要注意考核周期的合理性。

案例 4-9 在中国惠普公司，曾经出现为了加快节奏，缩短关键客户经理考核周期的事情，从一年考核改为半年考核，结果导致关键客户经理受到影响。当销售总经理与关键客户经理沟通某重大项目时，关键客户经理说：“我也知道这个项目非常重要，但我不知道我是否可以'活到'那时候。”因考核周期问题，关键客户经理不愿意投入长期的项目中，后来中国惠普公司发现了问题，将考核周期调整回原来的周期。

2. 晋升

关键客户经理的职业轨迹多样，他们可能成为资深的销售人员，或调任到其他职能部门担任高管。不论哪种情况，关键客户经理都可能成为组织内耀眼的明星。关键客户经理这一职位是个人通往更广阔职业生涯的跳板。

显然，对于这两种职业轨迹，组织内晋升有着完全不同的意义。在第一种情形中（成为资深的销售人员），晋升可能较少。在实际情况下，晋升可能仅仅意味着负责更大、更复杂的关键客户。对于这些关键客户经理来说，晋升可能在他们的奖励机制中仅占有相对轻微的分量。

在第二种情形中（担任其他职能部门的高管），对于期望承担更多重任的关键客户经理来说，晋升可能性是非常重要的激励因素。实际上，企业高层可能将成功管理关键客户业务视为晋升综合管理岗位的重要条件。关键客户经理所掌握的促进销售额增长、扩大市场份额、制约竞争对手和管理资源分散的全新组织的技能，与综合管理岗位所需要的技能是非常相似的。

3. 其他正式奖励机制

其他针对关键客户经理的正式奖励机制包括额外的工作任务、工作内容的修改和认可。给表现优异的关键客户经理一项限时的额外工作任务是非常具有激励性的。这类工作任务安排以有形的方式表明企业对该关键客户经理业绩和能力的认可。这些工作任务是关键客户经理职责以外的，可能包括各种类型的责任。比如，跟踪一家主要竞争对手的情况，成为企业在行业协会的代表，以及负责市场调查和分析的任务等。

工作内容的修改与额外的工作任务的区别在于其更贴近当前岗位职责，并更具有长久性。例如，服务于某关键客户下属的一个部门的关键客户经理可能也要负责服务该客户的另一个部门，或者服务于某关键客户欧洲业务的关键客户经理可能进而承担服务该客户全球业务的职责。

如每位销售经理所知，得到企业认可是一个非常强大的工作动力来源。认可对于企业的好处是它不需要花费金钱成本。如果精心安排，认可能激发出关键客户经理的超常潜力——认可是企业的一项重要激励武器。

案例 4-10 惠普公司确定了关键客户经理业绩评估体系，根据若干指标评估关键客户经理的工作能力——销售额增长、发现新的商业机会以及客户满意度。每个年度，每个指标的排名最佳者将获得由公司 CEO 颁发的最佳表现奖，并登台分享自己成功的要诀。除了激励作用之外，这一活动还有利于员工之间分享最佳实践。

4. 无形的自我奖励

这类更为微妙的奖励是指关键客户经理在成功完成一项任务后对自己的犒赏。很多关键客户经理在成功反转失利局面后会感到非常振奋，类似地，很多关键客户经理在稳定的关键客户关系发生变数甚至致使企业失去业务时，会感到非常沮丧。因此，关键客户经理可能将反转失利局面视为一项重要挑战，在成功完成一项工作任务时，他会有一种成就感，这就是其给予自身的无形奖励。

从企业的角度来看，无形的自我奖励与基于业绩目标给予关键客户经理特定奖励的薪酬和奖励机制关系不大——企业要做的是，为关键客户经理自我奖励创造环境和条件。

4.4 总结

本章的主要内容是介绍关键客户管理中的重要人力资源和组织角色——关键客户经理。为了达成业绩目标、成功实施关键客户战略，企业必须选用具备适当知识、技能、能力和经验的人员担任关键客户经理职位。我们着重论述了商业管理技能、职责界限、关系建立与维护、领导力和团队建设。

在讨论职业技能之后，我们论述了如何选用适当的人员担任关键客户经理职位。我们探讨了从企业内部和外部选用候选人，讨论了若干关于招聘和选拔的问题，并探究了关键客户经理培训方案设计的若干问题。

在各企业招募优秀人才的激烈竞争的压力下，留住表现优异的关键客户经理这一挑战开启了我们对关键客户经理薪酬和奖励机制的讨论。我们注意到适当的薪酬和奖励机制对于激发关键客户经理工作潜能和留住高质量人才的重要性。在相关讨论开始时，我们论述了绩效测量体系，随后提出了制定关键客户经理奖励机制的简单概念性框架。我们讨论了构成合理奖励机制的四大关键因素（薪酬、晋升、其他正式奖励机制、无形的自我奖励），在薪酬这一问题上花费了最多笔墨，并概要探讨了晋升、其他正式奖励机制以及无形的自我奖励。

第三部分

关键客户管理的系统和流程

KEY ACCOUNT
MANAGEMENT
AND PLANNING

KEY ACCOUNT MANAGEMENT AND PLANNING

第 5 章

关键客户方案规划：关键客户分析

在本书的第一部分（第 1 章），我们提出了关键客户管理相合性模型的四大要素：战略、组织结构、人力资源、系统和流程。在第二部分（第 2～4 章），我们分别讨论了前三个要素：战略、组织结构、人力资源。接下来，在第三部分（第 5～8 章），我们将重点讨论关键客户管理相合性模型的第四个要素——系统和流程。

在第 5 章中，我们会讨论关键客户分析。在第 6 章中，我们将把重点转向竞争对手分析和供应商企业自身分析。这三部分共同构成了现况分析。在现况分析之后，我们将在第 7 章论述关键客户战略。这三章都关乎关键客户方案的制订。本书末尾的附录列出了一个关键客户方案大纲供企业参考使用。

关键客户分析的目的

成功的关键客户分析可以为关键客户经理帮助关键客户实现其企业目标、业务目标、财务目标和市场目标提供多种可能的途径。通过此类分析，关键客户经理可以发现关键客户所面临的各种潜在机会和威胁。根据这一发现，结合第 6 章的竞争对手和供应商企业自身分析，关键客户经理可以做出一系列关于应抓住哪些机会（同时应舍弃哪些机会）和应对哪些威胁的决定，并在这一过程中采用特定的战略方法（第 7 章）。

为拥有上述能力，关键客户经理必须搜集信息并在四个相关领域展开分析。在本章中，我们将讨论关键客户基本信息、战略性关键客户分析、关键客户需求确定、创造客户价值以及采购分析。在本章最后，我们将讨论潜在信息源的识别。

5.1 关键客户基本信息

在关键客户基本信息方面，我们将罗列关键客户的基本情况。关键客户基本信息是任何受过从业培训的关键客户观察者（更不用说是关键客户经理了）所应了解的客户信息。对于关键客户经理来说，关键客户基本信息关乎对关键客户的界定，在关键客户经理处理有关关键客户的事务时，可以提供参考。当然，企业可能仅在有限的领域内寻求业务合作，比如仅寻求与关键客户某个业务部门的合作。对于关键客户经理和企业其他部门需要与关键客户打交道的人员来说，对关键客户广泛了解是非常重要的。

此外，对关键客户基本信息的全面了解可以向关键客户的员工显示企业及关键客户经理的业务合作诚意。若关键客户经理可以对客户公司的情况侃侃而谈，则能够赢得客户公司员工更多的信任，尤其是关键客户经理对客户公司的情况比客户公司的员工了解得更多的时候！相反，如果关键客户经理没有充分掌握客户公司的基本信息，则会产生信任问题。

关键客户经理应搜集的关键客户基本资料包括以下几项。

所有权。关键客户的整体组织结构是怎样的？母公司、子公司是哪些？所有者权益是怎样的？董事、主要所有者是谁，他们分别在公司内部扮演什么角色；他们通常只是负责执行董事长或 CEO 的决定，还是有更多的发言权？公司总部和分支机构在哪里？是不是上市公司，如果是，在哪里上市？

组织。组织体系是否为集权形式（大部分权力集中在公司总部），还是各个子公司或多或少拥有自主经营权？如果关键客户是跨国公司，其是否有国内部门、单独的国际部门、各个区域部门、全球产品部门或其他形式的结构？

最高管理层。谁是公司的最高决策者？如果董事长没有兼任 CEO，最高决策者是董事长还是 CEO？其他最高管理层成员是谁，董事会对他们是否信任？最高管理层各位成员之间是什么样的关系？他们的业务和管理理念是什么，他们试图营造怎样的企业文化？特别地，他们是否阐述过公司的愿景和/或价值观？

- 愿景是对公司未来理想状态的描述，可在长期内对员工起到激励作用。
- 价值观是用于指导行为的一套信仰和信念。价值观可能是硬性的（如关乎盈利和市场占有率），也可能是软性的（如关乎诚信、尊重他人、信任、客户第一）。

地点。关键客户的固定资产、工厂、分销中心、生产设施在哪里？有多少名员工，各部门各有多少名员工？

公司行动。关键客户最近在重要资源转移、大额资本支出、兼并、收购、财产剥离、合资企业建设、研发活动、纵向合并和外包、新产品推出、国际化进展、进入新市场、使用新技术及参与 B2B 交易方面采取了哪些重要行动？这些行动取得了怎样的成效？

财务状况。关键客户公司整体及其下属相关业务部门的营业收入和盈利记录是怎样的，资产回报率变化趋势如何？如果是上市公司，股价表现如何，每股收益变化趋势如何，债务股权比率如何，债务评级如何？与主要竞争对手相比,关键客户业绩表现如何?

未来前景。关键客户长期的发展前景如何,是否面临任何重大的法律/监管问题?如果是上市公司,金融机构对关键客户的评价如何?大部分金融机构的分析师推荐抛售、持有还是购买该关键客户的股票,为什么?

时间节点和周期。关键客户的一些时间周期(如预算周期)有多长?重要日期有哪些(如财政年度和年度会议日期)?是否定期发布重要公告(如上市公司年报或有金融机构的分析师参加的 CEO 发布会)?

5.2 战略性关键客户分析

对于希望成为关键客户的优质供应商或合作伙伴的企业来说,战略性关键客户分析尤为重要。为帮助关键客户实现其目标,关键客户经理不仅应了解关键客户的目标和策略,还应评估关键客户是否有能力取得成功。为搜集适当深度和广度的数据来支持此类分析,关键客户经理应尝试密切参与关键客户的战略规划过程。在关键客户的高级管理人员综合考量自身各方面实力与现实因素来规划未来发展方向时,关键客户经理应争取一定的建议权和发言权。关键客户经理不应只是关键客户信息的被动接收者,而应与关键客户密切合作,研究出解决问题的创新方法,帮助关键客户提高竞争力,从而也提高企业自身的竞争力。

显然,与关键客户建立如此紧密的关系并非易事。这种互帮互助的紧密关系只可能源于多年培养出的信任感。一旦建立这种紧密关系,再加以精心呵护,那么它将给企业和关键客户双方都带来巨大回报。

对于在此方面做得比较出色的企业来说,常用的一种方法是在规划流程早期安排一次为期两天的关键客户规划研讨会。参加研讨会的人员包括关键客户经理、关键客户管理团队成员以及关键客户的员工:先花半天时间,由关键客户的员工分享其目标/战略以及重要问题,这一工作对于随后的现况分析和战略制定将起到关键作用。

战略性关键客户分析包括四大关键因素——使命、外部分析、内部分析和战略一致性分析（见图5-1）。

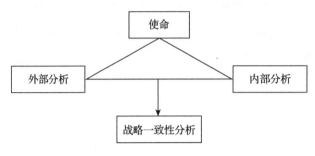

图5-1 战略性关键客户分析

5.2.1 使命

关键客户的使命阐述了其寻找机遇的总体范围。使命，通常表达为市场–产品范围，应包含对关键客户当前和潜在业务的清晰/简洁描述。了解关键客户的使命，关键客户经理便能够大致预测关键客户的目标市场、提供的产品类型以及不开展业务的领域。当然，关键客户不一定明确阐述过使命，这时，关键客户经理应基于关键客户的高层管理者提供的资料努力总结出接近其使命的"可用版本"，作为工作指导。

案例5-1 一个大型IT公司的一个区域型银行关键客户的使命是："我们的使命是为中等收入和中等偏上收入家庭以及中小企业提供在质量和价格方面都具有竞争力的、种类丰富的金融产品与服务。"

上面这个使命清晰地界定了该关键客户的目标市场和产品范围，关键客户经理也因此了解到，该公司的目标客户并不包括大型企业，也不包括高收入或低收入家庭。此外，该公司可提供多种金融产品和服务，但并不提供其他产品和服务。

在一些行业中，关键客户使命的组成要素还包括关键客户所追求的纵向整合目标。图 5-2 展示了一家供应商企业及其关键客户的价值链。该供应商企业生产零部件并将其销售给关键客户，关键客户利用零部件生产模块。那么，显而易见，进行前向整合（整合下游）、生产模块组将是关键客户使命的重要改变。这一使命改变将对关键客户的目标、战略和组织产生重要影响，这些内容的每一项都会进而对供应商企业产生影响。当然，若关键客户进行后向整合（整合上游）从事组件生产，则将直接成为供应商企业的竞争对手，从而会对供应商企业产生更大影响！

图 5-2　一家供应商企业及其关键客户的价值链

很多从事多元化经营的公司，在公司总体使命之下，其单个业务部门也有各自的使命。这些业务使命共同构成了关键客户各业务部门设定目标、制定战略和设计行动方案的总体框架。关键客户经理应了解关键客户的这些使命。

当然，就任何单个关键客户而言，其某些业务部门的使命对供应商企业来说可能意味着潜在机会，而另一些业务部门并没有。潜在机会通常存在于关键客户正在努力追求的发展方向之中。不过有些潜在机会可能源于供应商企业单独或与关键客户一道探索甚至帮助拓展关键客户使命极限的努力。

由于关键客户的行动左右着供应商企业的行为决定，关键客户经理必须对关键客户的各种使命及其发展变化有着十分清楚的了解。

5.2.2　外部分析

外部分析是识别关键客户可能给企业带来的机会和威胁的重要前提。

关键客户经理必须努力了解关键客户的当前情况，以及可能影响其短期或长期行动的主要趋势。外部分析包含五大要素：市场分析、宏观环境分析、行业竞争结构分析、竞争对手分析和客户分析。

如前所述，在这一分析领域中，关键客户经理需要获得营销团队的有力支持，尤其是当企业将某个行业中的好几个关键客户作为发展目标时。在这种情况下，每个关键客户很可能面临着相同的行业发展环境（例如行业监管和技术环境），并有着共同的客户和竞争对手。与其针对每个关键客户分别组织专门团队进行大致相同的情况分析，倒不如放在一起分析比较节省成本和精力。

1. 市场分析

市场分析要求了解关键客户基于其使命在当前着力开发的以及准备在未来开发的目标市场的规模、增长和构成情况。关键客户经理应了解关键客户当前提供给目标市场的产品和服务，以及这些产品和服务的盈利潜力（见图5-3）。关键客户经理应区分以下市场。

（1）关键客户当前正在开发的市场（服务可行性市场，Served Available Market，SAM）。

（2）对关键客户而言在技术上可行的市场（技术可行性市场，Technically Available Market，TAM），这类市场包括以下两种类型。

- 当前已服务的市场，即SAM。
- 关键客户有技术能力开发但尚未进入的其他市场——当前技术可能（Current Technological Possibilities，CTP）市场。

（3）由于技术限制，关键客户无法在当前开发的市场。这些机会可能成为关键客户和/或企业研发的目标。我们将潜力可行市场（Potentially Available Market，PAM）中的这些不属于技术可行性市场（TAM）的部分称为未来技术可能（Future Technological Possibilities，FTP）市场。

未来科创领袖工商管理硕士（MBA）学位项目
与北大清华等名校教授面对面学习，获三重国际认证的名校MBA学位

英国 The Open University

- 英国The Open University是1969年经英国皇家特许批准成立的公立研究型大学
- 2003年中国和英国签署中英学历互认协议，英国The Open University是教育部涉外教育
- 监管网上可查的英国正规大学
- 英国The Open University商学院荣获AACSB、EQUIS和AMBA三重国际认证，全球13000多家商学院中仅1%获得此殊荣
- 2016年QS全球Online MBA排名中名列第6

项目特色

01 **顶级师资：** 汇聚北大清华等顶级商学院的大师级教授

02 **深度连接：** 封闭式小班教学，同学之间打造深层连接和跨界合作

03 **世界级名校学位：** 获得AACSB、EQUIS、AMBA三重国际认证的世界级名校MBA学位证书

04 **海外毕业典礼：** 学员可参加在英国The Open University举行的毕业典礼，并邀请家人现场见证

学习安排

学制学时	学制2年，线下每2月上课1次，每次2天（共12门24天课程）
学习地点	北京+深圳+移动课堂
学习方式	线下+线上学习模块

学习费用

学费238,000人民币/人，面试费1000人民币/人；
（包括课程费、材料费、教室费等相关费用，不含食宿交通）

2021年6月开学，报名额满即止（封闭式小班教学）

适合人群

01 创始人、董事长、总经理等企业决策者

02 联合创始人、副董事长、副总经理等高管

03 进入快速成长轨道的企业中高层管理者

报名方式

本项目采取申请制。所有学员均需填写入学申请表，通过面试后方可入学。

咨询电话： 132 4162 7800，155 1002 2528
咨询微信： micxbs3，yingchuangEMBA

扫码预报名

用0.1%学费,上价值超百万元的全球名校大师EMBA课程

线上EMBA课程表(部分)

《如何进行大客户营销》 大客户
诺埃尔·凯普
哥伦比亚大学教授、营创学院荣誉院长
全球营销大师、大客户营销之父

《营销——创业者的第一课》 营销
郑毓煌
清华大学经济管理学院营销学博导
世界营销名人堂中国区首位评委

《如何打造销售铁军》 销售
张坚
营创·销售学院院长
原思科中国总裁

《如何进行商业谈判?》 谈判
斯图尔特·戴蒙德
沃顿商学院教授、普利策奖得主
《沃顿商学院最受欢迎的谈判课》作者

《变革时代的选择与领导力》 变革
希娜·艾扬格
全球管理思想家50人
哥伦比亚大学商学院教授

《如何打造平台商业》 平台
迈克尔·库苏马诺
全球平台商业大师
麻省理工学院斯隆管理学院杰出教授

《如何用设计思维打造爆品?》 设计
巴里·凯茨
斯坦福大学设计学院创办人、教授
全球知名设计公司IDEO创始合伙人

《如何打造战略领导力》 领导力
罗伯特·伯格曼
全球战略领导力与创新管理大师
斯坦福大学商学院教授

《商业模式创新与数字化转型》 转型
乔治·拉布朗克
商业模式创新大师
加州大学伯克利分校商学院教授

《创业心理学》 心理
彭凯平
清华大学社会科学学院院长、心理学系主任
加州大学伯克利分校心理学系终身教授

《打造10亿美元独角兽》 创业
史蒂文·霍夫曼
硅谷重量级创业导师、营创·创业学院院长
Founders Space创始人

《中美关系与中国经济前景分析》 经济
孙立平
著名经济学家和社会学家
清华大学教授、博士生导师

1、只需0.1%学费,即可上36门价值超百万元的全球名校大师亲授的EMBA课程。授课教授来自哈佛、沃顿、斯坦福、伯克利、哥伦比亚、清华、北大等全球知名商学院,包括诺奖得主、普利策奖得主、全球管理思想领袖50人等(英文课程均包含中文字幕)
2、入学起开通1年学籍,学籍有效期内可无限次观看36门大师课
3、会员可获邀加入会员交流群,与500位各行业企业家、创业者、高管等精英同学群内交流学习
4、会员可免费参加营创学院在北京、上海、深圳、广州等城市举办的校友活动+资源连接

咨询电话:132 4162 7800,155 1002 2528
咨询微信:micxbs3,yingchuangEMBA

扫码了解详情

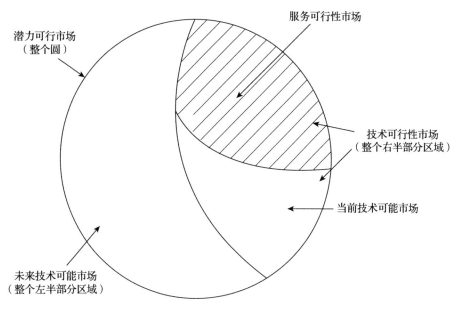

图 5-3 关键客户市场分析

关键客户经理应清楚了解关键客户的细分市场规划,包括哪些细分市场是关键客户当前着力开发的,哪些细分市场是计划在未来开发的,哪些细分市场是因竞争过于激烈而打算退出的。关键客户经理应能够回答关于关键客户的以下问题。

- 关键客户基于使命可能开发的市场有多大规模?
- 关键客户如何细分其选定的市场?哪些细分市场是客户目前正在开发的,哪些细分市场是其准备在未来开发的?
- 关键客户目标细分市场的长期增长率如何?
- 在这些目标细分市场制胜的关键是什么?
- 关键客户的市场占有率如何?最近的市场占有率变化趋势如何?
- 关键客户的市场占有率在多大程度上能够得以维持?关键客户的市场占有率可能有所上升或下降吗?如果上升,原因是什么?如果下降,原因又是什么?

2. 宏观环境分析

这一分析需要了解影响关键客户及其竞争对手的各种经济、技术、人口、法律、监管、政治和社会文化因素。(这些宏观环境因素也很可能影响供应商企业自身。)例如,以下这些因素可能对关键客户产生影响。

- 新型冠状病毒的大幅蔓延及其带来的全球经济疲软。
- 中美贸易摩擦。
- 美国大选。
- 某国政府颁布的最新法规和政策。
- 劳动人口数量减少。
- 中东地区的政治动荡。
- 电子商务的发展。
- 社交媒体的广泛使用。

在有些情况下,宏观环境分析有助于人们了解长期趋势,比如人口特征。在另一些情况下,宏观环境分析可以帮助人们推测特定事件发生或不发生的可能性。在后一种情况下,关键客户经理可以获得对这些事件的卓越洞察力,从而建议关键客户抢在其竞争对手之前采取行动,为关键客户赢得先发优势。

3. 行业竞争结构分析

行业竞争结构分析将行业内发生的变化作为单独分析对象,以确定关键客户当前和潜在业务可能面临的威胁。特别地,关键客户经理应帮助关键客户识别其面临的直接和间接、当前和潜在的竞争威胁。关键客户经理还应识别供应链竞争威胁,如供应商、竞争对手或其他公司前向整合或采购商后向整合。

4. 竞争对手分析

在行业竞争结构分析中，关键客户经理需要识别关键客户面临的主要竞争威胁。而在竞争对手分析中，关键客户经理需要对这些威胁进行更加深入的分析，了解关键客户的竞争对手在当前以及未来可能采取的战略。应注意，这些"竞争对手"也可能是供应商企业当前或潜在的客户。

5. 客户分析

关键客户经理必须充分了解关键客户在其产品和服务供应市场上的客户（关键客户的客户）。此外，在某些市场，关键客户经理还应对关键客户的客户的客户有所了解。当然，这些"客户"有的也可能成为供应商企业的关键客户。关键客户经理应解答的问题包括以下几个。

- 关键客户的主要客户有哪些？客户群有没有变化？
- 关键客户的客户所在行业的集中度有没有发生重大变化？
- 关键客户的客户有没有进行后向整合，从事与关键客户及其直接竞争对手相似的业务？
- 关键客户的客户的需求有没有发生改变？若有，在哪些方面发生了变化？
- 关键客户的客户的采购行为有没有发生改变？
- 关键客户的客户对产品和服务的需求敏感因素有哪些？

在 B2B 市场中，了解客户的客户是非常重要的。

案例 5-2 创建于 1925 年的普拉特·惠特尼公司（简称普惠公司，Pratt & Whitney，PW）是通用电气、罗尔斯-罗伊斯（Rolls-Royce）之外的最大的航空发动机和军用及民用燃气轮机生产商。在 20 世纪 70 年代之前，普惠公司是美国航空发动机市场的领头羊。普惠公司原本是波音737机型的独家发动机供应商,但由于不了解其关键客户波音的客户(各大航空公司)的需求,错误地放弃了737机型发动机的生产(波音后来将737发动机业务交给了通用电气),转而为波音更新更大的757机型研制新的发动机。普惠公司没想到的是,由于着重考虑燃油经济性,波音737机型后来竟成为全球各大航空公司最青睐的机型,而757机型没有获得类似的成功(757机型后来因此停产了)。也因为这个失误,普惠公司后来被通用电气反超,丧失了在航空发动机市场的霸主地位。

5.2.3 内部分析

除了要对关键客户的外部现实情况充分了解以外,关键客户经理还必须分析关键客户的战略推动力(即准备如何应对外部环境)及竞争力水平。这些分析直接引向战略性关键客户分析的最后一步——战略一致性分析,即考察关键客户成功的概率。

1. 战略推动力

战略推动力分析包括了解关键客户的目标、战略和行动方案(当然,如果关键客户在多个产品市场和国家市场销售多种产品与服务,那么其可能有多个战略推动力)。

目标。对关键客户的目标的充分了解始于对其业务组合的分析。很多公司为各个业务部门设定了总体的战略目标,如增长率、市场占有率、利润或现金流。此外,公司还可能有一些备选目标。关键客户经理应深入了解关键客户具体业务部门在当前或未来开展业务的战略目标。此外,关键客户经理还应了解关键客户具体的短期和长期业绩要求及量化目标,如销售额、利润、市场占有率以及时间期限。

了解关键客户的目标之所以重要,是由于以下三点原因。

- 供应商企业的目标是帮助关键客户实现目标,所以关键客户经理必须清楚关键客户所期望达成的目标是什么。
- 关键客户的决策(包括与采购有关的决策)可能会随着其战略目标(如市场占有率和现金流)的变化而变化,所以关键客户经理必须能够评估影响关键客户决策体系的适当方式。
- 关键客户为了达成目标,肯定需要一定的资源投入。依据这个原理,关键客户经理便能预测关键客户的潜在需求,从而促成订单。

战略。关键客户经理应清楚关键客户打算怎样在选定的市场中竞争。对于关键客户正在开发或准备开发的细分市场,关键客户经理应能够回答以下问题。

- 除了目标市场之外,关键客户还识别了哪些机会和威胁?(当然,关键客户经理可协助关键客户识别这些机会和威胁。)
- 关键客户准备抓住哪些机会,应对哪些威胁?
- 关键客户在每个目标细分市场的地位如何?特别地,其目标客户与目标竞争对手是哪些?
- 关键客户的核心战略或价值主张是什么?特别地,关键客户打算怎样获取差异化优势?
- 关键客户业务战略的其他元素怎样支持其市场战略?(特别地,关键客户经理应了解关键客户在财务、运营、人力资源和研发等领域的资源分配。)
- 关键客户采取了或打算采取哪些其他的重大战略举措?例如,是否打算进行收购、资产剥离和/或建立战略联盟?
- 目前令关键客户苦恼的关键战略性问题有哪些?

一个尤为重要的战略性问题是关键客户对于业务外包的态度。为了增加股东价值,很多公司都把之前在公司内部完成的工作外包出去。关键客户经理若能识别关键客户的外包意愿并采取相应行动,则可能为自身的企业创造不菲的收入。

对于关键客户经理来说,关键客户当前采取的战略及其变化是颇为重要的信息。这一信息有利于预测关键客户为实施战略、达成目标所可能采取的一系列行动方案。这一信息同样可以帮助关键客户经理判断这些行动方案对于企业与关键客户之间关系的影响。

行动方案。最后,关键客户经理必须清楚关键客户在执行战略时会采取哪些具体行动步骤,这些行动步骤会耗费资源并与供应商企业的活动密切相关。关键客户采取的行动步骤可能针对以下几个方面。

- **市场**。例如,重新推出老产品,推出新产品,开拓新的分销渠道。
- **为产品和服务增加价值**。例如,提高原材料质量,改进客户服务部门的工作。
- **降低成本**。例如,购买新的生产设备,将数据库管理外包,引进新的库存控制体系。

小结。关键客户经理对关键客户的目标、战略和行动方案的充分了解,有利于企业识别帮助关键客户达成目标的机会。企业成功地为关键客户提供帮助有助于增进关键客户与企业之间的关系,这对双方来说都是有利的。相反地,如果关键客户经理对关键客户的未来发展方向知之甚少,那么企业只能被动做出行动,而无法主动出击。

2. 关键客户竞争力

若要对关键客户竞争力进行评估,则要对关键客户的优势和劣势以及过往表现均做出分析。

优势和劣势分析。关键客户经理应对关键客户在各个目标细分市场中与其竞争对手相比所存在的优势和劣势进行客观分析。关键客户经理需要了解关键客户与其竞争对手相比能否更让客户满意——换言之，具有差异化优势。这一分析构成了传统 SWOT 分析中的"优势和劣势"部分（帮助了解关键客户的优势和劣势的一项有用工具是价值链分析，详见第 6 章）。

关键客户经理需要了解关键客户在资源转换过程的哪些环节（包括技术、产品设计、原材料、运营、营销、分销和客户服务）创造了价值，在哪些环节导致了成本增加，与其竞争对手相比如何。关键客户经理应留意关键客户正酝酿在哪些方面做出改变或行动，如质量管理体系、外包以及业务流程再设计。特别地，关键客户经理应确定关键客户的这些改变或行动对供应商企业的影响。

价值链分析是评估关键客户的竞争地位、确定供应商企业在哪些环节可以帮助关键客户创造价值和 / 或降低成本的有力工具。当然，帮助关键客户降低成本并不只是为其提供廉价产品那么简单——关键客户经理必须清楚了解供应商企业的产品 / 技术如何能对关键客户的业务形成有效支持，以及关键客户应如何调整业务以便更好利用供应商企业所提供的产品 / 服务来创造价值和 / 或降低成本。

案例 5-3 克莱斯勒的采购总监说，汽车零部件供应商麦格纳给克莱斯勒提出了 148 种成本削减方案。这些成本削减方案每年总共可以帮助克莱斯勒节省约 1 亿美元的开支。麦格纳因而成为克莱斯勒的头号供应商。

事实上，关键客户经理应对关键客户的各项业务流程进行全面详细的分析，因为这些流程与供应商企业的产品和服务供应密切相关。只有通过这些分析，关键客户经理才能找出在不降低产品和服务供应价格的情况下帮助关键客户降低成本的方法（见下面的内容）。当发现某些流程上的改变将使关键客户受益时，关键客户经理应清楚在这一改变中的受损方（关键客户实施相关解决方案时受到负面影响的一方）是谁，以及需要采取什么样的步骤来减少可能出现的问题。

过往表现分析。评估关键客户竞争力还应充分了解其财务状况和市场表现。特别地，关键客户经理应将关键客户的销售量或销售额变化趋势、目标细分市场的占有率以及盈利水平等数据作为整体来分析。关键客户经理还应对与供应商企业当前和潜在业务相关的关键客户主要业务部门、产品组合以及用户所在地进行分析。

此外，关键客户经理应充分了解可能成为关键客户当前或未来主要收入和利润来源的产品线。关键客户经理应清楚关键客户是否达成了事先设定的目标，如果没有达成，关键客户经理应清楚这是不是由于以下原因。

- 战略执行很充分，但战略制定存在问题。
- 战略制定很完美，但没有得到有效执行。
- 依据所制定的战略行事不可能取得成功，而且战略没有得到有效执行。

对这些问题的解答有助于关键客户经理对关键客户在未来取得成功的可能性做出评估。

5.2.4　战略一致性分析

在前面，我们讨论了战略一致性分析的两大基础支撑。首先，**战略推动力**分析要求关键客户经理充分了解关键客户应对其外部环境的方法。其次，**关键客户竞争力**分析要求关键客户经理深入了解关键客户的优劣势，以及关键客户通过实施战略和行动方案达成目标的能力。

战略一致性分析的基本目的是使供应商企业在不采取新行动的情况下，对关键客户的战略推动力进行评估。全面的关键客户分析可以帮助供应商企业确定关键客户战略议程修改的选择方案。供应商企业研发出的新型技术可能使关键客户重新定义使命，并面向新的市场提供新型产品。更为保守地说，供应商企业也可能采取一定的行动方案，帮助关键客户降低某一工作流程的成本。

在**战略一致性分析**中，关键客户经理将基于关键客户的竞争力评估其战略推动力是否合理。

- 鉴于关键客户的外部环境和内部实力，其制定的目标、战略和行动方案是否可行？
- 关键客户所面临的主要挑战是否得到了有效解决？

如果关键客户经理认为关键客户已经制订了有效计划，并对关键客户通过实施相关战略和行动方案达成既定目标的能力做出了乐观评价，则关键客户经理可以进行下一步——调集资源对关键客户给予支持。

但是，关键客户经理绝不能对此评估掉以轻心。企业经常会在其关键客户身上花费很多心血，但只有当关键客户成功之后，企业才能有所获益。如果认为关键客户的目标设定不合理，且／或其策略不可行，则关键客户经理应向关键客户指出。如果必要的话，关键客户经理应采取适当行动保护自身企业的利益。事实上，很多企业如果事先对关键客户的战略和其所处的商业环境有充分了解的话，也不至于在关键客户遭遇破产危机时顿足长叹，追悔莫及。

案例 5-4　一家中小型工厂是锤子手机的贴牌生产商。该工厂由于没有深入了解其关键客户锤子手机越来越差的财务状况和市场表现，没有及时做出改变，最后导致极大的损失：当锤子手机陷入经营困境时，这家工厂的应收账款根本收不回来。

案例 5-5　一家中小型自行车工厂是共享单车 ofo 的贴牌生产商。该工厂由于没有深入了解其关键客户 ofo 越来越差的财务状况和市场表现，没有及时做出改变，最后导致极大的损失。深陷窘境的 ofo 被爆背负债务超十亿元，这家工厂的应收账款根本收不回来。

5.3 确定和满足关键客户需求，为客户创造价值

战略性关键客户分析为关键客户经理寻求真正满足关键客户需求的机会提供了总体框架。如果关键客户经理认真完成这项分析，分析的结果可以为企业与关键客户关系的发展提供基础支撑。但要真正满足关键客户需求，关键客户经理必须深入了解关键客户并寻找到为关键客户创造最大价值的方法。

5.3.1 客户价值类型

从广义上来说，企业可以通过提供以下三种类型的价值满足关键客户需求。

（1）**功能价值**。体现在帮助客户解决一些切实的问题方面。企业提供的原材料使得关键客户可以生产产品。例如，轮胎公司为全球各大汽车制造商提供轮胎，这些轮胎提供的功能价值有转弯能力、行驶里程、抗滑和排水能力。

（2）**经济价值**。关乎关键客户的经济成本，包括关键客户支付的价格以及能节省的成本。

（3）**心理价值**。包括降低风险、放心、地位以及舒服的合作关系，这与具体的功能需求和经济需求不同。

很多人误认为只有在 B2C 市场中客户才关注心理价值（例如，消费者因为虚荣心或炫耀心理购买奢侈品）。事实上，在 B2B 市场中，客户一样非常关注心理价值。

案例 5-6 一家英国企业要接待一家考虑在欧洲建设新工厂的韩国潜在关键客户。当抵达这家企业的办公地时，韩国代表团惊讶而欣喜地看到，这家企业办公楼门外竖立着一面韩国国旗迎接他们的到来。这家企业贴心的安排、注重细节的态度对韩国企业最终做出在英国建厂的决定起到了重要作用。

案例 5-7 本书作者之一张坚曾经担任思科中国区副总裁，他经常带领中国政府客户访问思科在美国硅谷的全球总部。每一次中国政府客户考察团来访问时，思科全球总部门口的旗杆都会升起五星红旗。对于中国政府客户考察团来说，这无疑是非常有国家和民族自豪感的一件事。也正因为如此，很多中国政府客户对思科非常满意。

案例 5-8 一家美国科技企业在一家中国潜在关键客户的重要合同招标中本来已胜券在握，但在中国企业举行的宴会上，该科技企业的一位高层人员在中方（主人）之前先行开始用餐——殊不知，这在中国文化中是相当忌讳的。最后，一家法国企业中标了——这家企业在技术上不如美国企业，但其团队成员的礼仪举止让中方感到更加舒服。

当然，在很多情况下，企业或其竞争对手所提供的产品和服务已经兼顾了功能价值、经济价值和心理价值，并试图最大限度地满足关键客户需求。关键客户经理应十分清楚企业及其竞争对手所提供的产品和服务可以满足关键客户的哪些需求，给关键客户带来了哪些价值，以及存在哪些不足。

1. 投资回报率

接下来，我们从投资回报率（Return on Investment，ROI）的角度来讨论企业如何为关键客户创造最大的功能价值和经济价值。

对于大多数企业来说，提高长期投资回报率是使股东价值最大化的有效途径之一。因此，投资回报率分析有助于关键客户经理找到帮助关键客户提升股东价值的方法。

$$投资回报率 = 利润 / 投资 = (销售额 - 成本) / 投资$$
$$= (产品销量 \times 单位价格 - 成本) / 投资$$

上述公式表明提高关键客户的投资回报率有以下四种选择。

（1）**增加销量**。在此选择中，企业帮助关键客户提高其产品销量。为达成这一目标，企业可采取多种方法。

- **原材料方面**。为关键客户提供质量更高的原材料，这样，关键客户便能生产出质量更高的产品，从而增加销量并获得更高的销售收入。
- **增加产品特色**。增加关键客户的客户所看重的产品特色。
- **提供新产品**。为关键客户提供新产品，这样，关键客户便也能够生产出新产品，开拓新的细分市场。
- **帮助进行市场调研**。帮助关键客户进行市场调研，让关键客户更加了解其市场，从而提升销量和销售额。

案例 5-9 IBM 为其一家银行关键客户的市场调研提供了资助。作为回馈，该银行不仅购买了 IBM 办公电脑，还购买了 IBM 研发的银行业相关软件。

案例 5-10 一家日本的胶带和黏合剂生产商委托一家咨询公司对美国的一次性尿布行业做调研。之后，这家日本公司为其一家生产一次性尿布的日本关键客户免费提供了该调研报告。由于这份调研报告可对该关键客户巩固和捍卫在日本的国内市场并在美国设立海外分部提供极具价值的情报，该关键客户非常惊讶和欣喜。

- **咨询协助**。企业利用专门的技术和知识帮助关键客户提高销量和销售额。
- **促销协助**。企业为关键客户提供直接的促销协助，例如，提供联合广告补贴，或为关键客户的员工提供销售培训和其他协助。

案例 5-11 英特尔公司的 Intel Inside 广告计划是全球最著名的促销协助案例之一。为了和其他 CPU 制造商竞争并给消费者建立"只有用了英特尔 CPU 的电脑才是好电脑"这种认知,英特尔实施了电脑制造商巨额补贴的政策。当时电脑制造商只要在电脑上贴上 Intel 的标签并在广告里展示 Intel Inside 的信息,就可以获得最多 50% 的广告费补贴。这一促销协助举措造就了英特尔在 CPU 市场不可撼动的地位,英特尔与各电脑制造商(关键客户)也结成了牢固的联盟。

案例 5-12 一家加拿大人寿保险公司向其关键客户零售经纪商销售各种年金产品。这家保险公司与经纪商的公司总部和各个地区分部都有着密切的合作关系。经纪商的分部经常收到上级下达的任务,要求其在销售变额年金的基础上附带销售一定份额的内部管理的基金。这家保险公司的地方办事处人员帮助经纪商分部的销售人员完成了其内部管理的基金的销售指标,作为回报,经纪商分部的销售人员在内部管理的基金不适合客户时,都会第一时间向客户推荐这家保险公司的年金产品。

- **拉动需求**。企业通过广告、渠道、促销等营销努力,直接拉动关键客户的客户需求。

案例 5-13 作为全球最知名的公司之一,可口可乐公司尽管看起来经营的是 B2C 业务,但其实经营的是 B2B2C 业务。可口可乐公司并不直接销售产品给任何消费者,而是销售可乐原浆给各地的装瓶商,再由各地的装瓶商销售可口可乐给消费者。因此,这些装瓶商是可口可乐公司的关键客户。例如,在中国大陆市场，中粮就是可口可乐的装瓶商之一。可口可乐公司在提高其销售给装瓶商的可乐原浆价格时，也加大了面向消费者的广告投入，以拉动可乐的消费需求。

案例 5-14 在美国运通信用卡公司与开市客超市（Costco）的独家信用卡合作伙伴关系中，美国运通信用卡公司为开市客超市提供新客户资源，并帮助其提高单个客户购买量。美国运通信用卡公司制定和执行直邮以及大众媒体宣传推广策略，推荐更多顾客办理其与开市客超市的联名信用卡。美国运通信用卡公司还将其现有客户资源与开市客超市共享。开市客超市的顾客可以通过该联名信用卡的奖励活动专区获得开市客超市的消费币。此外，使用该联名信用卡，开市客超市的顾客还可以享受IBM、联邦快递、希尔顿酒店和赫兹租车等知名品牌的打折优惠。

（2）**提高价格**。企业可以采取行动，使得关键客户能够面向其客户提高产品或服务价格。企业可以采取的行动包括以下几种。

- **提高产品销量**。如前所述，企业在此方面可以采取多种行动以提高关键客户的产品销量。此时，关键客户就可以决定提高价格（可能要接受产品销量增幅变缓）。
- **改变产品组合**。企业可以改变其产品组合，从而使得关键客户的产品能在市场上以更高的价格出售。

案例 5-15 英特尔公司的 Intel Inside 广告计划大获成功之后，"Intel CPU＝好电脑"的理念深入消费者的心智，不仅消费者购买包含英特尔 CPU 的电脑需求上升，而且消费者更愿意为此支付高价。迄今为止，各电脑制造商生产的包含英特尔 CPU 的电脑的价格仍然普遍高于包含其他品牌（例如 AMD）CPU 的电脑。

案例 5-16 飞利浦公司的照明产品部门试图制定相关战略，帮助其零售关键客户销售更多的高价格、高利润率和更长使用寿命的灯泡，从而帮助关键客户增加盈利。

（3）**降低成本**。从广义上来说，企业可以通过六种方法帮助关键客户降低成本。这些方法有的要求供应商采取行动，有的要求关键客户采取行动，有的需要供应商和关键客户共同采取行动。

- **降低价格**。供应商可对供应给关键客户的产品实行全面降价，或提供多种形式的优惠方案。
- **减少其他财务费用**。供应商可修改关于应收账款的政策，还可针对货品返回以及存放在关键客户处的库存提供更优惠的安排。
- **降低直接运营成本**。供应商可通过修改产品和流程帮助关键客户降低成本。提高产品质量可避免资源重复消耗，降低返工成本，避免延迟交付，降低售后服务成本。供应商如能对产品进行严格仔细的检查，则可以节省关键客户花费在产品检查上的时间和精力。对产品进行细微的改进和/或提供组装好的部件（而非未组装好的部件）可以帮助关键客户缩减生产工序。供应商还可以协助关键客户开展研发工作。
- **降低直接管理成本**。与供应商做生意可能需要关键客户花费很大的成本。关键客户的员工可能会接到供应商好几个销售人员打来的电话，并支付多笔款项。简化供应商与关键客户的对接程序可以帮助后者节约不少成本。由于互联网的普及，很多企业通过使用互联网系统来降低组织间的管理成本。

案例 5-17 一直以来，石油公司都是根据客户订单交付产品的。然而，壳牌化工意识到，自己可以采取像"自来水公司"那样的管理模式，在客户有需要时即刻交付产品。壳牌化工在关键客户公司安装了卖方管理的库存系统，并给予关键客户管理燃料库存的充分权限。通过信息共享，关键客户降低了管理成本，壳牌化工也能更好地预测客户需求。

案例 5-18 全球领先的办公用品提供商史泰博公司（Staples）为很多关键客户提供互联网系统来降低直接管理成本。例如，在中国市场，清华大学经济管理学院是史泰博公司的关键客户之一。在成为史泰博公司的客户之前，清华大学经济管理学院设置了专门采购办公用品的办公室，并安排了一位专职员工负责教师和其他职员领取办公用品事宜。现在，史泰博公司不仅为清华大学经济管理学院提供了更低价格的办公用品，而且还提供了一个互联网系统，清华大学经济管理学院的教师和职员可以随时在该系统上预订办公用品并通过快递获得这些用品，这帮助学校节约了办公用品领取的行政管理成本。

- **降低间接运营成本**。在与关键客户合作的过程中，关键客户经理和其团队成员可能会发现与自身产品间接相关的运营成本节约机会。供应商可运用专有知识和采购经验帮助关键客户挑选高品质的原材料。此外，参观关键客户的工厂也可能发现节约成本的方法。

- **降低间接管理成本**。同样地，关键客户经理和其团队成员也可能发现与自身产品间接相关的管理成本节约机会。关键客户可能因采用供应商所提供的关键客户管理计划系统和库存控制系统而受益。

案例 5-19 Holland Hitch（HH）公司面临着车队老板试图压低其优质卡车和拖车零部件供应价格的压力。为此，HH 公司深度收集了客户的运营数据，并开发了一套对客户成本进行详细分析的软件工具。通过实时作业和对客户数据的有效使用，HH 公司计算得出了使用 HH 产品能给客户带来的具体成本节约额。

案例 5-20 PCO 公司使用作业成本法（Activity Based Costing，简称 ABC 成本法）对与客户相关的成本进行了更有效的计算，了解了关键客户的盈利能力。这一项目的成功使得 PCO 的关键客户反过来向其请求帮助计算它们的关键客户的盈利能力。由于不愿进入流程咨询领域，PCO 开发了一套软件系统——"SAVE"，来帮助分析客户的流程成本。受过培训的 PCO 代表可帮助客户更好地获取关于请求、订单下达、接收和分配以及应付账款的信息。PCO 用一系列的假设模型研究成本节约的可能。成功的成本节约实践让 PCO 的一些关键客户欣喜不已，它们纷纷使用 SAVE 软件系统帮助自己的客户节约流程成本。

有的客户甚至会主动要求供应商提供成本节约方案。

案例 5-21 克莱斯勒的供应商成本节约方案——SCORE，通过将成本节约均摊在各个供应商的供应环节上，帮助克莱斯勒实现了每年节约 5% 采购成本的目标。

对于间接关键客户，供应商还可以通过前向整合，将一个直接客户赶出价值链，从而帮助该间接客户降低采购成本。

（4）**减少投资**。这里主要关注的是关键客户的固定投资和流动投资。

- **减少固定投资**。关键客户可以通过将部分生产经营活动外包给供应商来减少自身投资。供应商可提供组装好的部件（而非未经组装的零散部件）或者提供加工好的原材料，从而帮助关键客户节约生产步骤以及相关的固定投资。
- **减少运营资本投资**。供应商可以通过采用准时交付体系帮助关键客户削减库存投资。

案例 5-22 一直以来，为应对寒冬供暖需求增加，水暖管道批发商通常在夏天就要订购并储存一批管道产品，这需要花费大量库存投资并占用仓库空间。Emerson-Swan 公司（ES）是一家区域性水暖管道分销商，其替 5 家关键客户的每一家都保管了 25 种高需求管道产品预测需求量 25% 的库存——ES 公司承担库存成本和仓库使用费。这种做法获得了关键客户的一致欢迎。冬季到来时，来自关键客户额外的采购量不仅能够完全弥补 ES 之前的保管成本，还能为其带来盈利。

- **融资安排**。有吸引力的融资安排能够减轻关键客户的资金压力，使其能够购买供应商的产品。

案例 5-23 在航空业，波音公司和空客公司是两家主要的飞机生产商。由于购买飞机要花费巨额的资金，很多航空公司无力全款购买。因此，波音公司和空客公司都为各航空公司设计了融资租赁方案，允许航空公司以租赁的形式付费使用飞机，从而不需要各航空公司投入较多的初始资金。

案例 5-24 某设备供应商的一家航空公司客户因为资金严重短缺而无力购买其产品。该供应商为这家航空公司设计了一项融资方案，让其按照单位飞行里程付费，从而不需要该航空公司投入较多的初始资金。

根据市场营销学原理"顾客需要的是墙上的孔，而非打孔机"，企业一定要清醒认识到，客户并非真的需要供应商的设备，而是需要该设备所提供的益处。因此，供应商可以按照客户所获取的益处收费——上述案例中按照飞行里程收费便是一个例子。通过不直接将设备销售给关键客户，供应商不仅可以帮助关键客户提高投资回报率，还能帮其降低所承担的风险——这是一项额外好处。

2. 关键客户高层面的关系需求

在为关键客户创造价值、满足核心需求的同时，企业还必须满足关键客户高层面的关系需求。尽管很多高层面的关系需求在本质上都关乎功能价值和/或经济价值，但也有一些与心理价值直接相关。

专人对接。是否有一名有充分授权的关键客户经理专门负责与关键客户对接？关键客户是否容易确定与其合作的供应商的负责人是谁？若供应商能在关键客户公司里安排专人驻岗，则这些问题都能够得到最有效的解决。很多时候，关键客户非常乐意为重要的供应商员工提供办公位置，这样可以为双方合作提供保障，并促进双方关系进一步加强。此外，向关键客户派驻人员能体现供应商对关键客户服务承诺的践行。

响应速度。供应商在处理业务过程中产生亟待解决的问题时，响应速度如何？例如，交付关键客户专门要求的原材料，修正填写错误的发票，召开技术讨论会以及提供报价等。就报价而言，一个持续提供一致报价和快速响应的报价系统可以让关键客户的业务运营更加顺利。

案例 5-25 陶氏化学公司是一家年销售额超过 430 亿美元的《财富》全球 500 强公司，截至 2019 年，在全球拥有约 36 500 名员工，在 31 个国家运营 109 个生产基地，产品有 5000 多种，为全球 160 个国家和地区的客户提供种类繁多的产品及服务。陶氏化学公司的客户一致称赞其报价系统，"陶氏化学公司给我们报价的速度比其竞争对手都要快""陶氏化学不会像其他一些公司，需要经过复杂漫长的流程才能确定报价"。

近年来，互联网的使用将响应速度推至极限。

案例 5-26 空气产品公司（Air Products）在艾伦顿、伦敦和新加坡办事处的工程师联合开发了基于公司内联网的发布和审议流程系统，将以往几周的提案审核时间缩短到了 24 小时左右。

定制产品包装和/或服务是关键客户经常会提出的要求。很多大公司（如西尔斯百货公司）和美国政府，都对产品的具体规格有明确规定——与关键客户沟通接洽只采用标准流程和程序是不够的。产品和服务定制通常要求企业在库存（原材料、在制品、制成品）、产品调换、特殊工艺和设备方面投入额外成本。但定制化可以增强企业与关键客户之间的相互依赖关系，并形成差异化竞争优势。

信守约定。当关键客户与关键客户经理就某一行动达成一致意见时，供应商能否信守约定？一个尤为关键的问题便是时间——不论所涉及的是产品交付、服务提供、技术开发还是信息提供，供应商的总体服务质量并不仅仅取决于产品或服务本身，还取决于关键客户何时收到产品或享受到服务。时间已成为关键战略变量，而供应商准时交付产品和服务的能力已成为重要的竞争要素。当然，即使是在此方面做得最好的供应商，也可能时不时地出现延误。当出现延误时，供应商需要采取的关键行动在于向客户提供先前约定交付的产品的准确信息,并解释延迟交付的原因。

案例 5-27 一家美国康涅狄格州的石灰石生产商与加拿大的一家生产商竞争一份要求在康涅狄格州交货的重要合同。加拿大生产商的产品质量更高,两家公司所报的到货价格相当。最后,康涅狄格州的石灰石生产商赢得了合同,原因是这家生产商游说买家说:"加拿大到美国康涅狄格州之间的轨道交通情况非常复杂,因此,加拿大生产商很可能无法按照约定时间交货。"

在这里,还有一个重要的问题就是了解关键客户对提前交货的偏好。对于很多客户来说,提前交货是一件出乎意料让人高兴的事儿,但对于采用即时库存系统的客户来说,提前交货可能会带来很严重的问题(例如,客户没有足够的仓库来存放供应商提前交的这些货;有些产品提前交货甚至会导致变质,例如生鲜产品)。因此,供应商必须了解每个关键客户对于提前交货的偏好。

了解客户的关键问题。 企业是否努力并积极帮助关键客户达成其目标(比如,通过上面提到的战略性关键客户分析)?

案例 5-28 一家生产化学品的公司成了受客户青睐的供应商。在客户看来,这家公司甚至成了自己制订商业计划的好助手!这家公司不但帮助客户设计厂房,寻求技术支持,帮忙参照全球其他工厂确定最佳生产技术,还向客户建议哪些市场可以进入,哪些市场应该规避。

基于对关键客户的深入了解,企业可以向其提供所需要的多种类的服务。产品库存是一个尤为关键的领域。影响产品库存的因素主要有降低运营资本的需要——减少库存和即时交付系统,以及在复杂和快速变化的环境中存在越来越多的不确定因素。工厂选址、灵活生产、交付速度、交付可靠性、特殊物流要求（如实地库存和/或寄销库存）以及生产衔接，都与产品交付有关。关键客户经理必须了解关键客户的物流和库存系统，并采用创新方法充分满足客户的交付需求，让客户感到满意。

沟通。关键客户经理是否做到了让关键客户的员工充分知悉供应商的有关事项？关键客户经理能否及时告知并使用关键客户所能理解的语言告知？事实上，我们可以把信息需求看成企业与关键客户关系的黏合剂。这些信息的类型包括以下几种。

- **常规信息**包括订单、是否有货、装运、收货和开立单据等信息。这些信息通常由基层员工来传达。这些信息流的系统出现问题常会引起关键客户的不满。
- **紧急信息**是不寻常的时间敏感性信息。这类信息包括由于竞争对手无力交付一项关键产品或供应商产品不合格所引发的紧急状况的信息。关键客户经理若能够及时识别这类信息并做出有效响应，则能为供应商赢得快速响应的良好声誉，获得竞争优势。

信息需求包括对历史、现在和未来的信息的需求。

- **历史信息**可以以关键客户采购行为报告或供应商行动报告的形式呈现，可作为对之前合作关系的回顾和检验。
- **现状信息**是指与当前运营相关的信息，以及维护关键客户与供应商之间合作关系所需要的信息。关键客户经理可以从供应商与关键客户的多次合作中收集与关键客户相关的信息，并将其提供给关键客户，关键客户的员工可能此前并不掌握这类信息。
- **未来信息**可包括供应商对交货时间的估计、关键客户管理计划制订过程中提出的计划假设等各种信息。我们可以把这类信息粗略分为简单信息和复杂信息两种类型。

案例 5-29　Norton 公司为每一家关键客户都提供了详细的产品使用情况分析，在接到客户要求后 24 小时内完成。这些分析报告使得关键客户可以综合考量区域订单和/或修改订单规格要求，从而提高采购效率。

简化业务合作程序。企业在与关键客户进行业务合作时是否循规蹈矩，要走一大堆流程，还是尽可能地做到了简化业务合作程序？企业的基层人员通常负责处理有关订单和开票的行政流程和文书工作。这些流程和工作如果不加以适当管理会导致过程冗长，非常麻烦，可能会给合作关系带来负面影响。

员工竞争力。负责与关键客户接洽的企业人员能否胜任工作？相关的关键岗位包括以下几种。

- 关键客户经理。
- 应用工程师——调整和改造产品以满足关键客户要求。
- 现场服务人员——提供包括维护、维修和帮助客户提高产品使用能力的技术服务。
- 工程和研发人员——定制产品。
- 营销专家——支持和协助关键客户做好营销工作。
- 法务人员——处理产品责任和合法合规问题。

小结。这些关键客户高层面的关系需求超出了之前讨论的与核心产品/服务相关的需求。近年来，随着很多公司开展质量建设活动，持续改善产品和服务，满足客户核心需求的竞争门槛被抬高了——满足客户高层面的关系需求的能力已成为企业获得和留住关键客户的主要影响因素。表 5-1 列出了令客户"感到烦扰"和"印象深刻"的各种行为（按参与调查的高管答案的百分比降序排列）。

显然，单个关键客户的高层面关系需求可能涉及表 5-1 所示类别中的好几种。在计划制订过程中，关键客户经理必须将对关键客户至关重要的需求识别出来，寻找提供适当价值的方法。此外，我们应注意，满足客户的某些需求可能是维护业务关系所必需的，而满足客户的另一些需求则是业务关系长期发展所要求的。关系维护型需求包括解决产品不合格、过分承诺、延迟交付、售后技术服务不到位和产品库存不足等引发的问题。相比之下，关系发展型需求包括提供新产品样本供测试，使用新的订单管理系统，以及对终端用户市场进行联合市场调研等。

表 5-1 令客户"感到烦扰"的行为和"印象深刻"的行为

感到烦扰		印象深刻	
行　为	百分比（%）	行　为	百分比（%）
缺少跟进	28	全程跟进	78
缺少会议准备	15	愿意在自己公司为客户争取利益	59
"陌生拜访"电话	15	对市场充分了解/乐意分享	40
过于强求/态度恶劣	15	对自有产品充分了解	40
对产品缺少了解	11	安排合适的产品满足客户需求	29
不诚实	7	对客户了解充分	28
对客户缺少了解	6	致电销售产品前准备充分	20
对市场缺少了解	5	深谙与运营部门打交道的技巧	15
不遵守约定时间	5	定期进行销售致电	9
		技术培训	9

注：在此调查中，每位被访者可选择多个行为选项。

3. 关键客户需求的深度和客户价值

前面我们重点论述了关键客户的几种不同需求以及企业为满足关键客户的这些需求可以提供的价值。下面，我们将着重论述企业能为关键客户提供的价值的深度。

达到或超越关键客户的期望。客户的满意程度与企业达到或超越客户期望的能力直接相关。一般来说,关键客户的期望是基于其当前所购买的产品和服务所形成的。这些期望可能是关于产品质量水平、价格、交付时间以及售后服务的。通常,在关键客户和企业的正式会谈中,关键客户会将其期望表达出来。达到或超越这些期望对于维护企业与关键客户之间的关系至关重要,但并不难做到。

针对现有问题,制订解决方案。如果能够针对一项现有问题制订新的解决方案,那么关键客户经理便有足够能力使得企业从诸多竞争者中脱颖而出。如果关键客户经理能提出以前从未有人想到过的解决方案,这将比单单满足客户期望更令人赞赏。企业提出这类解决方案的能力在很大程度上依赖于关键客户经理识别这些问题并设计出解决方案的能力。

解决新的和/或未被发现的问题。这会让关键客户感到最大程度的满意。比如,企业所提供的服务在关键客户原本以为自己具有较高成本效率的环节帮助其进一步削减了成本;企业向关键客户表明,将某一流程外包将提高其资本利用率;企业研发了一种新产品,使得关键客户可以开拓新的细分市场。通常,关键客户对供应商能够在未来解决此类问题的期望构成了其重要的转换成本。

5.3.2 满足关键客户的需求

不论关键客户的需求类型是怎样的,关键客户经理应寻求关键客户的帮助,以将其提出的各种需求按照优先次序进行排列,标出每项客户需求的绝对重要程度以及时间期限。通常,有些需求是非常紧迫的,必须立刻满足;有些需求虽然也重要,但在时间要求上并不是很紧急。在一些情况下,关系客户提出的一系列需求,每一项都十分重要,比如满足严苛的规格要求,在较短期限内供货,提供低价格产品,延长信用周期,等等。很多时候,企业无法满足所有需求,在这种情况下,关键客户经理必须透过表象深入了解关键客户的真正交易意图,如果实在无法让其满意,则做好放弃合作的准备。有些需求十分关键,没有商量余地,而有些需求是可以进一步协商的。

在这一背景下,关键客户经理应做好相关的基础工作,从而最终制订出满足这些需求的行动方案。关键客户经理应做到以下几点。

(1) **认真判断需要满足哪些需求**。关键客户经理必须做出企业准备满足关键客户哪些需求的一系列决定。当然,企业通过提供成本较小而价值很高的服务可以最大限度地赚取利润。

(2) **确定备选方案和成本**。对于关键客户每一项未被满足的重要需求,企业应在可接受的时间期限内制订若干备选方案,并计算相关成本。在制订备选方案的过程中,关键客户经理应邀请关键客户公司的团队一同参与头脑风暴研讨会,甚至可以邀请关键客户公司人员进行相关演示。一些关键客户还会要求供应商定期提供成本节约方案。

总体来说,企业总是试图凭借其核心竞争力满足关键客户的需求,但有时候,关键客户的需求可能超出企业的能力范围。

案例 5-30 特种化学品生产商科莱恩公司(Clariant)的一个关键客户希望简化其采购流程。该关键客户的采购需求包含一系列的特殊化学品和商用化学品。尽管科莱恩公司可以生产整个系列的产品,但最擅长的是特殊化学品的生产,而在商用化学品生产方面相对成本较高,缺乏竞争优势。因此,科莱恩公司决定采用自己生产特殊化学品而将商用化学品的生产外包的方案进行投标。科莱恩公司搜索了全球范围内价格最低且供应可靠的商用化学品生产厂家,在投标文件中列明了外包方案,最终赢得了合同。在争取这一合同的过程中,科莱恩公司所获得的第二个益处是发展了全球采购技能,并找到了与关键客户合作的新方法。科莱恩公司还运用同样的方法争取到了其他客户的采购合同。

下面是另一个有关企业通过部分外包方案帮助客户简化采购流程的例子。

案例 5-31 戴顿·哈德森公司（Dayton Hudson）的相关负责人接到了一项费时的任务，要与多名顾问和销售代表交谈，为公司在明尼阿波利斯新建的 14 层办公楼的通信基础设施（涉及语音、视频、数据）建设选择多种产品和多家供应商。美国西部公司（West）的客户经理提供了一套组合供应方案，赢得了帮助戴顿·哈德森公司设计安装通信基础设施的合同。美国西部公司出色地完成了这一项目，并在随后赢得了类似的项目合同，其中一个较大的合同是戴顿·哈德森公司在明尼阿波利斯的另一幢办公楼的项目，规模是之前项目的两倍。

（3）**确定最具吸引力的解决方案**。通过对能够满足关键客户需求的各种潜在解决方案和相应成本进行分析，可以确定最佳的解决方案。对关键客户盈利模型和利润构成的了解，有利于企业确定对客户来说最具吸引力的解决方案。

（4）**确定转换成本**。很多时候，企业可能制订出了令关键客户甚为满意的方案，但最终关键客户因为"转换成本"的原因并没有采纳这一方案。转换成本是指关键客户更换供应商所引发的成本，这些成本可能会超过采用新方案所能带来的好处。转换成本通常有两种形式："硬钱"成本和预估风险。"硬钱"成本包括为使用新的供应商所提供的产品需要购买的设备的成本。预估风险包括性能风险（新产品的性能可能并非像供应商先前承诺的那样）、财务风险（新产品使用不如预期时造成的损失）和个人信誉风险（客户公司认为采购决策人做出了错误的采购决定，将相关责任归咎到采购决策人身上）。当然，企业可通过承担新设备成本的全部或部分来减轻客户所要付出的"硬钱"成本。预估风险很难规避，但可通过担保和保证的方式降低客户成本。

（5）**决定是否针对解决方案收费，若收费，收取多少费用，如何收取费用**。视关键客户的具体需求而定，企业可能针对自己提供的解决方案收取较高费用或不收取费用。一些服务项目（比如定制产品）可能需要收取较高费用，但另一些项目（比如改善交货条件）可以不收取额外费用，这样能够增进企业与关键客户的合作关系。由此，我们提出另一个问题：企业是要针对某一项具体服务单独收费，还是要将服务的价格一并计入核心产品的价格？

最终，关键客户经理必须针对关键客户的各种要求及其偏好的解决方案做出成本／收益分析。

在有竞争性的投标情况下，企业在满足关键客户需求方面应具备一定的灵活性——企业应基于关键客户的需求制作投标文件，但同时，在客户做出一些决定或给出一些反馈后（比如客户希望价格再低些），企业应具备快速修改投标方案并提交新的投标方案的能力。

案例 5-32 欧洲一家大型货物供应商在外国投标重要项目时，通常会针对项目的各组成部分为客户提供多种选择方案。这家供应商基于对客户需求的最全面分析提交投标方案。一旦意识到可能会因为价格原因而丢掉生意时，这家供应商可以在24小时之内提交经过修改的新方案。结果，这家供应商赢得了相对于全球竞争对手的很大优势——这些竞争对手通常要与总部沟通投标方案的修改，整个沟通、修改、重新提交过程要花费两三周的时间。

5.4　采购分析

关键客户经理在战略性关键客户分析中收集的各种各样的信息，可为发现商业机会和做出总体资源配置决定提供充分依据。对客户采购体系的充分了解是将产品销售出去的关键，但关键客户的采购体系通常是非常复杂的。详尽的采购分析要求对关键客户的采购体系有详细的了解。

5.4.1 采购流程

关键客户的采购决定通常并不是在单一时间点发生的单一事件。采购是定期或不定期发生的商业过程，参与这一过程的人员可能有很多，他们扮演不同的角色，处于不同的管理级别，隶属于不同的职能部门，分布在不同的地理区域，代表不同的利益和视角。视采购性质而言，某个关键客户可能采用多种采购流程。若采购涉及供应商提供的新产品，则关键客户公司的技术人员可能充分参与进来。但对于充分采购（直接再购，下同），采购流程将更多受到采购人员的影响。

在一些公司，采购人员控制着采购流程，也控制着传达到专业职能部门人员那里的信息以及供应商与专业职能部门人员的接触。而在其他一些公司，采购决定由跨职能采购小组共同做出。这一跨职能采购小组由来自各个职能部门的代表组成，涉及的职能包括产品工程、质量工程、验收、采购、材料管理、运营、设计和产品研发等。

对于在多个地区设有业务分支机构的关键客户来说，一个尤为重要的问题是采购的集中／分散程度。很多这类公司，出于削减成本和提高效率的目的，越来越倾向于集中采购（通常是在全球层面上集中采购）。这类采购体系并不总能满足单个地区分支机构的采购要求，并且有些当地的业务人员可能采用复杂的标新立异的流程与这类体系相抗衡。关键客户经理必须了解这些流程的转变。如果所接触的关键客户在多个国家或地区经营业务，并计划采用全球采购流程，关键客户经理则应警惕其中的组织离散风险。

案例 5-33 宜家在全世界有几个相对独立的采购部。宜家判断这些采购部门工作成绩的标准是，是否签订了全球供应合同。宜家在中国设有两个采购部。飞利浦照明事业部与宜家在上海的采购部合作密切，但它没有察觉到，宜家在中国的另一个采购部与欧司朗签订了照明产品代工生产全球供应合同。结果，飞利浦在相当长的时间内都被排除在宜家的照明产品供应商范围之外。

关键客户经理应对关键客户集中采购转变的两个重要特征进行监测——所涉及的产品和服务以及分散采购部门的压力水平。首先，向集中采购转变是一个复杂的过程，采购组织通常会非常慎重。如果关键客户目前没有对某一供应商的产品进行集中采购，那么其可能会对是否做出集中采购决定设定一个日期。当然，关键客户可能会选择对某一产品不实行集中采购。不管怎样，企业应了解这些情况。其次，企业应了解关键客户的采购组织对集中采购的要求程度。例如，卡特彼勒公司要求各采购部门遵守集中商定的供应协议，而强生公司虽执行自愿体系，但为避免过多的内部协商和协调工作，期望各采购部门对总部签署的供应协议在80%的程度以上予以执行。

为了最大限度地利用关键客户的采购流程，从而提高单笔业务成交的可能性，企业必须对关键客户组织结构的关键元素（关键客户的基本信息）有清晰的了解。此外，企业应能够画出关键客户的采购流程图，了解哪些人员负责哪些事务、时间进度、下一步行动以及其他核心元素。

近年来，企业成本节约措施的核心特点就是业务流程再设计，而其中一项重要工具就是流程图。在流程图中，企业将流程元素按顺序全部描绘出来。通过使用流程图这一工具，企业可将随机的流程元素剔除，去除不产生附加价值的步骤，合并相关步骤，并简化其他步骤。这样做可以将流程标准化，但从整体质量角度考虑，企业必须持续不断地做出改进，使整个流程更具可靠性和可预测性。对于现有流程中的每个步骤，企业应思考以下问题。

- 该步骤为何包含在流程中？
- 该步骤为什么是必要的？
- 该步骤的实施地点在哪里？
- 为什么在该地点实施？
- 该步骤的实施时间是什么？
- 该步骤为何这样实施？
- 该步骤的实施者是谁？
- 为什么由这些实施者完成？
- 该步骤是如何实施的？
- 为什么以这种方式实施？

在关键客户采购分析中，供应商同样要用到流程图，但是是针对关键客户的采购流程绘制流程图。这一分析的目标是使供应商了解流程，使其通过分析缩短周期时间、去除浪费和冗余来帮助关键客户提高流程效率并向其提供建议（其他可以用到流程图分析的领域涉及招标需求书/建议书中的周期、订单输入和产品缺陷/索赔等）。成功运用流程图可以让关键客户眼前一亮，帮助其发现和解决问题，并更加赢得其好感。

案例 5-34 美利肯公司的地毯事业部将某个关键客户的采购流程图绘制出来，并提供了系统的改善建议。通过对该关键客户的设计和采购流程的分析，美利肯公司得以帮助该关键客户节省 30% 以上的地毯采购价。图 5-4 和图 5-5 分别展示了美利肯公司这个关键客户原先的采购流程以及美利肯公司建议其采用的采购流程。

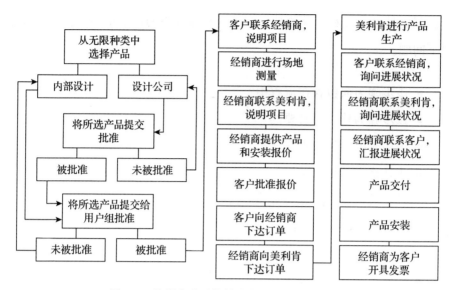

图 5-4　美利肯公司关键客户原先的采购流程

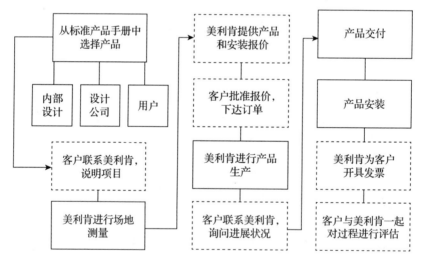

图 5-5　美利肯公司建议关键客户采用的采购流程

注：虚线框里的活动可以通过电子方式完成。

当然，一项新流程的成功实施要求对企业和关键客户双方的接洽人员提供培训。一项新流程的成功实施会减少价格压力，并通过实现流程总体最优成本和使关键客户与企业的合作变得容易来提高客户满意度。而且，真正了解关键客户的采购流程可以使企业能够通过在适当时机和适当地方配置最少的资源来获得最大化的回报。

在一些组织中（或某些类型的采购中），采购流程可能随着采购决定的进展而发生变化。虽然有些企业的采购流程都是事先规定好的，但随着采购决策日期的日益临近，那些竞争激烈的供应商通常会试图对采购组织的高层人员施加影响，有时甚至请政府机构的重要官员出面。此外，很多名义上负责做出采购决策的采购经理不愿身处于与其上司有着紧密联系的供应商之间的激烈交火之中，所以宁愿由其上司做出采购决策。

5.4.2 采购决策参与者

因为采购决策是由组织内部的个人做出的，而非由组织本身做出的，所以关键客户经理应了解关键客户的重要决策参与者，了解他们各自所扮演的角色、拥有的权限、使用权限的意愿及对所在部门的忠诚度。关键客户经理必须了解客户公司内部相关的正式关系和非正式关系，以及重要决策参与者与其他个人或小组的矛盾冲突程度（或工作关系融洽程度）。最后，关键客户经理需要了解重要决策参与者的决策动机，其对公司采购需求以及各种备选产品和供应商的态度，其所在地区，以及其在特定采购情景下如何行事。

1. 职务权力和个人权力

一个尤为重要的问题是，关键客户经理应能区分职务权力和个人权力（见图5-6）。显然，关键客户经理应高度关注方框A中的人员——拥有较高的职务权力和较高的个人权力（例如，负责采购业务的公司副总裁，采购科科长向他汇报）。关键客户经理应注意不要将过多

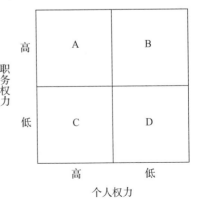

图5-6 职务权力和个人权力

的精力浪费在方框 B 中的人员——占据组织内较高职务级别，但对采购流程的影响力很小（如不负责采购业务的公司副总裁）。第二个关键问题就是确定方框 C 中的人员。这些人员可能在组织中的职务级别较低，但对采购流程的影响力很大（如采购科科长）。

2. 角色关系

决策参与者分析的一个着手点是了解角色关系。关键客户经理应能回答以下问题。

- 关键客户是如何做出关于我们的产品和服务的采购决策的？
- 我们可以影响其决策过程吗？
- 采购决策是由个人还是小组做出的？
- 如果采购决策是由小组做出的，相关的角色有哪些？关键参与者是谁，他们之间的权力关系是怎样的？他们处在哪一区域？他们是如何做出采购决策的？
- 实际决策者（也就是控制采购资金拨款的人）是谁？
- 影响采购决策的人员有哪些，其相对影响程度如何？关键客户的客户是否在采购流程中扮演了角色？
- 产品使用者（比如车间人员）是否在采购流程中扮演了角色？
- 高级管理层的哪些成员可能参与做出具体采购决策？
- 是否需要考虑工会或者关键客户内部/外部的其他组织？例如，其行动可能影响关键客户购买我们产品的顾问或第三方指定者。
- 是否存在"指定者"（虽不正式参与采购决策，但基于其制定规格的角色，可以对采购流程施加间接影响）？他们是谁？
- 是否存在可能阻止我们接触到关键影响人或决策人的中间人？他们是谁？（采购中介通常扮演这类角色。）
- 是否存在搅局者，其在关键客户处损害我们的利益？他们拥有充分的权限（敌手）还是权限微弱（贬低者）？他们是谁？（比如，一名被迫离职的对供应商心怀怨恨的前员工，一名与供应商的竞争对手关系紧密的关键客户的员工。)

- 是否存在拥护者，其在关键客户处维护我们的利益？他们有充分的权限（靠山）还是权限微弱（支持者）？他们是谁？
- 是否存在信息提供者，能够告知我们提供给关键客户的行动方案（以及竞争对手提交给关键客户的行动方案）的状态——涉及采购流程、竞争性投标和关系质量（供应商和竞争对手与关键客户的关系质量）？他们是谁？除了关键客户内部的各类人员（包括秘书和行政助理），关键客户经理还可以从关键客户的客户以及前雇员（现在已经到了其他公司任职，谈论有关原雇主的采购流程问题时可少些顾虑）那里获取有用信息。

案例 5-35（实际决策者） 一家大型投资银行损失了一笔大业务——担任一家快速发展的消费品公司股票上市首次公开募股（IPO）的主承销商。该银行人员在与该客户召开会议时，通常与客户的首席执行官和首席财务官交流较多，而并没有事先了解客户公司的主要股东是谁，并与之多作交流。事实上，这位主要股东才是客户公司的最终决策人。

案例 5-36（顾问） 本书作者之一清华大学郑毓煌教授曾为多家国内外企业担任顾问或提供咨询建议。例如，郑毓煌教授曾为沃尔玛公司的全球 CEO 提供建议，为其分析为什么沃尔玛在中国无法复制其在美国物美价廉的优势，以及中国电商企业在中国市场为什么比美国电商企业在美国市场更有优势。之后，沃尔玛做出了入股京东的重要战略决策，成为京东的重要股东。又如，郑毓煌教授曾为广东凯盈集团董事长提供顾问建议，建议其谨慎决策是否投资一家主打无人餐厅的创业公司。之后，凯盈集团决定不进行该项风险极大的投资。

案例 5-37（搅局者） 德国汉高公司在中国的子公司向一家客户交付一定数量的高质量洗涤剂生产原材料作为测试样本。客户测试结果显示，这批原材料不合格！汉高公司为此进行了调查，发现客户公司的一名员工的表亲在汉高公司的一家竞争对手处工作，该员工徇私舞弊，往汉高公司的原材料中加了水，使得产品没能通过测试。

案例 5-38（拥护者） 麦肯锡咨询公司的很多员工离职后都在麦肯锡的客户公司担任高级职务。当现任雇主需要高水平的咨询服务时，这些麦肯锡的前员工均会向现雇主鼎力推荐选用麦肯锡作为咨询服务供应商。

案例 5-39（信息提供者） 一家瑞典公司是英国大型棉纺织厂 John Bright 的关键客户。John Bright 的关键客户经理与瑞典多家公司的高层管理者相交甚好，这些高层人员经常知会该关键客户经理有关竞争对手的报价情况，这样 John Bright 便能够决定是否需要调低报价。

3. 了解关键参与者

除了解采购流程中的各个角色以及扮演这些角色的个人以外，关键客户经理还应了解在特定的采购流程情形下，关键参与者的动机、观念和潜在行为。关键客户经理应确定关键参与者的以下信息。

- 职业经历，包括前雇主以及之前担任的职务等。
- 现任职务，包括职责性质、决策权限制等。
- 汇报关系，包括下级人员和上级人员等。
- 在公司内部的发展前景和潜在职业轨迹，尤其是可能的下一个职务。

- 社会风格，在关键客户公司内部的各种非正式关系和跨职能部门关系。
- 决策动机，该关键参与者的决策动机更多是为了完成公司安排的特定任务还是为了达到相对自私的个人目的？

案例 5-40（决策动机） 一家《财富》500 强公司很惊讶地得知自己未能得到一家关键客户的大订单，尽管它的最终报价比中标的竞争对手的报价还要略低一些。原来，该客户公司按照采购人员与供应商谈判得到的最终报价较初始报价的差额的一定比例给采购人员以现金奖励。竞争对手在得知这一情况后，先提出一个较高的报价，随后把最终报价压得很低。相比之下，这家《财富》500 强公司的初始报价较低，最终报价在初始报价的基础上仅降低了一点点。采购人员为了实现个人利益的最大化，选择了这家《财富》500 强公司的竞争对手。而且，因为两家潜在供应商的最终报价差别不大，该采购人员有正当理由向其公司管理层解释自己做出的采购决定。

关键客户经理应知晓答案的其他有关关键客户采购决策体系关键参与者的问题还有以下几个。

- 他们对关键客户需求的认知如何？
- 他们对供应商及其竞争对手（实际的和潜在的）的认知如何？与各家供应商的关系如何？在具体的采购情形中，他们更青睐哪些供应商？
- 他们在商业决断、可信度和正直度方面的声誉如何？他们的兴趣、爱好和偏好如何？
- 对他们来说，较为敏感的事情是什么？

当然，根据采购类型的不同以及关键客户职能部门的不同，这些问题的答案也不尽相同。此外，除了针对客户短期的采购决策弄清楚这些问题的答案以外，关键客户经理还应努力了解参与关键客户中期采购决策的角色和个人。后一问题的重要性不容小觑。随着时间的推移，关键客户的组织结构会发生变化，人员也会因为升迁、调任和离任发生职务上的变化。关键客户经理必须熟悉关键客户的人员接替安排，并密切关注可能在中期担任有影响力和有决策权职务的个人。

案例 5-41 一家大型《财富》500强公司的一名高管说了该公司一个部门的故事："公司内负责一家关键客户的关键客户经理一直将工作重点放在关键客户公司具有关键影响力的人员和决策人员身上。他还有一个习惯，就是严密控制其同事与关键客户公司人员的接触。他的工作非常有效，也使公司的营业收入有好几年的大幅增长。公司的主要竞争对手则把工作重点放在关键客户公司职务级别较低的人员身上，因为它们发现自己无法撼动我们公司的关键客户经理与关键客户公司的高层人员建立的密切关系。然而，很快，与我们公司的关键客户经理有密切关系的关键客户公司的高层人员相继退休了，最终我们公司的这位关键客户经理也退休了。由于他一直以来的做法以及关键客户公司的人事变动，我们与该客户具有关键影响力的人员的关系被切断了。几乎一夜之间，我们所有的业务都转到了竞争对手那里。"

最后，关键客户经理应非常清楚自身企业与关键客户之间的人际关系质量。双方之间由各种事件（采购或其他）串联起来的关系史可能在一定程度上会影响双方未来关系的发展。关键客户经理不仅要了解这些关系的质量，还要了解这些关系与关键客户和自己的竞争对手之间的关系的不同——这类信息对供应商成功赢得业务合作极为重要。关键客户经理应将此类信息录入客户关系管理系统,以方便查阅和更新。

关键客户经理很可能对于与当前采购密切相关的关键客户组织方面的信息了如指掌,但对与潜在业务相关的信息知之甚少。如果关键客户的战略包含业务和/或地域的多元化,那么站在组织层面的顶部考虑问题并关注相关人员就显得更为重要——这类信息对拓展现有业务和发现新的收入来源都十分关键。

4. 采购影响力表

对于大型采购,企业应绘制采购影响力表。表 5-2 展示了 A 公司从一家电信设备公司 C(而非长期供应商 B 公司)采购大型通信设备所涉及的所有关键参与者(全部来自 A 公司)的采购影响力。

表 5-2 采购影响力表

关键参与者	对采购流程的影响力(预估,%)	在 B 公司和 C 公司之间做出选择的考虑因素	备 注
Able,集团副总裁,分管人事运作	5	倾向于保持现状	橡皮章(通常都签字批准)
Baker,信息系统部主管	40	希望有机会向大型通信设备供应商 B 公司说明,其应将 A 公司视为有价值的客户	1. 对采购决策给予正式批准 2. 曾推翻已有的采购关系 3. 非常有进取心,在公司的职位步步攀升
Charlie,通信部经理	20	对 B 公司持中立态度,将为公司选择最佳解决方案	1. 汇报对象是 Baker 2. 在语音网络升级方面有主要影响力 3. 对通信产品非常了解
Desmond,达拉斯通信部经理	20	1. 寻求解决部门快速发展所产生的通信问题的最佳方法 2. 向高层管理者展示创新能力	1. 对 B 公司持中立态度,若有充分理由,可能另有选择 2. 有进取心,敢于承担风险
Ethan,丹佛采购经理	5	1. 技术导向,倾向于技术领先的供应商 2. 了解各业务部门的职能,对全系统集成感兴趣	主要是旁观者的角色,但有较多的利益关切,因其随后将提出关于新通信系统的招标建议书

如果采购还受到其他组织的影响，比如关键客户的客户、分销商、零售商、顾问或第三方标准机构，采购影响力表还应反映这些组织的影响。

5.4.3 采购细节

关键客户经理必须了解关于关键客户采购流程的三个具体细节——供应商评级方案、采购方法及业务分配理念。

1. 供应商评级方案

很多公司的采购部门都制订了供应商评级方案，用于选择供应商和/或将业务分配给不同的潜在供应商。这些方案通常根据各种标准对供应商进行打分。客户可能使用多种不同的评级模型，最常见的是基于加权因子的模型（见表 5-3）。

表 5-3　供应商加权评级选择模型示意

关键采购指标	重要性权重 (a)	供应商 A		供应商 B		供应商 C	
		评分 (b_1)	$a \times b_1$	评分 (b_2)	$a \times b_2$	评分 (b_3)	$a \times b_3$
产品质量	30	5	150	6	180	8	240
客户服务	20	6	120	7	140	9	180
技术技能	15	7	105	8	120	7	105
信用条件	5	4	20	7	35	6	30
响应速度	15	3	45	6	90	9	135
返工水平	10	6	60	5	50	7	70
行业知识	5	5	25	8	40	8	40
总计	100		525		655		800

如表 5-3 所示，在这个常见模型中，关键客户确定关键采购指标，如产品质量、信用条件和响应速度等（表 5-3 的第一列），然后开始这五个步骤：①根据这些指标各自的重要性对其赋予相应权重，权重和为 100；②客户根据供应商在各个指标方面的表现进行打分，分值为 1~10；③客户将各指标权重值乘以评分值；④将上述结果加总得到供应商的总体评分；

⑤客户根据这些分数选择供应商,并在供应商之间分配业务。在表 5-3 的示例中,供应商 C 比供应商 A 和 B 获得的评分高。

如果关键客户使用这些评级模型,关键客户经理必须了解关键客户所使用的模型类型、各种关键采购指标、各个指标的权重,以及客户对供应商与其各竞争对手在各指标方面的评分。通常,关键客户会在自己组织的供应商大会及培训论坛上应要求提供此类信息,供应商也可单独要求关键客户提供。毕竟,关键客户也希望供应商能够提高产品及服务质量。对于关键客户经理来说,此类信息可为制订行动方案、提高竞争力提供依据。

此外,关键客户经理应察觉关键客户为缩减供应成本采取了什么行动。这些行动可能包括设定成本目标,让供应商在产品设计阶段便开始参与建议,运用经验曲线评估生产力的提高情况、技术组合以及减少所需零部件数量。其他的潜在方法包括执行严格的规格要求,进行价值创造,鼓励供应商建言献策,就产品质量、交付、性能和库存成本减少给予财务激励或处罚,以及将供应商管理方法拓展运用到分供应商及低级别的供应商管理中。只有了解关键客户所采取的行动,关键客户经理才能确定自身企业应如何做出适当反应。

2. 采购方法

对供应商来说,一个重要的问题是关键客户通常签订什么类型的采购合同。关键客户经理必须回答的问题有以下几个。

- 关键客户通常签订整年合同还是根据临时需要采购(现购现用)?
- 征求供应商提案时,关键客户是否有严格的具体要求,还是具有相当程度的灵活性?
- 采购合同是由总部集中拟定还是由各个部门或分支机构各自拟定?
- 若关键客户集中拟定采购合同,合同上是否明确规定了数量、价格和交付进度,还是合同只列出了大概条款,仅规定了最大采购数量，而有关具体数量、价格和交付进度的安排由各个部门或分支机构自行决定？
- 关键客户的预算周期是怎样的？预算周期是如何影响采购决定的？
- 关键客户是否实行网上逆向竞标的采购方式？如果是，是针对哪些类别的产品？

3. 业务分配理念

各个公司在供应商数量方面可能采用不同的采购方案。很多公司都会给多家供应商发送招标需求书，随后将业务分配给若干家供应商以确保供应商保持诚信，并使自身有更多选择。与之相反，一些公司只签署独家供应合同，因为它们认为独家供应可以更好地利用供应商的技术资源并减少行政管理成本。还有公司会选择两家以上的供应商，为的是获取供应保障、价格竞争和多重选择等好处。它们还认为所选取的若干家供应商中可能会有一家研发出新的技术。这些公司认为只有多选择几家供应商，才能在一家供应商取得技术突破时优先享用其技术成果。

从另一个角度来看，一些公司倾向于内部采购，因为这样可以获取更高比例的附加价值。另一些公司则认为，内部机构由于远离市场竞争，所能提供的价值较低，因而更加倾向于选用外部供应商。

关于关键客户选用多家供应商的政策的若干问题包括以下几个。

- 关键客户是否积极征求很多投标方案，还是倾向于选择较少几家供应商与之发展紧密关系？其所采用的业务分配标准是什么？
- 关键客户是否有禁止独家供应的政策？如果企业目前是关键客户的独家供应商，什么样的情形可能导致该客户原来单独分给企业的业务分配给其竞争对手？
- 关键客户是否有针对占据全部供应份额或较大供应份额比例的供应商的政策？

- 关键客户是否在与一家供应商合作制定产品规格标准后将该规格标准发布出去，以寻求最低价格的供应商，而无视先前供应商的努力？还是说，关键客户会给予参与制定产品规格要求的供应商一定的酬谢，比如保证购买一定数量的产品？
- 关键客户有关内部采购的政策是怎样的？
- 关键客户对供应商的依赖程度怎样？如果供应意外被切断，会给关键客户造成很大的麻烦吗，还是说关键客户可以很容易地从其他供应商那里获得满足要求的产品？

4. 采购的性质

关键客户经理必须采取措施，真正了解客户采购决策的性质，因为采购决策的类型不同，企业所面临的销售任务也会大有不同。基于采购的复杂程度，我们可以将采购决策划分为三个类型——直接再购、变更再购和全新采购。下面，我们将对每种采购类型做出描述，并对关键客户经理提出相应的行动建议。

（1）**直接再购**。属于常规响应行为。对于直接再购，产品需求由来已久。关键客户已经严格评估了各种备选产品的特征和优势，且在先前采购过多次。关键客户已制定了完善的采购标准，对潜在供应商非常了解，对潜在供应商的态度也很了解，这将对业务分配起到重要影响。

因此，此类采购都是较为常规的，且通常由中层和基层采购人员完成。采购标准通常包括诸如价格、信用期限和交货等变量。关键客户经理的关键任务是通过说明自身"净竞争优势"展现相对于竞争对手的整体方案优越性，并通过经常性的创造"附加值"的互动，培养企业与关键客户之间的关系。

（2）**变更再购**。属于有限问题解决类型。与直接再购相比，此类采购对关键客户来说意味着较大的不确定性：产品需求由来已久，采购标准业已完善,但一些采购备选方案和潜在供应商尚不清晰。变更再购的典型例子是一种新型材料取代了传统选择(如塑料代替了金属、合成纤维代替了天然纤维)时,关键客户通常要从很多不同类型的产品和很多熟悉或陌生的供应商之间做出选择。

例如,汽车公司和卡车公司针对轮胎采购都制定了较为完善的采购标准,如行驶里程、转弯能力、湿滑路面行驶性能等适用于所有轮胎的标准。当轮胎生产商推出一款新产品时(一个案例是米其林在美国推出加钢带层的辐射状轮胎),尤其是当供应商对于关键客户来说较为陌生时,客户通常会对新产品(和供应商)进行全面调查,然后才会做出是否进行大规模采购的决定。关键客户经理的销售任务是根据采购标准,确保关键客户对新产品(和供应商)感到满意,并解决关键客户的具体担忧。

(3)**全新采购**。属于扩展性问题解决类型。在全新采购中,关键客户通常对备选产品和潜在供应商知之甚少,采购标准也不完善(在一些极端案例中,关键客户起初可能并没有认识到自己的产品需求)。采购中存在较多不确定性,且采购一旦完成,可能给关键客户的运营和/或管理体系带来变化,并给若干部门和很多人员带来影响。一个典型的例子是关键客户做出将重要活动外包的决定。例如,对于很多公司来说,购买互联网上网服务可能是直接再购,而选择让供应商运营整个公司的通信系统则很可能是全新采购。

对于全新采购来说,因为关于采购决策的很多考量都是从未有过的,关键客户可能缺乏相应的采购流程,此时潜在供应商可以通过帮助关键客户决定如何采购来取得其信任。

案例 5-42 总部位于美国纽约的国际金融巨头摩根士丹利公司成功赢得了充当休斯飞机公司销售中介的利益丰厚的合同。业内观察人士认为,这一成功在很大程度上应归功于摩根士丹利公司

> 著名合伙人罗伯特·格林希尔（Robert Greenhill）的精彩陈述。他重点论述了信托公司所存在的问题（传统上，休斯飞机公司一直与信托公司合作），并对客户应如何做出决策以及客户的目标和备选方案发表了自己的独特见解。

在全新采购中，关键客户经理应努力解决可能受到采购决策影响的很多人的需求。在具有关键影响力的客户方人员中，关键客户经理应鼓励热心的拥护者，试图劝说反对者保持中立，并将观望者拉拢到自己这一边。

小结。我们将关键客户的采购决策分为直接再购、变更再购和全新采购三种类型，分类依据的是产品的新颖程度以及关键客户的采购经验。针对不同类型的采购决策，关键客户经理需要采取不同的行动。因为关键客户的采购经验不同，一项采购任务对一些关键客户来说可能是直接再购，而对另一些关键客户来说可能是变更再购或全新采购。

5.5 信息源

一项针对关键客户的全面分析的数据需求是庞大的，但不同供应商、关键客户和其他信息源的数量同样非常庞大——一些是主要信息源，一些是次要信息源。不管信息源是什么，数据收集不应只是需要关键客户经理在计划时间内完成的琐事，而应成为一项持续性的活动。关键客户经理可向关键客户管理团队提供信息，并从关键客户管理团队那里获取信息。

供应商内部。供应商以往的工作计划、内部备忘录、财务报告和其他类似文件中含有关于关键客户的宝贵的背景信息。此外，关键客户管理团队成员在与关键客户公司人员的日常沟通交流中可以掌握很多信息。关键客户经理通常容易忽略的潜在信息源就是供应商自身的采购部门。采购实践会随着时间推移而发生变化，关键客户经理可从其企业自身的采购部门窥探出关键客户的采购行为。因为供应商自身采购部门的人员可能与关键客户的采购人员面临着类似的挑战。

关键客户。有几种类型的数据可以从关键客户那里获取。在正常的商业运营中，关键客户都会发布各种文件资料，如年度报告和季度报告、股东委托书、新闻稿和通信稿、公司内部杂志、产品和应用手册、促销宣传册、宣传资料袋和高级管理人员演讲稿。这些信息源可以提供宝贵信息，尤其有助于了解关键客户的基本信息。

关键客户公司人员可以提供一大堆有关战略规划、组织功能、角色、责任和绩效的有洞察力的信息。如前所述，关键客户可能将战略规划与对其有价值的供应商分享，或者干脆邀请供应商参与战略规划会议。这时，关键客户经理可以深入了解客户的目标、目的和拟定中的战略，对关键客户的最终行动方向施加影响。

不论从关键客户公司高层管理者那里可以获取多少有价值的信息，关键客户经理都不应忽视关键客户公司中处于较低职务级别的人员。特别地，每天使用供应商和/或供应商竞争对手产品的普通工作人员也许能提供非常宝贵的信息。这类信息通过走访客户一线工厂便可以获取，而且通常含有一些没有传递到关键客户公司日常联系人员那里的信息。最后，在适当的时候，供应商或关键客户经理可能成为关键客户的客户（例如，去购买或体验关键客户的产品）——在这个角色位置，他们可以更加深入地了解关键客户的产品和服务，并掌握关键客户与其客户打交道的第一手资料。

> **案例 5-43** 本书作者之一清华大学郑毓煌教授曾经应中国南方航空公司（以下简称"南航"）总经理的邀请为南航提供咨询和培训。为了更好地了解南航的服务，他在为南航提供咨询和培训服务前，多次自掏腰包乘坐南航的航班（各个舱位都有）以获得一手体验。（尽管他是星空联盟的VIP会员，平时主要乘坐中国国际航空公司和其他星空联盟航空公司的航班。）

其他信息源。这些信息源包括行业协会、行业报告、商业媒体、财务分析师报告、信用报告（如邓白氏等信用调查机构发布的报告）、企业黄页、互联网、商业导向的计算机数据库、行业专家、顾问和需要采集类似信息的其他组织。

5.6 总结

本章用较长篇幅重点论述了关键客户分析。我们从了解关键客户分析的目的开始讲起，随后讨论了四个主要的分析环节。

关键客户基本信息——关于关键客户整个组织的基本数据集，为整个分析提供背景。

战略性关键客户分析——包含四大基本部分：使命、外部分析、内部分析与战略一致性分析。在此，关键客户经理根据关键客户的使命、外部环境和自身竞争力，可评估关键客户达成目标的能力。

确定和满足关键客户需求，为客户创造价值——我们讨论了若干相关话题，包括客户价值类型、投资回报率公式、关键客户高层面的关系需求、关键客户需求深度和客户价值。我们还讨论了关于关键客户需求的若干问题。

采购分析——我们分析了采购流程、决策参与者和若干具体采购事项。在此环节最后，我们讨论了关键客户分析的信息源。

完成完善的关键客户分析并时常更新需要做大量的工作，但因为这一分析中的各个部分都对企业与关键客户的关系的成功发展至关重要，关键客户经理不能忽视这些内容。关键客户分析是关键客户经理为企业制定关键客户战略所依据的整个分析的基石。若有一丝懈怠，企业将很难在与关键客户发展合作关系上取得成功。

对于考虑构建关键客户规划系统的企业来说，不仅应该遵循本章所罗列的具体分析框架，而且应该制定一些收集和分析关键客户信息的系统性与综合性的方法。那些既能够遵循科学的关键客户分析框架，又能够构建并制定可行的关键客户信息收集和更新系统与程序的企业，会把那些单靠碰运气了解关键客户的竞争对手远远甩在后面。

KEY ACCOUNT
MANAGEMENT
AND PLANNING

第6章

关键客户方案规划：竞争分析和供应商企业自身分析

我们在本章继续讨论关键客户管理的系统和流程。在关键客户分析（第5章）之后，企业需要分析竞争对手，然后是自身。不论关键客户经理进行的关键客户分析是如何的全面透彻，企业只有在能够比竞争对手更好地满足客户需求并向客户传递更多价值的情况下，才有可能获得、维持和扩大与关键客户的业务。

企业对与其竞争关键客户业务的主要竞争对手全面扎实的了解和对自身能力的清楚知晓，将使企业为获取、维持和扩大关键客户业务所付出的努力获得事半功倍的结果。只有做到这两点，关键客户经理才能够提前预知竞争对手的行动，从而抢占先机或者使竞争对手徒劳无功。

6.1 竞争分析

本节的内容由两个部分组成——竞争结构分析和竞争对手分析：竞争

结构分析将确定企业面临的关键性竞争挑战；竞争对手分析以企业的主要竞争对手为重点。我们需要进一步指出的是，尽管完成这些分析工作是关键客户经理的职责，但是应该有一个竞争分析团队负责做好大量的基础性工作。这样的安排能够带来双重收益，其一是实现针对多个关键客户的规模经济效益，其二是使关键客户经理能够将关注点放在其关键客户特有的竞争问题上。

6.1.1 竞争结构分析

通过竞争结构分析，关键客户经理可以确定企业在与关键客户的关系中面临的主要竞争挑战。如果关键客户对于企业来说意味着当前的重要业务，那么竞争对手将对企业获取该项业务构成严重威胁；如果关键客户对于企业来说意味着潜在的商业机会，那么竞争对手就是阻碍企业把握该商业机会的障碍。

我们在关键客户分析部分（第 5 章）简单地讲到了竞争结构分析，试图借此说明关键客户面对的竞争挑战。在本节中，我们扩大了分析范围，重点关注供应商企业面对的竞争挑战。

我们可以使用一个简单的二维矩阵图对所有挑战进行归类，从而区分四种类型的竞争对手（见图 6-1）。之后，我们还将讨论供应链竞争的问题。在确定竞争对手时，关键客户经理必须以全球视角考察企业面对的竞争，而不是局限于国内视角。当关键客户经理采用更广阔的视角识别竞争对手时，他们往往能够及早地获得对竞争对手的深入了解——此时，很多企业都会惊讶地发现外国竞争者"突然"闯入了它们的

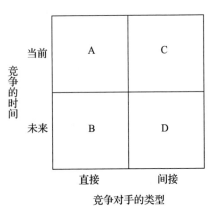

图 6-1 竞争结构分析

视野。

当前的直接竞争对手（A区）。这些竞争对手使用相似的技术与企业在相似的产品上展开竞争。企业通常非常了解这种类型的竞争对手：企业在长时间内观察竞争对手的行动、行动结果、取得的成功和遭遇的失败；企业对竞争对手的优势、劣势、未来可能的发展动向和退出壁垒都有非常清楚的了解。实际上，企业高层管理者的工作主要针对当前的直接竞争对手，反之亦然。尽管处在相互竞争的位置，但是企业与当前的直接竞争对手可以建立密切的关系，因为它们同属一个行业并基于同样的既定的游戏规则相互竞争。

当直接竞争对手被其他企业收购时，企业对直接竞争对手做出的各种假设可能会随之烟消云散。例如，在收购活动中，被收购方必须重新确定目标、战略和行动计划才能使收购方达到收购的目的。尽管竞争对手（被收购方）获得了更多获取资源的渠道从而在未来可能对企业构成更大的威胁，但是这种威胁往往会因为收购方与被收购方在文化和其他方面的不匹配而无法实现。在任何情况下，当竞争对手的所有权发生变化时，企业都应重新审视并调整对竞争对手做出的假设。

与此相关，直接竞争对手可能会与别的企业结成战略联盟，从而获得以往无法获得的资本、工艺、技术、产能、研发能力和其他资源。在这种情况下，企业也应重新审视并调整对竞争对手做出的假设。与收购活动一样，尽管新的竞争实体有可能在未来成为企业更加难以对付的竞争对手，但是严酷的现实是很多战略联盟最终都无法达到预期的效果。此外，企业还应意识到竞争对手在未来有可能会退出竞争。退出壁垒会随着时间而变化，企业或许可以帮助竞争对手更加容易地退出。

潜在的直接竞争对手（B区）。与A区的竞争对手一样，此区域的竞争对手也是直接竞争对手，不过是未来潜在的而不是当前的。这样的竞争对手可能活跃在与供应商企业所在市场相关联的市场中，但是目前还没有关注企业的关键客户所在的市场。近年来最鲜明的例子莫过于处于全球化进程中的很多中国企业利用其在国内市场的优势地位向新的地域市场扩张（例如，小米手机在成为中国市场领先的手机品牌后进军印度等国际市场）。

　　竞争对手在开始大量的渗透工作之前通常会低调行事。尽管企业可能难以识别与此相关的竞争威胁，但是通过了解潜在的直接竞争对手在寻求与关键客户开展业务合作之前必然会采取怎样的行动，企业应该可以建立一套早期预警系统。关键客户经理应当了解竞争对手面对的进入壁垒和它们的战略可能基于的依据。对关键客户持续保持关注，加上竞争分析团队适当地发挥其职能，企业应该能够在竞争发展过程中保持自己的竞争地位。

　　当前的间接竞争对手（C区）。间接竞争对手能够为客户提供与供应商企业所提供的利益相似的利益，但是它们的产品或服务在形式上或者工艺/技术上可能与供应商企业的有所不同。由于间接竞争对手的竞争基础与直接竞争对手不同，它们可能带来企业更难以应付的挑战。有时候，这些间接竞争对手会拥有不同的产品/服务，使企业难以将它们识别为竞争对手。不管怎样，关键客户经理都必须识别和了解它们的产品/服务形式中的动态因素（如技术、成本、竞争结构）并从中获得重要的信息。

　　潜在的间接竞争对手（D区）。对于那些对关键客户既不积极也不向它们提供与供应商企业相似的产品/服务的公司，确定它们的竞争威胁是最困难的事情——这些公司当前的活动包括在实验室进行研发，在其他市场销售产品，向关键客户的竞争对手销售产品。企业优秀的竞争分析团队应该能够监测到这些竞争活动。

　　供应链竞争。除了以上四种竞争对手，关键客户经理还应当密切关注供应链竞争——关键客户也可以供应与供应商企业的产品/服务存在直接或间接竞争关系的产品/服务。例如，关键客户可能考虑进行供应链的后向整合，自行生产与供应商企业产品相似的产品。在这方面，不同的企业有着截然不同的表现，并且这些表现很可能随着时间的变化而变化。

有些关键客户会保护其内部的供应方,并试图通过自行生产特定的零部件或原材料来获取更多的附加值。与此相反的情况是,关键客户的采购人员从报价最低的供应商那里采购零部件和原材料,即便这意味着关键客户公司内部的兄弟单位可能会因此失去大笔订单。还有一些关键客户公司,它们专注于自行生产并建立了可满负荷或接近满负荷运转的生产线,从而限定了具体的产品采购范围。即使是在需求提高时,这些关键客户的采购活动仍然不会很活跃。

虽然关键客户的内部政策通常有利于其内部供应方,但是深谙业务之道的外部供应商还是有大把的机会可以争取。关键客户内部的供应方常常以垄断方的姿态来对待作为需求方的兄弟单位,淋漓尽致地"表现"它们作为垄断方的各种消极行为。在这种情况下,经常会出现关键客户的内部政策与作为需求方的关键客户业务部门主管的愿望相背离的情况。富有胆识和进取心的关键客户经理可以利用这种背离使供应商企业自身受益。

供应链竞争中的另一种情况是,企业的供应商可能正在考虑进行前向整合成为企业的直接竞争对手,并向企业的关键客户销售与企业存在直接竞争关系的产品或服务。关键客户经理应当密切关注当前和潜在的供应链竞争。在不同情况下,供应链竞争有可能使企业的销量出现大幅增长,也可能给企业当前的业务带来严重威胁。

小结。我们在上面表明了关键客户业务的竞争对手可能来自很多方面。尽管资源限制可能使关键客户经理无法对所有竞争对手进行全面的分析,但是关键客户经理必须对企业当前和潜在业务面临的最严峻的挑战做出分析。关键客户经理可以通过确认竞争对手的过程选出企业面临的当前和潜在的最严峻的挑战,并对它们进行集中分析。

6.1.2 竞争对手分析

关键客户经理在确定最严重的竞争威胁后,必须对具体的竞争对手进行分析，方法是针对每个竞争对手提出若干关键性问题。关键客户经理应分析竞争对手在与关键客户的业务中所处的竞争地位、竞争对手的绩效和战略，并对竞争对手的行动进行预测。在本小节最后，我们会讨论可用于竞争对手分析的信息来源。

1. 竞争对手在与关键客户的业务中所处的竞争地位

我们提供三种方法评估竞争对手在与关键客户的业务中所处的竞争地位，涉及：①有关竞争对手服务关键客户的优势和劣势的一系列一般性问题；②供应链分析；③竞争对手分析矩阵图。

（1）**优势和劣势**。企业应回答以下问题。

- 相比于企业自身，竞争对手在与关键客户的业务中具有哪些主要优势（例如，产品系列广，生产能力过剩，应用工程多，客户服务好）？
- 竞争对手在竞争关键客户业务方面具有哪些劣势？例如，竞争对手的产能是否可以满足关键客户的需求？
- 竞争对手制定了怎样的操作流程？竞争对手在产品质量、服务质量、新产品开发、产品交付、付款条件和定价等方面能够达到怎样的水平？
- 竞争对手采用怎样的组织结构服务关键客户？在竞争对手的公司里，谁是服务关键客户的关键参与方？我们对竞争对手的决策模式和它们与关键客户工作人员的个人关系的了解有多少？
- 竞争对手与关键客户之间的总体关系如何？我们的评估依据是什么（例如，长期的高质量服务，长久的个人关系，高品牌知名度，对关键客户问题的快速反应）？

（2）**供应链分析**。通过回答以下关于供应链各项组成要素（技术、产品设计、原材料、业务操作、营销、实物配送和客户服务等）的一系列问题，企业可以完成一次正规的供应链分析过程，以确定竞争对手在哪些方面能够产生价值,在哪些方面会产生成本。

- 竞争对手在供应链系统中的哪个方面具有成本优势?
- 竞争对手在供应链系统中的哪个方面具有成本劣势?
- 竞争对手在供应链系统中的哪个方面具有增值优势?
- 竞争对手在供应链系统中的哪个方面具有增值劣势?

对这些问题的解答将直接引出这个预测性的问题:竞争对手可以选用哪些方法降低成本并提高价值,从而在竞争关键客户业务方面获得更具优势的竞争地位?

(3)**竞争对手分析矩阵图**。这种方法涉及以下 5 个步骤及相关问题。

①企业想要成为受关键客户青睐的供应商必须具备怎样的技术、资源、能力和关系?

②关键客户对以上技术、资源、能力和关系因素如何分配重要性权重(权重总和为 100)?

③关键客户对几个竞争者(企业与主要竞争对手)拥有的技术、资源、能力和关系的评分如何(使用从最低分 1 分到最高分 10 分的评分系统)?

④将关键客户对企业及其每个竞争对手的技术、资源、能力和关系的评分乘以相应的重要性权重,得出乘积。

⑤计算出企业和每个竞争对手的乘积项总和。

无疑,进行前三个步骤的最佳人选是关键客户公司的相关工作人员。事实证明,他们对这三个步骤涉及的问题的回答常常是深入且富有见解的。他们给出的回答将使企业直接形成旨在提高竞争地位的具体战略和行动计划。

在表 6-1 的示例中,企业虽然获得了最高的总分(785 分),但是身处险境:企业在产品质量上获得了最低评分(5 分),主要依靠价格低廉取胜(9 分)。显然,企业很容易受到同样以价格为竞争力的竞争对手的冲击。

如果能够花大力气提高产品质量，改进售后服务，加强客户信用条款的灵活度，那么企业将有机会提升自己的竞争地位。同时，这项分析也可为企业的竞争对手该如何采取行动提供参考。

表 6-1 竞争对手分析矩阵图示例

业务能力评价标准：供应商想要成功地获取关键客户的业务必须具备哪些业务优势 (a)	业务能力评价标准各项要素的重要性权重 (b)	企业的评分		竞争对手 A 的评分		竞争对手 B 的评分	
		评分 (c_1)	$b \times c_1$ (d_1)	评分 (c_2)	$b \times c_2$ (d_2)	评分 (c_3)	$b \times c_3$ (d_3)
产品质量	15	5	75	6	90	7	105
售后服务	5	7	35	5	25	6	30
价格	15	9	135	7	105	5	75
客户信用条款的灵活度	5	6	30	10	50	8	40
品牌优势	10	8	80	5	50	7	70
应用工程支持	10	9	90	7	70	6	60
产品交付信誉	20	10	200	9	180	9	180
与客户高管人员的密切关系	20	7	140	7	140	5	100
总计 (e)	100		785		710		660

2. 竞争对手的绩效和战略

企业对竞争对手与关键客户之间历史业务的了解，将为企业获知竞争对手的下一步行动提供有用的线索。如果竞争对手之前采取的行动取得了成功，那么它们有可能在今后采取类似的行动。如果竞争对手之前采取的行动遭遇了失败，那么它们不太可能重蹈覆辙。关键客户经理应提出以下问题，并找到答案。

- 竞争对手与关键客户之间有多大的业务量？竞争对手的业务占关键客户业务总量的多大比例？竞争对手与关键客户之间的业务发展趋势如何？竞争对手与关键客户的业务能否使竞争对手盈利？

- 竞争对手与关键客户之间是否有正在执行的合同？什么时候需要重新报价/续签合同？

为了预测竞争对手可能采取的战略和进行的资源分配，关键客户经理应当了解竞争对手目前对关键客户的业务设定的目标，并以此作为预测竞争对手可能进行的资源分配的出发点。

有关竞争对手战略的问题有以下几个。

- 竞争对手过去采取了怎样的战略？
- 竞争对手正在采取怎样的战略？
- 竞争对手今后可能采取怎样的战略？
- 竞争对手为争取关键客户的业务正在实施哪些行动计划？

如果不能得知以上问题的答案，企业将面临很大的危险。

案例 6-1 一家大型广告代理公司 Leo Burnett 在几个重要客户的业务上输给了一家地区性的小广告公司。该公司的 CEO 在接受《财富》杂志采访时说："我不知道他们（这家小广告公司）有哪些客户。我对他们的组织机构和工作方式也完全不了解。"

3. 预测竞争对手的行动

企业对主要竞争对手进行识别和分析，能够帮助关键客户经理对竞争对手今后的战略动向做出预测。预测结果应当作为企业制定自身战略时参考的重要依据。此外，对竞争对手的分析可以使关键客户经理评估竞争对手对关键客户的长期投入水平：竞争对手是否寻求与关键客户建立长期业务关系？当双方业务发展不顺利时，竞争对手是否会撤出？

企业应回答以下问题。

- 竞争对手会如何行动来降低自身成本，以期在价格竞争中获得更好的竞争地位？
- 竞争对手会如何行动以提高自身为关键客户提供的价值？
- 竞争对手会对关键客户设定怎样的目标？
- 竞争对手会对关键客户采取怎样的战略？
- 竞争对手可能会实施哪些具体的行动计划？
- 竞争对手会为关键客户做出哪些具体的资源分配安排？

当制定自身战略或设计行动计划时，企业应回答以下问题。

- 竞争对手会如何看待我们提出的战略/计划？
- 竞争对手可能对我们的战略/计划做出怎样的反应？

4. 用于竞争对手分析的信息来源

全面的竞争对手分析必然需要大量的信息数据。由于商业组织间的信息流动往往非常普遍，企业很少会因为无法获取必要的信息数据而不能完成对竞争对手的信息收集工作。相反，信息收集工作的失败通常是因为对获取必要的信息数据的工作缺少规划（包括设定目标、制定战略和行动计划、进行必要的组织）。我们可以将这些信息数据分为两大类：①有关具体竞争对手的通用信息；②有关具体竞争对手针对关键客户的针对性信息。这样的分类将有助于信息收集工作的开展，此外，信息收集应该是持续的，并且要考虑数据来源和收集方法的问题。

（1）**通用信息**。如同我们在前面提到的，这项工作的关键在于应避免因安排多名关键客户经理花时间收集大体上相似的数据而造成的资源浪费。最常用的办法是组建一个集中的竞争情报小组（可能归属于市场营销部门）持续收集有关竞争对手的信息，并将信息提供给企业组织机构内需要使用这些信息的人员（如关键客户经理）。在实践中，这种信息的收集系统有很多工作形式，比如在低投入的条件下被动地接收、分类和分发信息，或使用更多的资源对具体竞争对手进行深入的分析。

令人遗憾的是，很多企业并没有在收集竞争情报方面花费多少精力。在这种情况下，使用"影子追踪系统"可能是个明智的选择。在这个系统中，关键客户主管会指派具体的关键客户经理充当具体的竞争对手的影子，密切追踪其动向。关键客户经理为了完成追踪任务会开发自己的信息来源，并定期向企业同事介绍自己追踪到的竞争对手的基本情况。

（2）**针对性信息**。尽管通用信息有其自身的价值和存在的意义，但是有关竞争对手对关键客户采取的行动的大量信息肯定而且必然是源于关键客户的。对于这些信息，关键客户经理有责任制定竞争信息收集工作日程表，并指派关键客户管理团队的成员分别负责与竞争对手活动相关的信息的收集、监测和传递。

> **案例 6-2** 中国惠普公司在与 IBM（中国）公司竞争中国的劳动和社会保障部[注]项目时，由于不了解 IBM（中国）公司在政府方面特别是在劳动和社会保障部的特殊战略和目标，使用了常规方法竞争，最后失利。后来中国惠普公司注意到当时 IBM（中国）公司每年都有重点发展战略和计划，会设定必赢项目并提前准备资源。

6.2 供应商企业自身分析

供应商企业自身分析的目的在于评估企业获得关键客户业务的能力，前提是假设企业对关键客户和竞争挑战都有充分的了解。供应商企业自身分析是"现况分析三部曲"（关键客户分析、竞争分析和供应商企业自身分

㊀ 现更名为人力资源和社会保障部。

析）的最后一个部分。基于这三项分析，关键客户经理能够制定出一系列关键客户战略规划，并确定企业面临的机会和威胁。

供应商企业自身分析包括四个主要的组成部分——历史绩效回顾、关系评估、企业行为评估、资源可获取性评估。

6.2.1 历史绩效回顾

关键客户经理应掌握大量有关企业与关键客户的业务绩效的数据（包括销量绩效、销售收入和利润绩效）以及企业相对于竞争对手的绩效数据。

销售收入和利润绩效。关键客户经理应当非常清楚企业对关键客户的销售水平（包括销量和销售收入）和趋势如何，并借此了解企业在与关键客户的业务中所处的竞争地位。关键客户经理应从订单录入/销量信息系统中获得此类信息——均为原始数据，需要持续更新。关键客户经理应收集分解后的数据并对数据进行编码，以便进行深入的销售收入来源趋势分析。

分析的维度应包括产品和产品系列、关键客户业务单位、交货地点、产品应用、地理因素（如国际、国内、地区）以及企业的销售区域（地域）。有些数据（如产品应用数据）需要关键客户公司的人员提供深刻的见解和意见。

这些数据应当与以往年份的绩效数据以及企业对关键客户业务设定的绩效目标对比。令人遗憾的是，在很多企业中，由于内部会计核算系统的局限性，这些信息并不是现成可用的。

> **案例 6-3** 美国一家主要的信息系统公司的 CEO 询问他的一个直接下属："我们与 X 客户每年在全球范围内的业务总量是多少？" X 客户是该公司的五大关键客户之一。这位下属回答："请给我几天时间，我会回复您。"

我们并没有说这些信息一定非常容易获取。事实上，如果企业对关键客户的销售是通过经销商来完成的，那么除非企业与经销商在共享信息上达成了良好的协议，否则这些销售信息将非常难以追踪。此外，有些企业还会使用不同的企业名称开展业务，这也会使企业追踪最终用户的工作变得非常困难。例如，马丁·玛丽埃塔（Martin Marietta）在与洛克希德（Lockheed）合并之前曾经在美国使用了50多个企业名称（两者合并之后的名称为洛克希德·马丁）。

尽管存在这些问题，优质的销量和销售收入数据永远都是形成利润率数据的必备条件。关键客户经理应当充分认识到企业对关键客户实现的业务所蕴含的财务方面的意义。关键客户经理应该能够轻松获取所有采购产品的价格、单项产品的边际收益、所有采购产品的平均边际收益和毛收益等数据。关键客户经理还应了解企业从关键客户身上获得的净利润，并且净利润的数值不是通过从毛收益中减去一些被"随意分配"的日常费用计算得出的，而是基于作业成本法（ABC成本法）获得的实实在在的数字。

案例6-4 Padisco（PO）公司作为其母公司的经销单位，采用ABC成本法确定其关键客户的盈利性。PO公司为这项工作确定了78项流程，例如整体订单调取流程、大宗订单调取流程、订单录入流程和订单收集流程等。PO公司核算了这些流程在40个PO分销中心产生的成本，并采用成本效率最高的方法对全部78项流程进行标准化。PO公司先统计与关键客户相关的所有分销中心的毛收益总和，然后减去PO公司为实现该毛收益所付出的成本，以确定该关键客户的盈利性。

案例6-5 美国电力公司的高管人员以往经常不知该如何证明为关键客户付出高额成本是合理的。后来，客户盈利性衡量系统的引入为该公司带来了很多好处：提高了关键客户方案的规划质量；使

> 公司能够对客户关系和单项方案举措进行财务评估；个人责任制得到加强；向公司员工展示了每项客户关系在短期和长期的盈利性；凸显了营销功能即使在高度监管的行业（非完全竞争行业）的组织机构中也可发挥重要作用。

很遗憾，这些好处在很多企业中并没有成为现实，因为在这些企业中，获取与利润相关的信息是不可能的：一方面，企业的内部会计核算系统往往存在局限性；另一方面，单个客户的成本信息完全不准确。

绩效与竞争。除了掌握企业的销量、销售收入和利润率数据，关键客户经理还必须清楚地了解企业在竞争中所处的地位。对于企业向关键客户供应的主要产品种类，关键客户经理应了解企业在这些产品上占有多大的市场份额以及市场份额当前的变化趋势。

- 在与关键客户的业务中，企业的产品或服务占有多少市场份额？
- 企业的市场份额与竞争对手的市场份额呈现怎样的相对变化趋势？

这些数据能够帮助关键客户经理了解企业竞争关键客户业务的机会大小，并评估企业在争取关键客户业务方面当下所面临的威胁。关键客户经理还应该清楚企业销售收入基数的内部动态。特别地，关键客户经理的分析应关注以下问题。

- 企业在过去两三年间从关键客户那里获得了哪些大订单？企业的竞争对手有哪些？企业为什么能够打败它们获得订单？
- 企业在过去两三年间在哪些大订单上输给了竞争对手？企业为何会失去这些业务？

案例 6-6　一家主要的实验室供应商企业在失去一项业务后，成功地进行了与竞争对手的对照比较。经过这个过程，该企业对其提供给客户的价值进行了更好的量化，并了解了自己的不足之处。

案例 6-7　中国惠普公司和思科公司（中国区）每季度都会定期向关键客户管理团队和销售团队提供市场监测报告（来自第三方和企业自己的研究），并请市场部专人分享讲解，报告中的一项重要内容是对已输掉的重大项目进行深度分析和比较（复盘），这对于关键客户管理团队和销售团队了解企业自身和竞争对手非常有用。

此外，关键客户经理还应关注以下问题。

- 当前的合同处于怎样的状态？关键客户有哪些采购活动正在进行中？在关键客户的采购活动中，企业相比于竞争对手处于怎样的竞争地位？
- 若企业与关键客户建立了合作伙伴关系、合资关系或者战略联盟关系，这些关系以往实现了怎样的绩效？这些关系目前处于怎样的状态？

6.2.2　关系评估

除了硬性的绩效指标，关键客户经理还应了解关键客户的历史，并评估企业与关键客户关系目前的强度（包括当前业务的安全性和获得新业务的可能性）。在所有条件同等的情况下，健康的企业与关键客户关系应当使企业能够保留当前的业务并发展新的业务。相反，不健康的企业与关键客户关系会导致业务量减少。

评估企业与关键客户关系最常用的方法是衡量客户满意度。越来越多的实施关键客户管理计划的企业构建了衡量客户满意度的系统（我们将在第 8 章更详细地论述衡量客户满意度的问题）。尽管这些系统有很多优点，但是我们必须认识到，企业丢失业务往往并不是因为关键客户对企业本身不满。图 6-2 对此给出了概念性的解释。

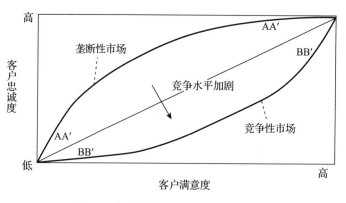

图 6-2　客户满意度 – 客户忠诚度图表

图 6-2 展示了非竞争性市场向竞争性市场转变的过程。客户忠诚度沿着 AA' 曲线迅速升高时客户满意度却保持在较低水平，缺少替代性的选择使客户无法轻易地转换供应商。当竞争水平加剧（如箭头指示）到 BB' 曲线的水平时，出现了与之前不同的情况：在 BB' 曲线上，低客户满意度与低客户忠诚度相对应；当客户满意度提升后，客户忠诚度却仍处于较低水平。其中的原因是：客户拥有太多的选择，如果它们得到了更好的报价，便可以在众多优质供应商之间轻易变换选择。但是，较高的客户满意度最终会带来较高的客户忠诚度。

此外，根据学术界的研究文献，客户满意度水平与其他重要指标之间有着密切关系。表 6-2 展现了"完全满意的客户"在最先想到、给予推荐和再次购买等方面的表现均优于"比较满意的客户"——这样的结果将带来销售额巨大的业务关系。因此，企业需要为"完全满意的客户"付出比"比较满意的客户"更多的投入。

表 6-2 销售意向指标与客户满意度的关系

指标	完全满意的客户	比较满意的客户	倍数
最先想到	58%	13%	4.46
给予推荐	62%	17%	3.65
再次购买	45%	22%	2.05
销售额	1 美元	38 美分	2.63

注：此表基于美国康涅狄格州伍德伯里地区 Development Ⅱ 公司进行的客户满意度调查，受访者提供了 37 000 个数据点。

关键客户经理还需要回答这个重要的问题：是什么因素正在推升关键客户对企业的满意度？企业与关键客户组织层面的关系具有多维度的结构，包括围绕关键客户需求的众多问题（能够带来我们在第 5 章中提到的价值）。但是，我们可以从两个维度理解并简化这种关系：①业务关系，涉及双方组织层面的业务关系；②人际关系，涉及关键客户与企业工作人员之间各种各样的人际关系，既包括工作关系也包括私人友谊。

1. 业务关系

业务关系的核心关乎企业满足关键客户需求的能力，我们在第 5 章中对此进行了一定程度的详述。特别地，我们确定了关键客户的功能需求、经济需求和心理需求，并使用投资回报率框架确定了为关键客户增加价值的不同方法。在所有条件同等的情况下，企业为关键客户带来的价值越大，关键客户的满意度就越高，企业与关键客户的关系就越牢固。

此外，我们在第 5 章中确定了满足关键客户需求和客户价值的三个层次——符合或超出关键客户的预期，为现有问题制订解决方案，解决新的或尚未识别的问题。总的来说，层次越高就越难以实现。满足关键客户需求可以使企业与关键客户的关系变得更加密切，最终可以使企业满足关键客户需求的平均水平和为客户带来的价值都得到提高。

为了了解这些方面的内容，关键客户经理可以绘制图表作为辅助。我们在表 6-3 中举例说明了企业在与关键客户相关的重要问题上的表现，企业在解决这些问题时的表现越好，其与关键客户间的业务关系就越牢固。

表 6-3　企业在与关键客户相关的重要问题上的表现示例

关键客户关心或遇到的问题	企业的行动	企业行动产生的影响
采购成本	参与协商	到目前为止无影响
向某个市场渗透	对终端用户进行广告宣传	启动广告宣传后，市场份额增长3%
库存控制系统混乱	项目团队为客户提供支持	到目前为止无影响
重要原材料的质量让人无法接受	设计自己的质量改进流程	到目前为止无影响
企业销售团队的专业能力	持续培训	目前55%的销售人员获得了证书
经常随机收到企业的发票	与客户的会计部门协商制定新的流程	到目前为止无影响

我们在第5章中确定了不同层次的关系需求，涉及供应商企业的可及性、响应力、守信度、对关键客户问题的理解力、沟通能力、交易容易度和胜任工作的能力。企业在这些方面表现越好，其与关键客户的业务关系就越牢固。

2. 人际关系

除了双方组织层面的业务关系，关键客户经理还必须评估企业与关键客户工作人员的人际关系的质量。显然，糟糕的人际关系会阻碍双方业务关系取得最佳绩效。

对企业与关键客户组织间的各种人际关系的总体水平进行分析的一个有效方法是利用人际关系表（见表6-4）。"关键客户人员"项下的人员是那些在采购决策过程中会发挥重要作用的人员（见第5章），关键客户经理应该将他们分别与自身企业人员相匹配并确定他们之间关系的性质。请注意，此表中包含了工作关系，也包含了私人友谊关系——毕竟，私人友谊关系是争夺业务的有力武器。这种感情投入能够创造难以打破的纽带——

感情纽带，基于其产生的信任感将帮助企业在关键客户难以确定目标供应商的选择标准时获取业务。

如果关键客户经理能够为与企业面对同一关键客户的主要竞争对手建立一个类似的人际关系表，那么企业对人际关系的分析将取得更好的成效。针对关键客户的每一位重要工作人员进行的差异分析可以作为人际关系分析的一项有力的辅助工具。

表6-4　企业与关键客户人际关系表

关键客户人员 （姓名，职位）	供应商企业人员 （姓名，职位）	关系性质
Tony Jackson，CEO	Mike Smith，副总裁	相识，每年一起打一次高尔夫球
Tony Jackson，CEO	Alasdair Maclean，研发部主管，高管伙伴	亲密的朋友关系，大学校友，每个月都一起打网球
Anthony Benton，COO	David Lankester，关键客户经理	良好的工作关系，共同执行项目
Peter Wilson，采购主管	David Lankester，关键客户经理	双方满意的工作关系，但由于Wilson的决策权有所减少，双方的关系日益紧张
Winston Harris，达拉斯地区采购专员	Gay Crossman，达拉斯地区销售代表	良好的工作关系
Edward Windsor，研究科学家	Madge Wallace，研究科学家	共同参加联合研究项目并建立了亲密的友谊
George Hanover，库存经理	Ellen Reed，物流经理	糟糕的私人关系造成了紧张的工作关系
William Orange，质量经理	没有指定的联系人	没有建立任何关系，供应商企业必须改变这样的状况

3. 考察企业与关键客户的总体关系

将业务关系与人际关系相整合的一个通用的方法是使用2×2的业务关系与人际关系矩阵图（见图6-3）。这项分析以竞争力为关注点，通过对矩阵图中各个区域的考察，企业可为制订备选行动方案做好准备。

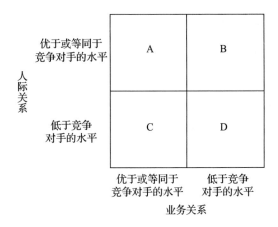

图 6-3　业务关系与人际关系矩阵图

4. 关系状态的变化

关键客户经理需要定期考察什么时候是变更企业与关键客户关系的正确时间。我们在前面提到,从广泛的层面上说,企业与关键客户的关系可以在三个维度上变化——是否运行客户分级系统、关系的密切程度、地域级别。

(1) **是否运行客户分级系统**。企业可以运行客户分级系统,使用预先确定的标准将每个关键客户归入特定的等级——企业在资源和其他利益的分配方面会区别对待不同等级的客户。企业基于关系评估的结果可以将某个关键客户提升到更高等级(可以获得更多资源)或者降低至更低等级(只能获取更少的资源),或者彻底取消其关键客户的资格。

(2) **关系的密切程度**。企业与关键客户的关系可以在供应商、优质供应商和合作伙伴这三个维度中变化。关键客户经理需要考虑是否应该改变企业与某关键客户关系的密切程度。

(3) **地域级别**。很多企业都实施了全国关键客户管理计划,此类计划中的关键客户管理部门位于全国层面上。随着全球化的加剧和关键客户组织结构全球化的不断发展,企业与关键客户之间基于全国或区域客户计划的沟通交流可能无法再满足关键客户的需要，而沟通交流的不足很可能导致意想不到的负面后果。

案例6-8	欧洲一家大型跨国化工企业在欧洲范围内实施了欧洲关键客户管理计划，在美国实施了全国关键客户管理计划，两项计划几乎是相互独立的。该企业负责实施欧洲关键客户管理计划的部门与欧洲一个重要的关键客户签署了一份长期合同，合同内容涵盖了欧洲（主要的业务基地）与美国地区的产品供应和定价。美国分公司虽然没有参与合同的制定，但是必须遵守其条款的规定。合同生效后，美国分公司的产品供应受到了限制，其不得不置自己的美国关键客户于不顾而优先满足签署合同的欧洲关键客户在美国不断增长的需求，并且必须给予欧洲关键客户低于它们自己的最佳关键客户的价格。结果，这家欧洲大型跨国化工企业美国分公司的净利润几乎为零！

对于某个具体的关键客户，企业面临的关键问题是：企业是否应该在全球层面上管理这个客户？一般来说，企业在引入全球关键客户管理系统之前必须评估引入这个系统的时机是否合适。

6.2.3　企业行为评估

关键客户管理流程并非存在于真空环境中——关键客户经理必然会在某种商业环境下执行这一流程，而企业高管人员在这样的商业环境中会做出一系列的战略决策和组织决策。其中，战略决策包括企业并购等重要的资源转移决策、资产剥离决策、合资经营决策，以及研发计划、新产品推广、加强国际化和进入新市场等决策；组织决策包括地理定位、直线型组织结构、报告责任、信息系统、薪酬系统等方面的决策。企业可以在企业层面、业务单位层面和相关职能部门层面做出决策。

作为供应商企业自身分析的组成要素之一，关键客户经理应当评估企业的战略和组织决策，并基于评估结果为企业与关键客户的关系建设给出行动建议。当然，关键客户经理应在整个运营周期内进行实时的供应商企业自身分析并采取合理的行动。但是，在关键客户方案的规划过程中，关键客户经理应当对从上一个规划周期开始并延续至今的重要行动进行正式的审查。

此外，只对企业以往的行为进行分析是不够的，关键客户经理在制订关键客户方案时必须考虑企业当前和未来的行动。对于很多企业来说，关键客户方案是规划流程的一个组成要素，其他要素可能包括企业的整体方案、业务单位方案以及相关职能部门的一系列方案，例如市场营销计划、业务操作计划和人力资源计划等。此外，很多企业层面的方案是由成套的业务单位方案加上一定程度的企业方案组成的，因此当关键客户拥有多个业务单位时，关键客户方案必须与这些业务单位的方案相适配。

关键客户经理必须对企业层面、业务单位层面和相关职能部门层面的方案（特别是市场营销方案）进行充分理解。当然，如果这些方案与关键客户方案是同时制订的，那么关键客户经理必须采取措施以确保企业层面和业务单位层面的方案与关键客户方案的制订思路一致。反过来，关键客户经理在制订关键客户方案的过程中，应当为企业层面和业务单位层面的方案的制订提供重要的意见和建议。

如果企业在业务单位层面实施关键客户管理，那么关键客户经理必须考虑到兄弟业务单位与本业务单位关键客户之间的关系，关键客户经理可以在与关键客户打交道的过程中积极地利用这些关系。但是，兄弟业务单位不够优异的表现可能给关键客户经理与关键客户的关系造成负面影响。在任何情况下，关键客户经理都应积极地探查这些其他层面的企业与关键客户关系的本质，并利用这些关系来影响企业与关键客户的整体关系。显然，当业务单位层面上存在多重的企业与关键客户的关系时，企业有可能需要在更高层面上建立其与关键客户的关系。

6.2.4 资源可获取性评估

企业通过向关键客户分配各种类型的资源来获取关键客户的业务。关键客户经理必须对企业满足关键客户需求的能力进行认真严谨的评估，包括对企业绝对能力的评估，也包括与竞争对手相比的能力的评估。关键客户经理对相关业务单位和职能部门的方案的充分了解将有助于他们完成这项评估。关键客户经理应尝试制作由成功获取关键客户业务的关键性与供应商企业能力组成的 2×2 矩阵图（见图 6-4）。

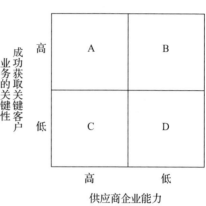

图 6-4　成功获取关键客户业务的关键性 / 供应商企业能力矩阵图

关键客户经理应回答以下问题。

- 企业在满足关键客户需求方面具有怎样的能力和局限？限制企业保持 / 扩大与关键客户业务的最关键的弱点是什么？
- 企业对关键客户所需资源的分配是否符合企业总体的市场营销战略？
- 企业以往曾计划对关键客户实施怎样的行动计划？这些行动计划是否得到了充分实施，取得了怎样的成效？
- 企业是否拥有足够的产能满足关键客户的需求？产能瓶颈在哪里？
- 企业的哪些新产品会影响企业与关键客户的业务？产品交付、客户服务等企业方面的任何变化是否有可能对关键客户产生影响？

6.2.5 小结

在供应商企业自身分析的部分,我们论述了四个相互关联的问题。首先,我们关注了企业面对关键客户的历史绩效;其次,我们评估了企业与关键客户的关系,包括客户满意度和企业与关键客户关系的两个组成部分——业务关系和人际关系;再次,我们评估了企业行为;最后,我们论述了资源的可获取性。

本节是关键客户现况分析的最后一个部分。关键客户分析、竞争分析和供应商企业自身分析为我们确定重要的规划假设、评估企业与关键客户关系中的机会和威胁奠定了基础。这些机会和威胁反过来可为我们确定关键客户战略的方向。我们将在第 7 章对关键客户战略进行论述。

6.3 规划假设

规划假设是对基于现况分析可能实现的未来的预测,是对众多关键问题的综合,这些关键问题组成了关键客户经理构建其整个关键客户战略的基石。规划假设特别关注关键客户经理及其管理团队无法控制的未来情景或状况,这些情景或状况是否会真的发生将在很大程度上影响企业对关键客户的绩效。

规划假设可能涉及现况分析三大分析内容中的任何一个——关键客户、竞争对手、供应商企业自身。

(1) **关键客户假设**。

- 关键客户在未来两年中在某个市场中的市场份额将从 25% 增长到 35%。
- 与企业保持了良好关系的关键客户的重要工作人员将在未来至少两年内保有目前的职位。

- 关键客户将在未来 18 个月内启动一项重大的战略采购计划。

（2）**竞争对手假设**。

- 企业的主要竞争对手的关键客户经理将在明年 3 月之前退休。
- 企业的三个主要竞争对手至少在未来一年中都无法达到企业产品的质量水平。
- 企业的主要竞争对手不会增加其关键客户管理团队的职权。

（3）**供应商企业自身假设**。

- 企业的新技术可以在明年 6 月之前投入使用。
- 计划中的企业与 Y 公司的合并将最终完成，这将使企业能够使用有助于其自身赢得竞争的一体化的订单/交付系统。

6.4 机会和威胁

确定机会和威胁的目的在于评估企业从关键客户那里实现销售收入的潜力。确定机会和威胁是制定关键客户战略的基础，因为我们对战略的设计通常以利用机会和遏制威胁为目标。我们对机会的定义是企业可能获得潜在业务的情况，对威胁的定义则是企业可能失去当前业务的情况。

我们可以从产品、应用需求和组织单位这三个方面有效地确定企业从关键客户那里获得销售收入的来源。为了便于分析，我们对当前业务和潜在业务进行了区分：企业的当前业务来自关键客户现有的组织单位为满足现有的应用需求对企业现有产品的使用；企业的潜在业务则有可能涉及新的产品、新的应用需求和新的组织单位。

我们用一个包含 8 个区域的矩阵图展现了完整的机会和威胁组合，图中以现有的和新的产品、应用需求和组织单位作为区分点（见图 6-5）。企业在 1 区获得当前业务，在其他七个区域获得各种类型的潜在业务。企业在经营中应努力保护和扩大当前业务，并争取新的业务（潜在业务）以确保实现销售收入。

组织单位		产品			
		现有的		新的	
		现有的	新的	现有的	新的
应用需求	现有的	1	2	3	4
	新的	5	6	7	8

图 6-5　确定机会和威胁

6.4.1　保护和扩大当前的业务

保护和扩大当前业务的可能性只存在于图 6-5 的 1 区中。

现有产品 / 现有应用需求 / 现有组织单位（图 6-5 的 1 区）。企业在接下来的经营中获取当前业务的能力受两大外部因素的影响——关键客户的需求动向和竞争对手的活动。

（1）**关键客户的需求动向**。关键客户的需求归根结底与其目标市场的情况相关，而目标市场的情况受对关键客户产品的潜在需求的影响，也可能与关键客户和其竞争对手的销售努力相关，与关键客户能否在市场上战胜其竞争对手相关。关键客户的目标市场情况可能导致关键客户采购供应商企业产品的引申性需求出现增长、保持稳定或有所减少。

（2）**竞争对手的活动**。企业争夺关键客户现有组织单位为满足现有应用需求而对企业现有产品的使用的竞争，预计在未来会从弱逐渐变强。

关键客户经理可以从业务趋势 / 竞争优势矩阵图（见图 6-6）中了解企业在当前业务上面临的机会和威胁。我们可以看到，该矩阵图中有很多位于空心圆之内的实心圆。以下信息将帮助我们理解该矩阵图。

- 横轴表示关键客户的特定组织单位为满足特定的应用需求的需求动向,即业务趋势。
- 竖轴表示关键客户经理对企业在争取关键客户业务中的竞争优势的评估。
- 空心圆表示关键客户的特定组织单位为满足特定的应用需求对特定产品种类(a Particular Product Type for a Particular Application at a Particular Organization Unit,PAO)的采购总量(圆圈越大表示采购总量越大)。
- 实心圆表示供应商企业实现的 PAO 销量。
- 实心圆占空心圆的比例表示供应商企业的市场份额。
- 空心圆减去实心圆的部分表示供应商企业竞争对手的销量。
- 空心圆被实心圆占满表示供应商企业获得了关键客户全部的 PAO 业务。

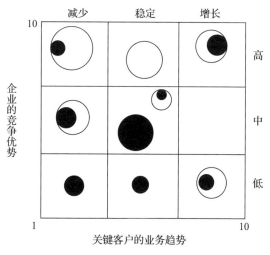

图 6-6 业务趋势/竞争优势矩阵图

消除对当前业务的威胁。我们在图 6-6 中用实心圆表示供应商企业与关键客户的当前业务。这个矩阵图给出了有关当前销量、未来可能的需求动向和竞争优势的信息，这些信息将在很大程度上帮助供应商企业决定应消除哪些威胁以及如何对各项业务分配资源。

扩大当前业务。供应商企业可以通过两种方式扩大当前业务。第一，供应商企业可以在 PAO 业务不断增长的情况下保持在 PAO 业务上的销量份额（表现为矩阵图中横轴上的变化）；第二，供应商企业可以在 PAO 业务保持稳定或者不断增长的情况下抢夺竞争对手在 PAO 业务上的销量份额（表现为矩阵图中空心圆减去实心圆的部分）。

6.4.2 争取新业务

当一项业务涉及供应商企业的新产品、关键客户新的应用需求或者关键客户新的组织单位时，这项业务可以被定义为新业务。当然，对供应商企业来说，新业务可能是其直接或间接竞争对手与关键客户的当前业务（请参考图 6-5）。

现有产品 / 现有应用需求 / 新组织单位（图 6-5 的 2 区）。供应商企业有机会扩大关键客户内部其他组织单位对产品的应用需求。企业对关键客户的销售通常是连续的：企业解决关键客户组织单位中一个子单位的应用问题将实现对组织单位中另一个面临同样应用问题的子单位的销售。

现有产品 / 新应用需求 / 现有或新组织单位（图 6-5 的 5 区和 6 区）。在为关键客户解决应用问题的过程中，供应商企业会逐渐意识到还可以帮助关键客户解决其他的应用问题。供应商企业有可能发现，关键客户现有组织单位对其当前购买的现有产品的新应用，以及关键客户中其他组织单位购买现有产品进行新应用的可能性。

新产品 / 现有应用需求 / 现有或新组织单位（图 6-5 的 3 区和 4 区）。供应商企业可以用新产品替换现有产品，以此加强其在关键客户现有组织单位业务中的竞争优势，以及促使关键客户中目前没有与供应商企业建立业务关系的其他组织单位应用这种新产品。

新产品／新应用需求／现有或新组织单位（图 6-5 的 7 区和 8 区）。供应商企业有可能通过为关键客户现有／新组织单位的新应用需求提供新产品来扩大与关键客户之间的业务。

以上的选项组合表明了企业有多大的机会能够从关键客户那里获得更多的销售收入，也表明了企业在多大程度上面临失去当前业务的威胁。关键客户经理必须对利用哪些机会和避开哪些威胁做出决策。

关键客户经理应当制作一个表格，汇总在付出一般水平的努力的情况下，企业在接下来的运营期间内可能实现的销售收入和成功的概率，并将这个表格作为决策的辅助工具。综合所有这些数据，可以生成对企业获得的关键客户业务的预期价值（见表 6-5 示例）。预期价值的信息可以作为宝贵的判断工具，用于探究为不同的机会和威胁分配不同水平的资源能够带来怎样的价值。随着战略制定工作的深入，关键客户经理将为每项机会和威胁确定工作重点（见表 6-5）。这项分析可以为战略制定提供很好的信息参考，还可以使企业高层管理者确保企业在关键客户层面上的工作重点与整个企业更高层面上的工作重点相一致。

表 6-5 关键客户业务的预期价值

	实际销售收入（a，百万美元）	潜在销售收入（b，百万美元）	成功概率（c）	销售收入的预期价值（$b \times c$，百万美元）	供应商企业的工作重点
当前业务（1 区）：持续业务	15.5	13.30	0.9	11.97	10
减去当前业务——潜在的业务损失	—	(1.5)	0.5	(0.75)	9
加上当前业务——潜在的业务扩大	—	4.5	0.8	3.60	9
新业务（2 区）：现有产品／现有应用／新组织单位	—	2.3	0.3	0.69	2
新业务（5 和 6 区）：现有产品／新应用／现有或新组织单位	—	1.2	0.2	0.24	5

(续)

	实际销售收入（a，百万美元）	潜在销售收入（b，百万美元）	成功概率（c）	销售收入的预期价值（b×c，百万美元）	供应商企业的工作重点
新业务（3和4区）：新产品/现有应用/现有或新组织单位	—	2.2	0.3	0.66	4
新业务（7和8区）：新产品/新应用/现有或新组织单位	—	4.2	0.4	1.68	1
总计	15.5	26.2		18.09	

注：最后一列数字以10分制评分，1分＝重要性最低，10分＝重要性最高。

6.5 总结

我们在第5章和第6章论述了对关键客户的现况分析。在第5章中，我们列述了关键客户分析的组成要素。在第6章中，我们论述了竞争分析和供应商企业自身分析，完成了现况分析中分析部分的内容。然后，我们关注了规划假设以及对机会和威胁的确定。这些内容为我们制定关键客户战略奠定了基础。我们在第7章将以关键客户战略为论述主题。这三章都涉及关键客户方案的制订。本书末尾的附录列出了一个关键客户方案的大纲可以供企业参考使用。

第5章和第6章的内容非常广泛，甚至可以说是无所不包，事无巨细。读者可能会问："是否有必要对每个关键客户都完成所有这些工作？"

这个问题会把我们带回对80/20法则和关键客户价值的讨论中。如果失去当前的关键客户会给企业带来很大的伤害，或者获得潜在的关键客户能够为企业带来很大的价值，那么对这个关键客户进行全面的现况分析、制定规划假设并认真谨慎地确定企业面对的机会和威胁无疑是值得的。

关键客户经理需要清楚的是，企业获取关键客户业务的能力取决于企业能否制订清晰的行动计划并严格执行所有的细节要求——企业无法达到其中的任何一项细节要求都有可能使所有其他的努力付诸东流。例如，关键客户经理可能会无法确定主要的影响者，无法了解关键客户市场的重要趋势；关键客户经理可能既无法知晓竞争对手是否正在开发新产品以淘汰自身企业当前销量最好的产品，也无法意识到自身企业的账务系统给关键客户的会计部门造成了严重的麻烦。如果不进行深入分析，关键客户经理可能会对关键问题的症结所在一无所知。

KEY ACCOUNT
MANAGEMENT
AND PLANNING

第 7 章

关键客户方案规划：关键客户战略

关键客户经理在制定关键客户战略的过程中应当着眼于企业未来的长期发展——关键客户是企业客户群中在当前（和未来）能够给企业带来80%业务但数量只占20%的那部分客户。如果以短视的眼光来看待关键客户，可能会给企业带来意想不到的灾难。因此，关键客户经理应当着眼于未来制定长期的关键客户战略。这里所说的"长期"可以是两年、三年或五年，但时间长短并不是最重要的，最重要的是必须避免让短视思维限制了战略眼光。

在本章中，我们会在关键客户关系获得广泛而全面的关注的背景下制定关键客户战略。这种全面的关注包括确定关键客户管理计划的愿景和使命，而这类愿景和使命为企业对关键客户的资源分配设定了大致的系数。关键客户战略本身包含几个相互关联的要素——绩效目标、战略重点、定位、行动计划、对资源投入的一致意见、预算和预测等。虽然我们在本章对各项要素分别进行了论述，但是企业应通过一个反复调整的完善的循环过程确保所有要素的内部相容性，并确保所有要素都是从企业的现况分析中理性获得的。

除了制定具体的关键客户战略，我们还在本章论述了关键客户方案制订过程中的其他几个问题——关键客户方案的内部相容性、对关键客户方案的交流、确定现况分析中的信息差，以及针对具体的关键客户制订的不同的关键客户方案所共有的问题。

7.1 关键客户管理计划的愿景和使命

如第 2 章所述，**关键客户管理计划的愿景**是描述企业从长远角度希望如何与关键客户打交道的纲领性的陈述。愿景比使命（在下面论述）的基调更高，可以作为企业与关键客户相处的行为指南。如前所述，企业有时会对所有客户制定统一的愿景陈述，有时也可能针对具体的关键客户制定单独的愿景陈述。

> **案例 7-1** 一家工业气体公司为它的一个全球关键客户制定了一项愿景陈述：我们应当帮助 ××× 公司利用我们广阔的市场开发/销售资源，参与我们的技术开发项目，提升其制订整体解决方案的能力，从而帮助其扩大与钢铁行业的交流互动，增强其市场渗透，提高其更好地对客户需求做出响应的能力。

更多关键客户管理计划的愿景的案例请见第 2 章。

相比于粗线条的关键客户管理计划的愿景，**关键客户管理计划的使命**对企业想要建立业务往来的关键客户的业务单位/部门，以及企业希望提供的产品和服务，都给出了更加具体的陈述。特别地，关键客户经理必须清楚地说明将把关键客户的哪些业务单位/部门设定为销售收入的目标来源，以及将放弃哪些业务单位/部门的业务。

在通常情况下，企业倾向于从关键客户的某些业务单位/部门获取当前业务，从其他一些业务单位/部门争取潜在业务；还有一些业务单位/部门对企业来说业务潜力有限，难以引起企业的兴趣。举例来说，通用电气的一家供应商当前与通用电气的家用电器部门有业务往来，并将通用电气的金融服务公司设定为开拓新业务的目标；同时，该供应商可能放弃通用电气喷气发动机部门、电力部门和机车部门的业务。

此外，拥有多元业务的企业可能会希望同时与关键客户的不同业务单位/部门合作，向它们供应不同的技术和产品系列，这将形成具有多面性的相当复杂的关键客户管理计划的使命。例如：H 企业向关键客户的 A 部门和 E 部门提供各种创新性的塑料技术，同时向关键客户的 B 部门和 K 部门供应传统的人造纤维产品。

关键客户管理计划的使命非常关键的意义在于其确定了企业争取关键客户业务的战场。关键客户管理计划的使命是具有包含性的，至少它含蓄地为关键客户经理指明了寻求业务的目标；同时，它是具有排除性的，它确定了关键客户经理不应寻求业务机会的业务单位/部门。

关键客户管理计划的使命的内容会随时间的推移而演变，但在通常情况下，关键客户管理计划的使命比关键客户战略（请见下面的论述）的有效时间更长。近年来，产品质量的普遍提高导致很多行业中竞争者之间的质量差异被消弭。其结果是，很多企业通过扩展其关键客户管理计划的使命的内容，以及在供应产品时融入服务元素以增加客户附加值来寻求竞争优势。

7.2 关键客户战略

如前所述，关键客户战略的质量取决于现况分析的水平。使用不完备的数据和/或分析不充分，都可能生成不严谨的分析结果，从而很可能导致基于该分析结果制定的关键客户战略在实施时产生不良的后果。

完整的关键客户战略主要包括六个重要的组成要素，分别为：①绩效目标；②战略重点；③定位；④行动计划；⑤对资源投入的一致意见；⑥预算和预测（见图 7-1）。

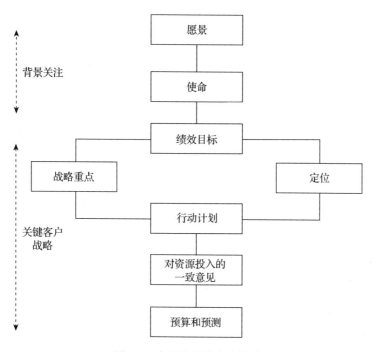

图 7-1 完整的关键客户战略

关键客户战略通常包含多个组成要素,每个组成要素都与关键客户管理计划的使命的不同部分相对应。在上面的 H 企业例子中,其关键客户经理至少需要掌握关键客户战略的两个组成要素,分别对应关键客户管理计划的使命中提供创新性的塑料技术和供应传统的人造纤维产品的部分。本章剩余部分将重点论述关键客户战略中单个组成要素的制定。

7.2.1 绩效目标

绩效目标具体说明了企业希望从关键客户身上获得的业务成果。对这些目标的设定涉及以下三个重要问题。

(1)绩效目标并不是单维度的。在通常情况下,针对关键客户设定的绩效目标只是以销量增长水平或百分比的形式来表述的。在不同情况下,诸如利润率、毛利润或者占关键客户相关业务的比例等绩效维度可能更加重要。

（2）绩效目标可能会相互冲突。当关键客户经理必须面对多重目标时，这些目标很可能相互冲突。举例来说，销量实现增长很可能源于资源分配成本的增加，但这会降低利润率。作为绩效目标设定过程的一部分，关键客户经理必须为相互冲突的绩效目标确定优先级。如果企业面对关键客户时的大环境是有利的，并且企业的行动计划可以成功实施，那么企业有可能同时实现几个看上去似乎相互冲突的目标，例如销量增长和利润率增加。尽管如此，企业高层管理者必须对哪个（些）目标应作为必须实现的首要目标，以及哪个（些）目标是希望实现但重要性低于首要目标的次要目标做出判断。

（3）绩效目标包括两个不同的维度——战略维度和业务维度。我们在设定绩效目标的实际过程中可能会犯两个概念性的错误：第一，绩效目标通常是由高层管理者设定的；第二，绩效目标通常是定量的。收到高层管理者下达的绩效目标的部门或个人往往会提出这样的问题：高层管理者是否选择了正确的绩效维度？虽然高层管理者可以将绩效目标设定为某关键客户在未来一年中的采购量增长15%，但是将采购量设定为绩效目标可能不如将利润率增长设定为绩效目标更为合适。如果不能清楚地区分两种类型的绩效目标——战略性目标和业务性目标，很可能会引发一系列的问题。

战略性目标确定了企业与关键客户关系的发展方向。这种类型的目标具有定性和定向的性质，通常以销售额或销售额增长率、企业占关键客户业务的比例、利润率等为关注点（不涉及具体数字）。

业务性目标是量化的并且具有时间限制的目标。

区分这两种类型目标的重要原则是：战略性目标不包含任何数字或时间规定；有关"多少"和"某某时间之前"的问题属于业务性目标的范畴。企业在提出"多少"和"某某时间之前"等相关问题之前应该首先明确战略性目标。如果企业错误地选择了绩效维度，那么基于这个绩效维度设定精确的量化目标将肯定是有害而无益的。

另外，从逻辑上说，企业应先设定战略性目标，然后制定业务性目标。

为了加以说明，我们在下面给出了一家企业 M 对两个具体的关键客户设定的切实可行的**战略性目标**。

- 我们对江森自控公司设定的首要目标是增加销售额。
- 我们对霍华德机械公司设定的首要目标是提高利润率。

设定战略性目标后，该企业使用了以下表述形式设定了**业务性目标**。

- 我们对江森自控公司设定的首要目标是在 ×××× 年之前使销售额从 250 万美元增长到 350 万美元。
- 我们对霍华德机械公司设定的首要目标是在 ×××× 年之前使利润率从 25% 提高到 30%。

无论如何，这些目标都应当是务实的、可实现的，并符合现况分析的结果。对于当前能够带来巨大销量但未来增长潜力有限的关键客户，企业应设定以保持现有销售收入为核心的目标——**防御型目标**。相反，对于当前销量低但是具有很大的增长潜力的关键客户，企业应设定以给予这些客户更多投入为核心的目标——**进取型目标**。

7.2.2 战略重点

战略重点包含了一系列广泛的行动方案，关键客户经理可以从中选择最合适的行动方案以完成对关键客户设定的绩效目标（见图 7-2）。通常来说，这些行动方案可以归为以下两类：①保持和增加销售额，②提高关键客户利润率。下面，我们分别进行具体讨论。

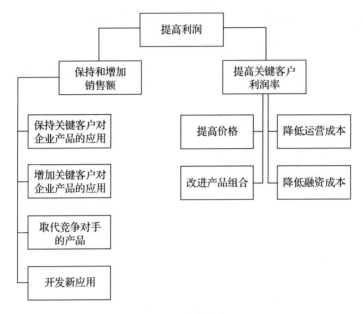

图 7-2　战略重点

1. 保持和增加销售额

我们在第 6 章中给出了一个包含 8 个区域的矩阵图（见图 6-5），旨在对企业与关键客户关系发展中的机会和威胁进行概念性的讲解。该矩阵图涵盖了企业为满足关键客户现有 / 新应用需求向客户现有 / 新组织单位供应现有 / 新产品的各类具体情况。简单说来，企业只能通过以下四种方法实现保持和增加销售额的目标。

（1）**保持关键客户对企业产品的使用**。企业应专注于当前与关键客户进行的业务，需要击退那些试图对关键客户开展销售的竞争对手。

（2）**增加关键客户对企业产品的使用**。关键客户经理应重视关键客户当前对企业产品的使用，但是也应寻求增加对关键客户现有 / 新的组织单位的销售。如果关键客户当前只在有限的几个部门使用企业生产的产品，那么企业的战略重点可以设定为将企业的产品使用范围扩展到关键客户的其他部门。

（3）**取代竞争对手的产品**。关键客户经理应设法将竞争对手的产品替换为能够满足同样应用需求的企业自身的产品，并劝导关键客户更换供应商。

（4）**开发新应用**。关键客户经理应为企业的产品和/或技术开发新应用。新应用的开发应面向广大的关键客户，这些应用对于关键客户来说可能是新的，也可能不是。

企业可以使用以上一种或多种可用的行动方法保持和/或增加销售额。关键客户经理应制订具体的行动计划以完成这项工作。

2. 提高利润率

企业可以从以下四个相互独立的广义的行动方案中选择一个或多个来提高企业在关键客户身上的利润率。在这四个备选方案中，有两个方案以增加销售收入为关注点——提高价格和改进产品组合，还有两个方案以降低成本为关注点——降低运营成本和融资成本。

（1）**提高价格**。提高价格是提高利润率最简单的方法，但是这种方法可能很难落实，因为关键客户往往会抵制涨价行为。因此，企业应当非常谨慎地筹划涨价行动，以避免对企业与关键客户的关系造成负面影响。

（2）**改进产品组合**。向关键客户销售利润率更高的产品是企业提高利润率的重要方法。对关键客户需求的深入了解可以使企业在提高利润率的同时向关键客户提供具有更高价值的产品/服务。

（3）**降低运营成本**。企业服务关键客户的过程会产生可变成本和固定成本。原材料成本、直接劳动力成本和运费构成了部分的可变成本，而售后服务、技术支持和管理支持等都是成本固定的活动。关键客户经理面临的挑战是在不减少向客户传递的价值的前提下降低这些成本。

（4）**降低融资成本**。企业服务关键客户的过程还会产生两种主要的融资成本——库存成本和应收账款成本。企业可以通过改进生产和交付流程

（例如采用即时交付管理程序）来降低库存成本。缩短账期能够帮助企业降低应收账款成本。

企业可以选用以上四个行动方案中的一个或多个来提高利润率。关键客户经理应做出合理的选择并制订具体的行动计划供企业实施。

3. 将战略重点与绩效目标相关联

通过将保持和增加销售额与提高利润率这两个战略重点相关联，企业将获得八个（并且仅有八个）可用于实现绩效目标的行动方案选项。粗略地考察这些选项后，我们会发现有些行动方案是无法相容的。例如，企业很难在取代竞争对手产品的同时提高价格，或通过减少技术支持来降低成本。关键客户经理面对的核心问题是：**企业应关注哪个（些）行动方案？**

这个问题的答案可以从绩效目标中寻找。

如果把增加销售额和提高在关键客户业务中所占的比例设定为首要目标，那么企业应特别关注四个增长性的行动方案——保持/增加关键客户对企业产品的使用，取代竞争对手的产品，开发新应用。此时，关键客户经理应对与提高利润率相关的四个行动方案给予较少的关注。

相反，如果把提高关键客户业务利润率设定为首要目标，那么企业应采取提高价格、改进产品组合、降低运营成本或融资成本这四项措施。此时，关键客户经理应对旨在增加销售额的四个行动方案给予较少的关注。

如果企业将赚取利润作为核心目标，那么关键客户经理必须小心权衡对这八个行动方案的选择。

显然，战略重点的陈述必须与绩效目标密切相关。下面，沿用上面的企业 M 的例子。

（1）**绩效目标**。在××××年之前使企业对江森自控公司的销售额从 250 万美元增长到 350 万美元。

- **战略重点**。取代竞争对手在 Jackson 程序中应用的产品，确保企业为新的 Lehmann 程序供应的产品可获得江森自控公司的认可。

（2）• **绩效目标**。在 ×××× 年之前使企业对霍华德机械公司的利润率从 25% 提高到 30%。
- **战略重点**。在年底之前将企业产品的价格提高 5%，用高利润率产品替换选定的低利润率产品。

7.2.3 定位

在确定战略重点的过程中，关键客户经理需要针对关键客户选择综合的行动方案。相比之下，企业的定位工作对企业如何留住和/或获取业务做出了更加细致的论述。定位工作包含确定定位陈述、目标联系人、目标竞争对手和重要的有说服力的理由这几个方面。

1. 定位陈述

对定位（Positioning）的陈述旨在明确关键客户经理应如何设法影响关键客户，使它们做出对企业有利的行为。关键客户经理可以在对关键客户行为设定的多个目标中进行选择，其中有两个目标旨在使关键客户的采购决策对企业有利，有三个目标旨在使关键客户调整采购决策流程。

使关键客户的采购决策对企业有利的两个目标如下所示。

（1）**影响决策的标准**。此时，关键客户经理应专注于对关键客户做出采购决策的流程施加影响。这种方法在新的采购项目立项或者问题解决阶段的末期（第 5 章）特别有效，因为在这两个阶段，关键客户做出采购决策所遵循的标准通常都非常模糊，企业可以通过制定标准提供真正有意义的服务。同时，这些标准也会使企业受益并增加其获得订单的可能性。此外，企业对决策流程的各个参与方施加的影响也可能促成关键客户对采购决策标准进行修改。

案例 7-2　一家世界 500 强技术型企业将很多资源投入与关键客户合作开展的产品开发过程中。在这个过程中，这家 500 强企业主要由研发部门的工作人员与关键客户的研发工程师打交道。当关键客户下达采购订单后，这家 500 强企业的采购部门才开始接手与关键客户的沟通。由于双方研发人员前期就一起合作开发产品，这家 500 强企业赢得了竞争优势，最终成功获得了业务。

案例 7-3　施耐德公司非常注重与关键客户的合作，设有专门的技术和方案团队主攻设计院，争取让施耐德的技术和方案上图——如果可以上图，后面的工作就好做多了。

（2）**影响关键客户对各个采购方案的看法**。这个目标可能是定位陈述中最常见的一个目标。此时，关键客户经理应试图在既定的关键客户采购标准下证明企业的方案优于其他竞争对手。

只有在真正了解关键客户的需求、最看重的事项并了解竞争对手方案的情况下，关键客户经理才有可能正确地对应在哪些方面付出更多的努力做出决策。当然，关键客户经理可以使用多种方法使关键客户的工作人员确信自己企业的优势，例如查看绩效数据、进行产品测试和现场测试等。

调整采购决策流程。促使关键客户对其采购决策流程做出有利于企业的调整有如下三种方法。

（1）**影响采购决策的范围**。假设关键客户正在为具体的采购决策制订计划，企业通过说服关键客户扩大（或缩小）采购范围可以获取更有优势的竞争地位。

案例 7-4 欧洲一家电信公司的一个关键客户打算为自己的一个部门采购新的电话系统。这家电信公司的关键客户经理认为，自己企业的产品与竞争对手的产品相比不够高端和精细，因此，这位关键客户经理就努力说服该客户在做出这项采购决策时充分考虑整个组织机构的电话系统的需要——在这方面，这家电信公司可以提供优质的产品。与之相反，这家电信公司的主要竞争对手会努力缩小该客户采购决策的范围。

（2）**影响采购决策的时间**。相对的竞争优势不是绝对存在的，它在很大程度上依赖特定的时间。在上面的案例中，这家欧洲电信公司认为其新产品可以在一年内投入市场，并且将超越竞争对手的产品，因此，如果能够使关键客户推后决策时间对其是非常有利的。

案例 7-5 在一般情况下，关键客户在节假日前发标书或征求意见，在节假日后招标或定稿，都是有时间方面的考虑的——不是"你"就一定是"你"的"朋友"。

（3）**影响采购决策的参与者**。很多采购决策的决定需要经历漫长的过程并涉及很多不同的参与者——包括关键客户与企业的参与者。关键客户经理可以邀请关键客户和/或企业的工作人员参与决策的过程，并以此方式影响采购决策参与者们所扮演的角色。为了达到更好的效果，影响关键客户高级主管参与采购决策的时间可能是至关重要的——关键客户经理应该试图影响这样的时间选择。

案例 7-6 美国一家重要的化工企业的关键客户经理觉得，他与一个关键客户的重要合同可能无法续约，因为该关键客户新上任的采购主管似乎更倾心于这家化工企业的竞争对手——这位采购主管在上任前就与这家化工企业的竞争对手保持着密切的关系。为

> 了应对这一威胁，该关键客户经理邀请企业的高层管理者和关键客户的 CEO 都参与到采购决策中，而且，他还将这份重要合同的续约与其他几份即将续约的合同关联起来以增加自己的筹码，进而对采购主管施加有利于自身企业的影响。

2. 目标联系人

目标联系人是任职于关键客户公司（以及相关组织机构）的并且供应商企业认为有必要使其相信企业拥有优势的个人。关键客户经理可以从现况分析确定的众多决策者和主要影响者中选择这样的人。而且，关键客户经理不仅要确定他们是谁，还要确定他们任职的职能部门、职位和发挥影响的时间。

3. 目标竞争对手

在与企业争夺关键客户的所有竞争对手中，通常会有一两家比其他竞争对手更加重要，它们就是关键客户经理需要确定的目标竞争对手。关键客户经理必须确定目标竞争对手和相关的个人。确定目标竞争对手将有助于企业确定该如何接近关键客户。

4. 重要的有说服力的理由

重要的有说服力的理由是关键客户经理告诉关键客户必须按照定位陈述中列明的方式行动的核心原因。当关键客户经理尝试获取采购订单时，我们将关键客户希望从供应商企业而非目标竞争对手那里采购的主要原因称为"**关键购买理由**"（Key Buying Incentive）或者"**价值主张**"（Value Proposition）。

这是一个常见的对关键购买理由的陈述：我们应向关键客户证明它们的市场份额和利润率将增加。如果使用我们的设备，关键客户不仅能够提高产品质量、扩大市场份额，还能大大提高生产线的速度。

关键购买理由与采购活动能够为关键客户实现其目标做出的最主要的贡献有关。当然，在某些特定的采购活动中，有些个人（目标联系人）扮演着不同的角色，拥有不同的（但相互关联的）目标。因此，关键客户经理可能需要基于不同的目标联系人的具体需要给予他们不同的关键购买理由，举例如下。

- 当目标联系人是关键客户的总工程师时，关键客户经理给出的关键购买理由可以是："相比×××公司的设备，使用我们的设备作为动力装置的产品将展现出更加优越的性能。"
- 当目标联系人是关键客户的运营部副总裁时，关键客户经理给出的关键购买理由可以是："相比于×××公司的零件，使用我们的零件能够使贵公司生产线速度提高10%。"
- 当目标联系人是关键客户的市场部副总裁时，关键客户经理给出的关键购买理由可以是："贵公司与我们的品牌联合将大幅增加贵公司的销售额。"
- 当目标联系人是关键客户的CEO时，关键客户经理给出的关键购买理由可以是："我们高水平的服务和对产品性能的改进将不断降低贵公司的生产成本。"

换句话说，关键客户经理要有同理心（Empathy），要学会站在不同的目标联系人的角度思考他们最关心什么，并给出相应的关键购买理由。

接下来我们用一个简单的表来帮助我们理解定位的问题。表7-1体现了三个寻求获得关键客户业务的竞争者的情况（Ⅰ、Ⅱ、Ⅲ）。

竞争形势。关键客户确定了四个影响采购决策的重要的效益需求（A、B、C、D），它们的重要性排序为 A > B > C > D。

表 7-1　定位示例：3 个竞争者的情况对比

客户关注的效益需求	相对重要性排名	竞争者 I		竞争者 II		竞争者 III	
		效益需求	排名	效益需求	排名	效益需求	排名
A	1	A	1	A	2	A	3
B	2			B	1		
C	3			C	1	C	2
D	4	D	2			D	1

如表 7-1 所示，在关键客户最重要的效益需求 A 方面，竞争者 I 的表现优于竞争者 II，竞争者 II 的表现优于竞争者 III；在关键客户的效益需求 B 方面，竞争者 II 是唯一的提供者；在关键客户的效益需求 C 方面，竞争者 II 表现最佳，然后是竞争者 III，竞争者 I 则没有响应；在关键客户的效益需求 D 方面，竞争者 III 排名最高，然后是竞争者 I，竞争者 II 则没有响应。

竞争者 II 该如何定位？

竞争者 II 的困局。竞争者 II 在效益需求 A、B 和 C 方面的表现都优于竞争者 III，只在效益需求 D 方面逊于后者。考虑到效益需求 D 是重要性最低的，我们可以推断竞争者 II 的主要威胁来自竞争者 I。因此，竞争者 I 是竞争者 II 的目标竞争对手。竞争者 II 的难题来自：竞争者 I 在关键客户最看重的效益需求 A 方面的表现优于自己。

竞争者 II 可用的定位方法如下所示。

- 改变排名评分（即各竞争对手的排名评分）：劝说关键客户并使关键客户相信其对竞争者 I 和竞争者 II 在效益需求 A 方面的排名是错误的，竞争者 II 在效益需求 A 方面的表现实际上优于竞争者 I。
- 改变评判标准（即各效益需求的相对重要性排名，表 7-1 的第二列）：劝说关键客户并使关键客户相信其采用的评判标准不合理——效益需求的正确排序应为 B > A > C > D。基于这样的排序，竞争者 II 在客户最重要的效益需求方面上的表现会优于竞争者 I。

- 改单项效益需求为综合效益需求:劝说关键客户并使关键客户相信其不应该过于看重单项效益需求而应该为满足综合效益需求制定标准。由于竞争者 II 可以同时满足效益需求 A、B 和 C,其显然比竞争者 I 更优,即使竞争者 I 在单项效益需求 A 方面的表现更好。

竞争者 III 该如何定位?

竞争者 III 有多大的希望在竞争中获胜?答案是:希望不大!但是,更重要的问题是:既然竞争者 III 满足关键客户各项效益需求的能力都很差,为什么它会参与竞争?也许这个客户对竞争者 III 来说是为其带来 20% 销售收入但相关成本高昂的那 80% 的客户中的一个。如果是这样,竞争者 III 应当停止争取该客户业务的努力,并且把注意力放在更有吸引力的其他客户身上。

7.2.4 行动计划

关键客户经理应制订两种类型的行动计划:战略型行动计划关注企业的绩效目标、战略重点和定位;关系型行动计划关注企业与关键客户的关系。

1. 战略型行动计划

绩效目标、战略重点和定位在很大程度上只是概念性的,而行动计划将为企业实施关键客户战略确定具体应该采取的行动。在设计行动计划的过程中,关键客户经理必须判断其持有的目标是符合客户预期的还是超出客户预期的,能否为解决现有问题提供解决方案,以及/或者能否解决未曾遇到过的问题。

行动计划由两大部分组成——行动目标和行动步骤,其中行动步骤构成了必须完成的行动,并且明确规定了相应的完成时间。关键客户经理必须为不同的职能部门(人力资源部、市场营销部、品牌传播部、运营部、物流部、销售部和研发部等)制订具体的行动计划,以便从整体上实施关键客户战略。

当然,关键客户经理不应在真空环境中制订行动计划,而应当邀请关键客户的工作人员参与行动计划的制订并共同商定每组行动步骤应当取得的预期效果。

案例 7-7 一家大型林业公司会与每个关键客户联合制订行动计划,该公司标准的行动计划包含至少 34 页对每个客户的指引说明。

行动计划可以聚焦于取得近期或中期的销售收入,也可以聚焦于更长期的目标,例如发展企业与关键客户的关系——通过改善人际关系和/或联合开发技术来实现。

当然,关键客户经理通常不会从零开始制定战略,而会基于以往制定的战略和相关的行动计划开展工作。当关键客户经理制定新的战略时,企业很可能还在实施上一个战略的行动计划。企业应依据新的战略严格地审查现有的行动计划(必要时缩短时间),以避免资源浪费。

(1)**行动计划目标**。行动计划目标是连接战略重点、定位陈述与行动计划的关键纽带。关键客户经理可以选择要实现的战略重点和定位的不同的构成要素,以确定多个可行的行动目标。我们接下来讨论目标优先级、中间目标和阻碍因素。

目标优先级。由于受到资源的限制,关键客户经理必须对实现绩效目标的必要条件进行严谨的分析,然后确定目标的优先级。无疑,企业在短期内可以完成一些目标,但是还有一些目标需要付出长期的努力。而且,目标拥有不同的优先级。

- **高优先级目标**,即必须完成的目标,对关键客户管理团队成功履行职能至关重要。例如,使客户在战略应用上认可产品。
- **中优先级目标**,即重要的目标,但是关键程度低于高优先级目标。

例如，在中等重要的应用需求上取代竞争对手。
- **低优先级目标**，即重要性较低的目标，值得花力气实现，但是如果实现不了也不会有大的影响。

中间目标。在很多情况下，行动计划目标的实现不会直接为企业带来销售收入和利润，而只有当企业在竞争中取胜时，销售收入和利润才会随之而来。我们把这样的行动计划目标称为"中间目标"，并认可它们在企业行动最终促成关键客户的采购的过程中的作用。中间目标通常包括减少现场库存、改进客户服务、同意试验新产品和推广已批准的计划等。

当中间目标涉及关键客户的行动时，行动计划目标的实现往往能够取得更大的成效，例如，"关键客户将试用我们的新设备。基于我们新设备的优越性能，关键客户的总工程师将推荐使用此设备（而非竞争对手的设备）作为关键客户新产品的动力装置"。

这样的行动计划目标比以下行动计划目标更有力度："我们应当测试我们的新设备。测试结果将向关键客户的总工程师证明，关键客户的新产品若使用我们的新设备作为动力装置，将比使用竞争对手的设备具有更优越的性能。"

阻碍因素。除了确定行动计划目标并对它们进行分类之外，关键客户经理还应识别可能会阻碍目标实现的因素。关键客户经理必须牢记这些阻碍因素可能是外在的（来自关键客户），也可以是内在的（来自企业自身）。

关键客户经理列明阻碍因素时应该采用一种明确的"因果叙述"形式，举例如下。

- 由于市场在××××年对关键客户产品产生了高需求，预期关键客户将难以全面地试用我们供应的新材料。
- 由于先前缺乏经验，除非我们能够组建新的关键客户管理团队并使其充分就位，否则我们无法基于新的战略目标争取到关键客户的业务。

- 由于关键客户新上任的采购主管先前就与我们的主要竞争对手保持了非常好的关系，我们可能没有机会投标新的采购项目。

在制定针对关键客户的行动步骤的过程中，关键客户经理应努力消除（或减少）这些阻碍因素的影响（同时应努力增强有利因素的影响）。

（2）**行动步骤**。关键客户经理应设计具体的行动步骤（任务），以消除阻碍因素并实现行动计划目标。关键客户管理团队的成员应该养成为行动计划的每项目标都制定多个行动步骤选项的习惯，从而确保关键客户管理团队能够全面地考虑各种机会。关键客户管理团队应检验每个选项的合理性和所需的资源，并从中选择那些最少使用企业资源并最大程度地满足关键客户需求的行动步骤。

在确定具体的行动步骤之后，关键客户经理应针对各项行动步骤（任务）制定进度表，明确地规定任务开始和结束的时间并进行责任分配。这样的安排将获取来自企业与关键客户的任务参与方的承诺。

为更好地说明，举例如下。

①**行动计划目标**。关键客户将对我们的新设备进行测试。基于我们的设备的优越性能，关键客户的总工程师将推荐使用我们的产品而非竞争对手 Alpha 公司的产品作为新产品的动力装置。

行动步骤，如下所示。

- 第一季度：获得对我们的设备和 Alpha 公司的设备进行对比测试的批准。
- 第二季度：对测试标准形成一致意见。
- 第三季度：运行测试。
- 第四季度：评估测试结果；与关键客户进行讨论；获取首个订单。

②**行动计划目标**。关键客户的运营部副总裁认同与我公司进行品牌联合将大幅增加其销售额。

行动步骤，如下所示。

- 第一季度：设计消费者调研以检验双方品牌的联合度。
- 第二季度：对检验标准形成一致意见。
- 第三季度：实施调研；分析结果。
- 第四季度：公布结果；获取承诺。

关键客户经理必须确保自己企业的相关工作人员充分了解各项行动计划的细节内容，并与相关的关键客户的高管人员沟通以获得他们的认同。这样的沟通将帮助关键客户形成对供应商企业活动的预期，同时可使关键客户明确为使供应商企业顺利完成行动计划，其必须采取的行动以及采取行动的时间。

不管怎样，仅仅制订行动计划是远远不够的，关键客户经理和关键客户的高管人员必须共同确定测评和监督的办法。这些办法应关注企业与关键客户在执行行动步骤和实现行动计划目标过程中的表现。

2. 关系型行动计划

现况分析（第 5 章和第 6 章）的一项重要内容是确定重要的关键客户人员，并评估他们与供应商企业人员的个人关系的质量。关键客户经理应基于这项分析确定行动计划的目标，并落实一系列行动步骤以改进双方职业型或私人友谊型的人际关系。这项工作包括为加强供应商企业人员与关键客户人员之间的交流互动设计具体的活动。与其他行动计划一样，关键客户经理应当密切监测关系建设行动计划的成果。

有时候，企业可能需要将重要职位上的现有人员更换为与关键客户人员更加意气相投的人。有时候，与关键客户人员发展新的人际关系对企业来说可能更加有利，例如，当企业为关键客户任命新的高管支持者的时候。

关键客户经理可以采用扩展人际关系表（表 6-4）的方法制订人际关系建设计划。我们在表 7-2 中具体说明了这种扩展方法（表 7-2 比表 6-4 增加了右边两列，即行动计划目标和行动步骤）。

表 7-2 关键客户人际关系建设计划

关键客户人员（姓名，职位）	供应商企业人员（姓名，职位）	关系性质	行动计划目标	行动步骤
Tony Jackson, CEO	Mike Smith, 副总裁	相识，每年一起打一次高尔夫球	建立友谊	邀请 Jackson 参加 Smith 举办的 CEO 论坛
Tony Jackson, CEO	Alasdair Maclean, 研发部主管, 高管伙伴	亲密的朋友关系，大学校友，每个月都一起打网球	保持现有关系	不需要采取公司层面的行动
Anthony Benton, COO	David Lankester, 关键客户经理	良好的工作关系，共同执行项目	保持现有关系	不需要采取公司层面的行动
Peter Wilson, 采购主管	David Lankester, 关键客户经理	双方满意的工作关系，但由于 Wilson 的决策权有所减少，双方的关系日益紧张	充分了解 Wilson 在关键客户决策过程中作用的转变	基于全面的分析采取合理的行动；在下一步的行动中请高管伙伴加入行动
Winston Harris, 达拉斯地区采购专员	Gay Crossman, 达拉斯地区销售代表	良好的工作关系	建立友谊	Crossman 邀请 Harris 参加达斯地区的牛仔比赛
Edward Windsor, 研究科学家	Madge Wallace, 研究科学家	共同参加联合研究项目并建立了亲密的友谊	加深友谊	密切关注，Wallace 邀请 Windsor 参加家庭聚餐
George Hanover, 库存经理	Ellen Reed, 物流经理	糟糕的私人关系造成了紧张的工作关系	改善关系	指派其他人员接任 Reed 的职位
William Orange, 质量经理	没有指定的联系人	没有建立任何关系，供应商企业必须改变这样的状况	发展关系	指定联系人

7.2.5 对资源投入的一致意见

企业必须为关键客户分配资源，以完成战略型行动计划和关系型行动计划的各项必要的行动步骤，并持续保持企业与关键客户的关系。有些资源与关键客户经理采取的行动有关，或者会受到关键客户经理的指令影响。这些行动包括（但不限于）：拜访关键客户人员进行信息采集以制订或修改关键客户方案，确定具有关键影响力的人，建立和巩固私人关系，邀请对方参加高尔夫和娱乐活动等额外的工作应酬。

1. 支持系统的组成要素

很多必要的资源并不在销售团队或关键客户管理部门的掌握之中，而是由企业的支持系统所有。支持系统包括很多组成要素，列举如下。

- **信息系统**。包括订单、发票和报告等常规数据。例如，已下订单和用户安装情况的摘要信息，企业的设备在关键客户各个分厂的普查报告。
- **管理系统**。与信息系统相关，包括账单编制和应收账款系统。
- **现场和技术服务**。维修和保养设备，帮助客户更好地使用设备、原材料和零部件。
- **物流系统**。包括库存控制系统和操作运输系统，以确保及时准确地将产品交付给直接客户。
- **生产/运营管理部门**。负责产品和服务的质量；与物流系统合作以确保及时准确地交付。
- **应用工程部门**。该部门的工作通常包括一系列售前和售后活动。企业的应用工程师与关键客户的定制设计工程师、生产/流程工程师、采购专员以及生产/运营经理一起合作。
- **开发、设计和产品工程部门**。通常按要求为关键客户设计产品，或者为关键客户的客户设计融合了供应商企业产品的产品。

- **财务系统**。负责进行财务安排,如合同管理、租赁、日期记录和信用条款、财务审批等。
- **法务部门**。确保企业活动的合法性;制定产品责任和许可等法律约束文件。
- **控制部门**。负责分析关键客户的盈利性(利润率)。
- **销售开发部门**。制作销售工具,如试样、演示辅助工具等。
- **销售调查**。负责数据采集和分析以监测客户满意度。
- **高层管理者**。与平级的关键客户的高层管理者会晤,以展示企业服务关键客户的承诺和努力;参加复杂的谈判。
- **关键客户主管**、**关键客户政策小组 / 营销团队**。协调针对关键客户的战略和行动计划;在具体的定价等营销决策中,为各个关键客户管理团队提供支持。
- **供应商企业的供应商**。解决具体的问题,调查节省成本的可能和/或加强供应链的关系;召开包括供应商企业、关键客户和供应商企业的供应商在内的非常重要的三方会议。

关键客户经理必须获取各个支持团队的承诺和投入,从而在合适的时间为关键客户提供必要的资源。在一些情况下,关键客户经理能够准确地了解哪些资源是必须的;在另一些情况下,关键客户经理能够指定预期成果,但是必须与关键客户管理团队共同确定所需资源的确切性质。

案例 7-8 Nirco 公司(化名)的关键客户经理通过与其关键客户 Glassco 公司(化名)人员的广泛讨论得知,Glassco 公司在两年内需要大量的具有增值性的技术创新。这条信息为 Nirco 公司与 Glassco 公司技术开发部门为成功达到预期目标开展有关具体技术要求和资源分配的讨论奠定了基础。

不论由谁来决定哪些资源是必需的,关键客户经理都必须确定关键的参与人员——关键客户经理必须获得相关各方对他们自己的角色和职责的认同。关键客户经理的这部分工作内容通常充满了争议：在一个真正以满足客户需求为中心的外向型组织机构中获取资源已经是非常困难的事情了，而在一个尚未充分以客户为中心的更为内向的组织机构中获取资源将遇到难以想象的困难。

当关键客户是国外政府机构时，企业的支持系统可能会延伸至组织机构之外的多个政府部门。

案例 7-9 在克林顿总统的第一个任期内，美国商务部在美国企业获取大规模国外订单的过程中发挥了非常积极的作用。克林顿总统帮助波音公司谈妥了价值 60 亿美元的向沙特阿拉伯出口 61 架飞机的合同。随后，戈尔副总统在北京出席签约仪式，帮助波音公司和通用汽车公司获得了来自中国的价值约 20 亿美元的合同。

2. 支持系统的设计

企业究竟应在多大程度上为具体的关键客户调整自己的产品和服务，还是应该为所有关键客户提供相似的产品和服务？这是与支持系统有关的一个重大难题。支持系统本身需要花费高昂的成本，为具体客户定制支持系统的成本则更加高昂，因为企业需要为具体客户配置专门的技术服务/应用工程人员并做出特别的现场库存/交付安排。不管怎样，企业应当考虑为那些要求严苛的客户提供某种程度的定制化的支持系统，并将这项工作的相关支出作为长期投资而非短期成本，因为其能够提升企业整体竞争力。而且，这种定制化的支持系统最终也有可能构成企业与关键客户标准组合的一部分。显然，企业应根据每个客户的具体情况确定定制化的程度，同时考虑它们当前和潜在的盈利性。

支持系统的设计和运行将对关键客户带来的利润率（盈利性）产生重要影响。支持系统的维护和运营非常耗费成本，但是它们能够对销售收入产生直接的影响。有效的和具有良好响应性的支持系统能够增加供应商企业的竞争优势，并使它们获得优质供应商的地位。优质供应商若实现了更高的销售额，则表明其销售团队的工作效率有所提高。此外，劣势供应商往往需要面对这种情况：即使提供更好的价格，客户仍会择优（质量）进行选择。而优质供应商并不会遇到这种情况，同时，其管理自身产品组合的能力会相应得到加强。

支持系统对于关键客户经理来说特别重要，因为它们会直接影响关键客户经理做出承诺和兑现承诺的能力。当企业兑现承诺时，关键客户经理将赢得关键客户的信任和尊重。这样的信任和尊重将强化双方的关系并促使关键客户增加采购量，从而为企业带来更多的销售额和利润。同时，关键客户经理在企业的威望和职权也会增加，这使其能够为关键客户提供更高水平的服务，并使关键客户的采购量呈现可以自我强化的有效的螺旋式增长趋势。相反，如果关键客户经理无法做出和/或兑现承诺的话，这种螺旋式趋势将会向反方向发展。

此外，管理不善的支持系统可能会给企业造成巨大的成本浪费。举例来说，如果企业的定价机制不力，那么关键客户有可能凭借买方的垄断力迫使企业降低价格。又如，企业松懈的管理可能使优秀的关键客户经理无法为关键客户提供优秀的服务支持。

不论是从广义角度出发还是只针对支持服务，企业为服务关键客户做出的资源投入都会影响企业的利润率，因此，企业不应授予关键客户经理随意使用他们认为必要的任何资源的特权。这不仅是因为资源的使用成本高昂，还因为对关键客户经理不加鉴别地无限制地提供资源可能会纵容他们放弃自我发展的努力，例如获取关键性的知识和专业技能。

案例 7-10 曾在原来美国最大的商业银行之一美联银行（Wachovia Bank）⊖任企业银行管理部经理的 Richard Snelshire 向我们阐述了美

⊖ 该银行于 2008 年被富国银行收购。——译者注

联银行是如何处理产品管理支持部门中此类潜在问题的:"这个职能部门(产品管理支持部门)的人员配置水平只是达到了该部门处理非常困难和复杂的问题时所必需的水平。通常来说,我们希望客户经理能够了解我们的产品。实际上,我们通过提供少量的产品管理资源来推动实现这样的期望。产品管理经理由此认识到了该如何将资源分配到潜在收益率高的地方,并且,他们不会因为客户经理没有做好自己的功课而浪费时间来帮助他们处理初级的、最基础的事务。"

7.2.6 预算和预测

预算和预测是针对关键客户设定的详细的绩效要求与费用水平的组合,包括销售收入、占关键客户业务的比例、毛收益和/或利润贡献、费用支出、销售额费用比率等衡量指标(包括总体指标和按照产品或产品线、业务部门或应用需求等划分的指标)的绝对水平和变化趋势。预算和预测与关键客户战略中的绩效目标组合直接相关,但在内容上更加具体。实际上,它们被视为追踪企业在整个运营期间的绩效的管理工具。在通常情况下,企业会对年度预算和预测项目进行分解并按季度或月份做出详细的描述。

7.3 关键客户方案规划过程中的常见问题

我们在本节论述关键客户方案规划过程中的一些常见问题。

7.3.1 关键客户方案的内部相容性

关键客户经理在制订关键客户方案时,应进行一系列的相容性测试,以确保关键客户战略的各项组成要素能够相容成为一个整体。如果关键客户经理发现这些要素之间存在任何不相容的地方，就应当对关键客户战略进行修改。此时，关键客户经理应回答以下问题。

- 根据现况分析结果确定的关键客户管理计划的使命是否合适？
- 根据现况分析结果设定的绩效目标是否合理？
- 企业的战略目标是否与绩效目标一致？
- 我们制定的关键客户战略是否适合应对我们在现况分析中确定的机会和威胁？
- 我们确定的目标联系人是否与现况分析得出的信息一致？
- 我们制订的行动计划是否适合执行关键客户战略？
- 我们是否获得了必需的资源以实施行动计划？
- 我们是否制定了足够详细的预算和预测？这些预算和预测是否与绩效目标相容？

关键客户经理不仅应当在关键客户战略的制定过程中回答以上问题，还应当在关键客户方案制订接近完成时再次回答以上问题。

7.3.2 对关键客户方案的交流

对于关键客户经理来说，完成关键客户方案的制订是一回事，确保企业与关键客户的相关工作人员都能熟知关键客户战略和行动计划中那些他们需要了解的内容完全是另一回事。因此，关键客户经理必须对如何交流此类信息制定对策。这项对策应包含对以下几个问题的回答。

- 由谁负责接收关键客户战略的相关信息？
- 他们应当接收什么信息？
- 他们应当在什么时间接收信息？
- 他们应当以何种形式接收信息？

制定对策后，关键客户经理应确保以上答案得到贯彻实施。

7.3.3 确定现况分析中的信息差

关键客户经理需要使用大量的信息来完成关键客户方案的制订过程。事实上，随着过程的推进，关键客户经理应对获取必要信息的工作确定和分配责任。然而，无论关键客户经理领导的信息收集工作如何全面细致，当关键客户方案制订接近完成时，关键客户经理都很有可能发现在方案的制订过程中存在若干未能填补的信息差。因此，当关键客户方案的制订过程行将结束时，关键客户经理应明确这些信息差，并启动相关流程确保这些信息差在关键客户方案规划的下一个周期内得到弥补。

7.3.4 整合分析

在本章中，我们重点论述了企业如何为单个关键客户制定具体的关键客户战略。但是，企业的客户通常既包括数量众多的关键客户，也包括很多重要但非关键的客户。这样的客户组合对企业分配人力资源和其他资源提出了完全不同的要求。因此，企业能否成功实施针对单个关键客户的具体的关键客户战略，与企业为其他关键客户和非关键客户制定的战略有关，也与企业能够提供的总的资源组合有关。

为了使企业能够合理地分配资源，企业高管人员应审查每一项针对单个关键客户的具体的关键客户方案（可以由关键客户主管负责这项工作）。此外，企业的关键客户主管、关键客户经理、销售人员和其他相关的工作人员应开展多种整合分析，以确保具体的关键客户方案与企业的总体战略和资源分配决策一致。

企业应完成对以下要素的整合分析。

- **市场和细分市场的目标和战略**。确保整个关键客户方案组合与企业的市场战略和细分市场战略相容。

- **销量**。确保按照产品类别划分的预期销量与企业的预期产能相协调。产能短缺时期的产能分配是一项至关重要的工作：在通常情况下，企业必须对关键客户相对于所有其他客户能够分配到多少产能，以及关键客户群中的每个关键客户能够分配到多少产能做出判断。
- **资本**。确保资本（固定资本和运营资本）可以用于各种对关键客户的投资。
- **研发**。这是一个非常关键的要素，特别是在技术不断变革的飞速发展的市场中。不同的关键客户可能需要企业对其特定的研发项目付出有针对性的研发努力。
- **技术支持**。确保有充足的人手可以提供适当水平的技术支持。

当然，初步的整合分析有可能揭示企业没有充足的资源来满足关键客户方案和市场营销方案组合所确定的所有需求。关键客户主管可能需要与研发部门和生产部门等职能部门的主管共同为关键客户争取企业高层管理者的支持。不管怎样，关键客户主管会发现有必要对企业为具体的关键客户分配资源做出艰难决策。当然，也可能存在一项行动能够满足多个关键客户的需求从而有可能实现规模经济效应的情况。

整合分析的结果应该回馈给各个关键客户经理。之后，他们需要调整关键客户目标、战略和行动计划以确保三者在资源有限的条件下具有相容性。

7.4 总结

鉴于关键客户管理对企业未来的发展具有至关重要的意义，而关键客户方案规划是关键客户管理的基础，我们在本书中用整整三章专门讲解了关键客户方案的制订。我们在第 5 章和第 6 章关注了现况分析，在第 7 章论述了关键客户战略。本书末尾的附录列出了一个完整的关键客户方案大纲，可供企业在制订关键客户方案时参考。

企业应当在企业内部，特别是在关键客户主管的层面自上而下地推动关键客户方案的整个制订流程。关键客户主管应负责整个流程的规划，并确保依据约定好的框架和既定的时间表系统化地制订单项的关键客户方案。关键客户主管还应提供反馈信息并管理单项的关键客户方案的综合执行过程。

我们有必要使用一个通用的框架对多个具体的关键客户方案进行比较和整合分析，并依据既定的时间表评估这组关键客户的总的投资需求和对其他资源的需求。从这两项工作中获得的反馈信息，将有助于改进关键客户方案，并为关键客户经理提供必要的信息。对具体的关键客户方案的整合能够使企业对某些稀缺资源的稀缺程度是否正在加剧做出判断，并且企业会据此依据预先确定的标准在关键客户和其他客户之间对稀缺资源进行分配。

关键客户经理通常负责管理面向关键客户的管理流程。他们会设定目标期限、安排会议、管理日程表并与关键客户管理团队成员讨论确定工作任务的分配。尽管他们需要负责收集大部分的有关关键客户的材料用于现况分析，但是关键客户管理团队的其他成员也需要基于他们的岗位所对应的专业知识准备和提供关键信息。

- 市场部成员：提供关键客户市场、细分市场和竞争对手的数据，以及企业的市场细分战略。
- 财务部成员：提供企业的利润贡献和总销售额贡献的数据。
- 技术服务部成员：提供企业针对关键客户操作问题的潜在解决方案。
- 研发部成员：提供企业新产品的信息。

- 运营部成员：提供产能和质量水平信息。
- 客服部成员：提供服务交付水平信息。

对现况分析的准备本身就是一项非常有价值的实践活动。这项工作需要汇集大量的关键客户信息，也需要识别关键客户管理团队在制定关键客户战略前必须填补的重要的信息差。在这个过程中，关键客户管理团队的所有成员都应对关键客户形成非常全面的认识，这对企业和关键客户都是有益的。

关键客户管理计划的愿景和使命的确定以及关键客户战略的制定（包括确定绩效目标、战略重点、定位、行动计划，形成对资源投入的一致意见以及预算和预测）为关键客户经理指明了工作方向，使关键客户经理能够在企业的整个运营期间内更好地管理企业与关键客户的关系。这个过程对从拥有各种背景和岗位专业知识的人员中挑选团队成员并组建有效的关键客户管理团队也发挥了重要的作用。关键客户管理团队的所有成员在关键客户经理的领导下参与关键客户方案的整个制订流程将大大加强这个团队的凝聚力。在关键客户管理团队已经制定了关键客户战略并设计好了行动计划的情况下，团队成员应负责确保他们各自所在的职能部门能够为完成行动步骤提供必要的资源。

除了要确保关键客户管理团队的所有成员都能共同致力于承担在关键客户方案中分配给他们的职责之外，关键客户经理还肩负着获取关键客户业务的职责。在大多数成功的关键客户关系中，供应商企业都邀请了关键客户的工作人员参与其关键客户方案的制订过程。在极端情况下，关键客户和供应商企业双方的工作人员会联合进行现况分析并制定关键客户战略和行动计划。不论采用何种方法，获得关键客户的工作人员对旨在增进双方组织层面关系的一系列行动的认同显然都是非常重要的。

完整的关键客户方案规划文件可以作为对新的关键客户经理明确职责的非常重要的依据。随着时间的推移，关键客户经理的职责会因为晋升、调任或辞职而发生变化，企业必须任命新的关键客户经理。除非有可用的关键客户方案或类似的文件，否则日积月累得来的有关关键客户的绝大多数信息都会随着关键客户经理的离开而被带走，导致新的关键客户经理不得不从零开始工作。当企业按程序对关键客户进行拜访时，完善的关键客户方案可以作为高管支持者或其他高层管理者非常有用的简明指导手册。

在企业与关键客户的关系处于特别容易受到竞争对手冲击的阶段时，信息缺乏的问题会变得尤为严重。对于几乎没有保存任何书面的客户记录的关键客户经理来说，他们基于与关键客户的长期关系成功地获取关键客户业务的情况并不罕见，但是，当这位关键客户经理离开企业加入竞争对手时，企业将非常难以实施对关键客户的挽留战略。

对企业而言，一个简单但非常有用的概括企业打算如何对待具体的关键客户的方法是回答下面这组与关键客户管理计划的愿景、使命以及关键客户战略相关的核心问题。

- **关键客户管理计划的愿景**。我们希望自己与关键客户的关系变成什么样子？
- **关键客户管理计划的使命**。我们应该向关键客户的哪个分部/业务单位/部门寻求业务，向它们提供哪些产品/技术/服务？
- **绩效目标**。我们需要达成什么结果？
- **定位**。谁是我们希望说服的对象？谁是我们的竞争对手？关键客户为什么会买我们的产品而不买竞争对手的产品？
- **行动计划**。我们具体应该做些什么？谁来做？什么时间做？
- **资源投入**。实施行动计划、维护和发展关键客户关系需要哪些必要的资源？
- **预算和预测**。我们提交的费用预算和结果预测应达到怎样的细致程度？

KEY ACCOUNT
MANAGEMENT
AND PLANNING

第 8 章

关键客户关系管理流程

本章是本书第三部分的最后一章。在本章中，我们将讨论几项管理流程，主要涉及四个对企业在整个运营周期内发展和管理关键客户而言至关重要的主题：①确保关键客户管理团队对关键客户的持续关注；②与关键客户的沟通交流；③技术的作用；④绩效监控。

8.1 确保关键客户管理团队对关键客户的持续关注

在完善的关键客户管理系统中，关键客户管理团队的成员可以参与关键客户方案的制订过程或者至少对这个过程进行全面的评估。不管怎样，他们必须保持对既定行动的关注并不断发展和改进企业与关键客户的关系。在本节中，我们首先讨论关键客户管理团队对关键客户方案持续的内部投入，以及持续获取有关组织间关系的信息。随后，我们讨论关键客户管理团队内部矛盾的快速解决、定期组织内部会议、状态分析，以及关键客户管理团队与企业其他组织单位的沟通交流。

8.1.1 对关键客户方案持续的内部投入

关键客户管理团队的所有成员都必须清楚地了解并致力于实施关键客户战略和相关的行动计划。关键客户战略如同驾驭耕牛的牛轭，虽然可能有些"沉重"，但引导着众多企业员工协调一致地进行日常活动。要知道，企业员工在关键客户方案制订过程中商定一系列行动是一回事，在运营周期内腾出必要的资源实施这些行动则完全是另一回事。在日常工作中，关键客户经理必须确保关键客户管理团队的成员对关键客户方案持续投入并采取商定的行动。

8.1.2 持续获取有关组织间关系的信息

企业与关键客户每天都会交流各种事务，交流的主题包括订单、交货期、账单问题甚至战略规划、高层会议等。为了实现对企业与关键客户关系的无缝管理，关键客户的工作人员必须实时了解各项事务的最新进展。企业与关键客户的工作人员之间（以及他们内部之间）大部分的信息传输可以通过备忘录、语音留言、传真、电子邮件以及各种社交媒体、网络服务实现。这些传输方式与双方工作人员之间的电话、定期电话会议、临时特别会议等人际沟通方式都可确保企业的关键客户管理团队全面充分地了解实时情况。

一个完善的信息系统应具有多重功能。例如，美国农业公司 FMC 为其 Magellan 信息系统确定了三种不同的功能，每种功能涵盖的内容如下所示。

- **传播信息的功能**。提供参考，如制定准则与程序手册、利益指南，提供行业、关键客户和竞争对手的最新消息。
- **交流互动的功能**。实施追踪，如通过销售管理、客户服务、项目管理、财务报告进行追踪，组织用户群讨论、头脑风暴、新产品设计。

- **建立工作流程的功能**。形成例行程序，如提交需求计划、审批定价/合同、下达采购订单、报告状态、收集各种信息（事件驱动的信息、通知等）。

有些信息属于内部信息，涉及生产计划或新产品开发等企业的问题；有些信息是围绕关键客户的外部信息，如关键客户的商业环境、竞争对手等。不论哪种类型的，企业的工作人员都必须收集、分析且合理地传播。不同的关键客户和企业的工作人员依据其具体职责通常需要获得不同类型的具有不同综合性的信息。

除了接收和传播上述信息，关键客户经理还应开发实时系统以获取其他人对企业与关键客户发展业务关系和人际关系的看法。这些信息将为关键客户经理自己的观点和看法提供补充，并为企业与关键客户关系的正常发展提供重要保障。

交易数据是非常重要的信息，关键客户经理应掌握有关关键客户订单下达和企业向关键客户交付的最新信息。当只涉及很少的产品种类、关键客户采购部门和交付地点时，完成这项工作并不是难事；但是当涉及种类繁多的产品、关键客户众多采购部门和交付地点时，这项任务将变得非常复杂。如果关键客户通过中间商采购，特别是当企业的产品是关键客户采购名单中一个单独的组件时，关键客户经理将更加难以掌握相关的信息。当关键客户经理面对的是全球关键客户时，这项工作的复杂程度将再提升一个层次。虽然收集和汇总这些信息非常困难，但关键客户经理要想真正地领导和管理企业与关键客户的关系就必须做好这项工作。很多关键客户并没有收集此类信息的系统，关键客户经理可以将他们收集到的有价值的信息提供给关键客户。

此外，关键客户经理需要大量的内部和外部信息以制订关键客户方案。企业的信息系统应包含整套的持续收集和储存信息的方法，这是这一系统的一个重要特征。基于这个特征，在关键客户方案规划工作开始之前，部分信息收集工作就应该已经完成。

8.1.3　快速解决内部矛盾

参与企业与关键客户组织间关系的企业工作人员有很多来自不同的职能部门并肩负着各种职责和报告关系，因此，他们之间的内部矛盾是不可避免的。这些工作人员应认清矛盾，并以开放的态度尽快解决矛盾，从而避免对关键客户管理团队的工作造成阻碍。如果关键客户管理团队的成员不能同心同德、协调行动，那么他们很可能会向关键客户传递内容混乱的信息。如果发生这种情况，关键客户与企业的关系将很可能出现问题。发展并确保关键客户管理团队成员的协同合作是关键客户经理当仁不让的责任——关键客户经理必须发挥乐队总指挥的作用，努力确保所有成员精诚合作。

当然，矛盾可能不会只限于与业务相关的问题，关键客户管理团队成员之间糟糕的人际关系也可能带来严重的问题。关键客户经理必须负责监督团队成员之间的人际关系，从而采取合理的预先行动以避免严重问题的发生。

8.1.4　定期组织内部会议

不论关键客户管理团队成员之间的交流如何顺畅，也不论他们之间的矛盾冲突是否顺利得到了解决，关键客户经理都应定期组织全体成员参加内部会议。这些定期的内部会议应讨论团队取得的工作成效，跟踪行动计划各个步骤的进展，分享信息和关注的问题，确定亟待完成的工作，并对下一步的具体行动做出决策。参照关键客户方案明确行动步骤取得的进展并记录这些进展是非常重要的，可以每月进行一次，然后在季度会议上进行审查。

定期组织内部会议还可为关键客户经理锻炼和提高领导力带来好处。

组织全员参加的内部会议是关键客户经理设定和分享目标、期限、会议准则并将这些信息清楚地传递给参会人员的最有效方式。有时，安排面对面的会议可能会遇到困难，对于全球关键客户管理团队来说，电话或视频会议可以作为这种定期会议的补充。不管怎样，关键客户经理都应将定期审查制度植入关键客户管理流程。

8.1.5 状态分析

下面，我们讨论两种以获取关键客户业务为关注点的重要的分析类型——胜利/失利分析和进程分析。

1. 胜利/失利分析

企业在运营周期内可能会赢得也可能会输掉关键客户的某些业务。对于每次重大的胜利和失利，关键客户经理都应进行分析以确定影响企业绩效的根本原因。关键客户经理综合所有关键客户的情况对赢得的业务进行的胜利分析可以揭示企业在不同情况下可以复制的最佳实践，而对输掉的业务的失利分析可以揭示企业在今后应当纠正的问题。我们也可以把这种胜利/失利分析称为"系统性复盘"。

案例 8-1 一家全球性建筑公司未能赢得在印度建设大规模发电站的大型项目。失利分析显示，赢得这项业务的也是一家全球性公司，他们在投标前获取了竞争对手的报价信息，从而能够在 24 小时内调整自己的报价，然后重新竞标。相比之下，这家失利的公司并没有获取相关竞争对手的报价信息。而且，由于其总公司参与了投标过程，沟通效率低——这家失利的公司的投标准备足足用了三周时间。这家公司经过失利分析后最终得出结论，他们今后应当改善与关键客户的关系以获取竞争对手的报价信息，同时应当缩短投标准备时间。

案例 8-2 面对全球关键客户，IBM 常常会召集在获取某个大额销售业务项目上共同努力的各位关键客户管理团队的成员一起开会进行复盘。同时，IBM 会在会议现场录制视频，记录会议中团队成员相互打断、纠正、补充和提醒对方发生了什么的场景。通过对多个销售业务项目复盘会议的视频进行系统分析，IBM 获得了很多可以在内部推广的最佳实践。同时，IBM 试图避免在未来重复以往结果并不理想的行动。

2. 进程分析

在很多情况下，关键客户的采购过程包括：达成一致需求，确定规格，甄选合格供应商，组织招标，选定供应商，下达订单，采购产品，组织再次招标。通过确定过程中每项可能的业务的当前状态，关键客户经理能够对该关键客户未来可能的资源需求和企业在该关键客户身上的销售收入做出预测。

此外，通过综合从整个关键客户群中获得的相似的信息，企业能够确定企业层面的资源需求和未来可能实现的销售收入，这对企业制定关键客户战略和行动计划大有帮助。

8.1.6 与企业其他组织单位的沟通交流

在开展多元化业务并在业务单位层面上分配关键客户管理责任的企业中，很可能出现多个业务单位分别与同一个客户保持业务关系的情况。这个客户可能是企业里某些业务单位的关键客户，也可能与企业里其他业务单位建立了其他类型的客户关系，还有可能是企业里其他业务单位的供应商、竞争对手或合作伙伴。此外，关键客户关系也可以是全公司层面的，包括正式的公司层面关系，也包括通过与高管人员的关系建立的非正式的关系。

从业务单位层面的关键客户经理的角度来看，任何其他单位的关键客户关系都有可能影响其关键客户管理团队与关键客户的关系。因此，关键客户经理应当与其他业务单位（以及公司层面）负责管理关键客户的同事保持日常联系，以确定有可能从整体上给企业造成影响的协同效应和潜在的故障点。

关键客户经理还应关注当前不是关键客户的供应商但有可能成为关键客户的供应商的兄弟业务单位。请看下面发生在某高科技企业的案例。

> **案例 8-3** 某高科技企业的某业务单位的关键客户在短期内需要采购一定数量的某种原材料，这种原材料可以由企业的另一个业务单位生产。该客户向关键客户经理询问其所在的企业能否供应这种材料。虽然关键客户经理并不负责这项业务，但他还是向兄弟单位的相关人员提供了这条需求信息。兄弟单位因为需要投入额外资源才能满足这个关键客户的规格要求，拒绝了向该客户供应产品。后来，该客户为其需要的原材料确定了另外一个供应商，这个供应商满足了该客户的短期需求并借此机会通过大量持续的努力抢走了许多原本属于该高科技企业的重要业务。

在上述案例中，关键客户经理可以劝说兄弟单位接手这个业务，因为这对企业的整体利益非常重要——关键客户经理必须关注企业各部门与关键客户的全部关系，不论关键客户经理根据其职责是否需要参与某项业务。

8.2 与关键客户的沟通交流

我们在本节重点关注企业与关键客户的沟通交流，主要讨论以下三个主题：①需要实时进行的活动；②获取关键客户业务面临的问题和机会；③企业/关键客户的评审流程。

8.2.1 需要实时进行的活动

在这里，我们讨论企业与关键客户的工作人员的日常联络、告知人员变动情况和会前规划。

1. 企业与关键客户工作人员的日常联络

关键客户经理与关键客户的工作人员必须对企业与关键客户组织联络的频率和形式达成共识，至少是广义上的共识——需要考虑的内容包括关键客户经理、企业技术人员和企业高层管理者对关键客户的拜访，以及关键客户的工作人员对企业的拜访。

联络的频率对于那些从企业采购种类广泛产品的关键客户来说是尤为重要的问题。实际上，近年来，成熟的采购组织考虑到降低管理费用的问题，要求供应商减少为它们指定的销售人员的数量。而且，有些组织已经禁止其采购人员接受供应商提供资金支持的娱乐活动，试图以此方式消除采购决策中非经济性的决策因素。显然，关键客户经理必须清楚地了解客户的政策并依据其政策采取行动。

案例 8-4 在中国政府对政府机关与国企提出八项规定后，企业应按照要求从事交流活动，特别要关注如何达成政府提出的"亲""清"新型政商关系。

有时候，企业向关键客户的组织机构派遣常驻员工能够使双方从中受益。尽管这样做的成本不菲，但是企业因此能够不断加深与关键客户的组织的关系。从关键客户的角度来说，企业的常驻人员能够为它们带来某种程度的保障。在实践中，企业在关键客户的常驻人员往往能够先行一步，帮助关键客户解决它们尚未意识到的问题。

案例 8-5 微软公司为了与惠普公司进一步在行业解决方案上进行合作，向中国惠普解决方案中心派遣了自己的常驻代表（解决方案专家），参与惠普公司行业解决方案的制订和开发。

2. 告知人员变动情况

我们在前面已经指出，保持人际关系的连续性是企业成功地服务关键客户的一个重要因素。不管怎样，随着时间的推移，参与企业与关键客户关系的人员的职位和角色都可能会发生变化，例如发生晋升、调动到其他岗位、辞职等情况。考虑到人员变动可能给关键客户造成混乱，关键客户经理应将这样的人员变动信息及时地告知关键客户的相关工作人员，并设计和实施合理的移交程序。如第4章所述，在有些关键客户关系中，企业会让关键客户的工作人员参与企业的人员选拔，并且通常是参与最后审批的阶段。

3. 会前规划

进行会前规划的目的是确保企业与关键客户的会议能够有效且高效地利用企业与关键客户的资源。在管理关键客户关系的工作中，关键客户经理应该把关键客户的工作人员的时间当作稀缺资源来对待。事实上，如前所述，关键客户衡量企业效率的指标经常会与关键客户的工作人员是否需要消耗大量时间有关。此外，关键客户经理应确保有效利用企业资源。

对于涉及关键客户的会议，不论关键客户的工作人员是否出席了，关键客户经理都应制作一份会前规划。会前规划文件基本上只是列明了一系列旨在确保单次会议更有成效的规划措施。如果会议涉及关键客户的工作人员，那么会前规划的工作必须完成以下几项重要的工作：收集有关关键客户的最新信息；确保所有参加会议的企业工作人员都了解企业与关键客户关系的最新进展，并建立与关键客户打交道的思维模式。每份会前规划都应具体说明会议的目标与策略，以及会议策略的执行方式。下面，我们以涉及关键客户的工作人员的双方会议为例，对此进行说明。

（1）**会议目标**。关键客户经理和相关的关键客户管理团队成员应当非常清楚举行会议的原因和目标。当然，不同的会议可能有不同的目标：关键客户经理希望可以通过举行会议为制订关键客户方案收集背景信息，为测试新产品争取参会人员的同意；传达运输延误的坏消息；等等。其他目标还可能包括展示企业对关键客户的承诺和投入，确定各项利益对关键客户的相对重要性，明确提出一些问题——这些问题的解决可能会加强企业与关键客户的关系。

关键客户经理应当明确说明会议的目标，企业的其他工作人员应对会议是否达到目标的标准达成共识。对于企业与关键客户的会议来说，会议双方达到目标的标准通常需要关键客户有所行动，举例如下。

- 关键客户同意在 8 月底之前试用新产品。
- 关键客户确定了利益组合的重要性权重。
- 关键客户同意实施关键客户方案中的行动。

（2）**会议策略**。对于会前规划而言，会议策略关乎会议应如何进行。会议策略应包括以下内容：确定关键客户管理团队中谁应该（不应该）参加会议；确定应该（或不应该）邀请关键客户的哪位工作人员参加会议；制定日程表；确定参会人员应获得哪些信息；企业参会人员在会议中应扮演怎样的角色；企业参会人员应采取怎样的试探性策略（由谁提出什么问题，以怎样的顺序提问）；企业和关键客户各自应带哪些材料参加会议（视频资料、展品等）。

（3）**会议策略执行**。关键客户经理应当对会议进行有效的管理。在会议中，关键客户经理一般应该担任会议主席，当然，前提是关键客户主管不反对。关键客户经理应确保会议策略的执行，并在会议结束时说明会议对相关行动项目和完成日期的规定。关键客户经理还应做好准备，随时解决会议期间关键客户的工作人员提出的预期之外的问题。

（4）**会议总结**。会前规划制定了会议的"路线图"，会议总结则将评估企业在执行会议策略和达成会议目标方面的成效。不同的企业工作人员可能对会议中的各项事务持有不同的看法：关键客户管理团队在多大程度上履行了职责；关键客户的工作人员做出了哪些具体的反应；对于会议在加强企业与关键客户关系方面的短期和长期成效有哪些解读。关键客户经理应努力使各方达成共识，从而使企业能够在必要时采取附加行动（作为会议中商定的行动的补充）。

（5）**下一步行动**。在通常情况下，关键客户经理应在会议结束后负责某种程度的后续跟进——关键客户经理应在会议结束后以书面形式明确会议中商定的行动，包括对具体的企业与关键客户的工作人员规定的行动（会议总结也可以对企业的工作人员规定必要的行动）。

关键客户经理负责会议记录（包括下一步行动）在关键客户管理团队所有成员之间的传阅，可以用邮件方式发给每个人。关键客户的工作人员参加的会议往往并不涉及关键客户管理团队的所有成员，尽管如此，关键客户经理必须确保整个关键客户管理团队都能了解有关关键客户和企业自身的最新发展情况，从而强化每个团队成员的工作成效。

8.2.2 获取关键客户业务面临的问题和机会

我们在此论述三个问题：①以开放的态度处理问题；②快速解决客户投诉；③确定和管理获取关键客户业务的机会。

1. 以开放的态度处理问题

由于关键客户关系的复杂性，不管制定了多么完善的质量流程，企业都会不可避免地遇到各种各样的问题（如交期延误、产品质量低于要求、服务不够完善、寄错发票等），客户还可能提出新的问题希望企业予以解决。对于客户和企业双方来说，始料未及不如尽早地了解问题并制订可行的解决方案。有时候，如果企业与关键客户都能给予足够的关注，它们完全可以利用双方都能接受的解决方案来处理问题。

案例 8-6 上海氯碱化工股份有限公司在面临 PVC 产能不足的问题时，先确定了哪些客户的采购量低于承诺，然后"借用"为这些客户预备的产能供应给当前有需求的其他客户。

与此相关，如果关键客户经理因为关键客户的问题而难以实施商定的行动计划，那么关键客户经理应在合适的时间向关键客户的工作人员提出这个问题。只有以开放的态度承认困难，行动计划的实施才有可能取得进展。

2. 快速解决客户投诉

不管多么努力地试图尽早发现问题，企业还是必然会收到客户投诉。当然，企业应尽量避免可能导致客户投诉的行为。此外，当接到投诉后，企业应该认清问题并以开放的态度和快速的行动处理投诉，以免破坏企业与客户的关系。实际上，企业的快速行动不仅可以解决当前的问题，还可以使其有机会展现自身具有快速响应能力——关键客户经理可以利用这种看起来不利的情形成功地加强企业在关键客户眼中的分量。

案例 8-7 IBM 客户投诉管理系统的工作包括对每项客户投诉确定处理路径，为指定的投诉解决人员提供改进建议。投诉解决人员的责任是确保问题得到解决。IBM 能够在 7 个工作日内处理 94% 的客户问题！

投诉管理系统需要有精心设计的流程，包括对投诉的领域进行概念化，确定负责每个投诉领域的工作人员，将投诉与负责人员相匹配，全程跟进投诉处理过程以确保投诉负责人对投诉进行了及时的处理。此外，包含了已解决投诉的相关信息并且易于获取的数据库能够加快投诉的解决。这个流程中最重要的是企业应该为确定导致投诉的原因设计和实施一套系统，并对企业流程进行持续改进以减少再次收到该类投诉的可能性。

企业不应只是被动地对关键客户做出响应，相反，企业的工作人员应在关键客户经理的领导下找出企业表现不够出色的领域，使企业能够改进这些领域的工作，进而提高关键客户的满意度。

3. 确定和管理获取关键客户业务的机会

关键客户经理的一项重要职责是确定企业获取关键客户业务的机会。在大多数情况下，关键客户经理会在关键客户公司内部发展自己的信息来源并持续进行信息搜集。在另外一些情况下，更加正规的流程可能会为企业提供帮助。

> **案例8-8** 一家企业组建了一个有15位成员的关键客户管理团队，试图为企业的产品/技术确定业务机会。他们两个人一组对关键客户公司不同职能领域的高管人员共进行了50多轮访问。首轮访问过后，关键客户管理团队召开会议，讨论各自的发现并为第二轮访问制作调查问卷。第二轮访问过后，关键客户经理草拟了一份业务机会优先列表以便做进一步的探查。

很多企业拥有的关键客户业务机会超过了企业当前资源的支持能力——当企业的大部分关键客户是增长潜力巨大的发展型客户时，特别容易出现这样的情况。企业在这种情况下的投标行为往往表现不好，要么很晚才提交投标书，要么在不适合投标的情况下进行了投标，要么企业投标书的编写非常粗略，要么企业内部存在反对价格让步的非常强硬的阻力（尽管潜在的销量增长会抵消降价带来的影响）。在这些没有准备好的情况下，企业投标的成功率都会降低。

为了做出明智的选择，企业应考虑设计销售机会管理系统，涉及销售机会管理、追踪和分类。这个系统应包含一个通用的销售机会录入表格，以及进行资格赋予、优先权确定和做出标准化选择的例行程序。

寻找销售机会是关键客户经理的职责，可是关键客户管理团队可能不具有必要的专业学科知识以把握某个特定的业务机会。在很多企业中，销售机会选择和管理流程最终以确定销售机会负责人作为结束。这项工作要求具有专业学科知识的人员组成一个团队，对关键客户的招标需求书进行分析，构建成本模型，实施可行性评估并制作投标书。关键客户经理应领导这些工作。

8.2.3 企业/关键客户的评审流程

接下来，我们论述两个方面的内容：①对企业/关键客户业务关系和人际关系质量的定期评审；②对企业/关键客户业务关系的年度评审。

1. 对企业/关键客户业务关系和人际关系质量的定期评审

在整个运营周期内，企业的关键客户管理团队的核心成员应与关键客户的相关人员定期面谈以评审企业与关键客户的关系。评审内容应全面，包括产品质量、交付、服务、引入新产品等，这些评审内容可以为企业已有的客户持续反馈计划（如下所述）提供补充。实际上，通过客户持续反馈计划获得的信息将为双方会谈提供重要的参考，并且有助于确保对所有相关问题的讨论和决策都是及时的。

企业的工作人员还应通过评审双方的人际关系寻求对双方组织间关系向前发展的程度进行开诚布公的讨论。人际关系的类型包括企业与关键客户的工作人员的关系、企业的工作人员相互之间的关系，以及关键客户的工作人员相互之间的关系。当然，关键客户经理应对关键客户管理团队的动态变化给予持续的特别关注。

2. 对企业/关键客户业务关系的年度评审

除了定期评审之外，企业还应对企业与关键客户的关系进行每年一次的全面评审。这项评审应该有双方的高层主管参加，参与人员应对关键客户方案进行评审。评审工作应关注企业在哪些方面表现良好，在哪些方面表现糟糕，以及在哪些方面完全脱离目标。评审还应关注技术发展和物料需求预测的问题。从企业的角度来看，这项评审为下一个规划周期的现况分析、制定关键客户战略和行动计划提供了宝贵的信息支持。

案例 8-9 西门子公司召集几个关键客户代表就西门子公司的表现提供反馈信息。其中一位关键客户代表强烈抨击了西门子公司糟糕的服务水平和不稳定的交付。西门子公司的一位关键客户经理回忆说："这样的评价非常尖锐。"

案例 8-10 中国惠普公司与某些关键客户保持了定期沟通的会议机制。例如，其曾与中国教育部进行合作，每年两次例会，双方各主持一次，一次由教育部主办，另一次由中国惠普公司主办。

关键客户正越来越多地要求企业明确它们的组织结构中有助于关键客户经营的具体方面：企业与关键客户的关系怎样能够帮助关键客户增加利润？关键客户在哪方面的竞争优势得到了增强？关键客户节省了哪些特定成本？关键客户经理应当记录这些数据与信息。

关键客户经理应该考虑在年度评审中包含对以下项目的评审。

- 关键客户的目标和战略：企业是否准确领会了关键客户的目标和战略，特别是当这些目标和战略影响到企业的时候。
- 企业的关键客户管理计划的愿景、使命以及关键客户战略（第 7 章）。
- 与前几年相比，关键客户的采购记录和下一步采购计划发生了什么变化。
- 企业与关键客户关系的成功案例，可以包括以下子项目：按时交付记录、合作项目的结果、客户拜访记录、对关键客户有影响的企业重大项目、客户满意度调查结果以及旨在帮助关键客户实现目标的企业行动等。
- 企业组织机构中服务关键客户的专用资源，包括关键客户管理团队的成员。
- 持续进行的关键客户满意度调查的结果。
- 下一步行动：就企业在接下来的一段时期内如何帮助关键客户实现目标展开讨论。

这样的评审有可能提升企业对关键客户的影响力，并将组织间关系的性质从卖方/买方关系向优质供应商和合作伙伴的方向推进。随着关系的发展，关键客户可能会越来越多地表现出愿意听取企业的建议而行动的意愿。但是，这样的评审也可能提升关键客户对企业的期望值——希望企业能够迅速地解决它们提出的问题。

如果不举办这样的评审，诸如略微的时间延误、管理混乱等很多看似不重要的问题可能无法得到解决。如果放任这些问题继续发展，它们可能成为关键客户组织机构中至少一位有影响力的人物必须面对的重大问题。到时候，竞争对手取代企业的位置可能只是时间早晚的问题了。任何问题想要得到解决就必须尽早被提出！年度评审是提出问题和对双方共有的问题进行讨论的一个有效的方式。

案例 8-11 一家经营消费品的企业严苛的开票程序正在使其一家主要的零售客户越来越感到不满，并因此正在失去这家客户——该企业并没有建立相关机制以评估客户对其开票程序的看法。

8.3 技术的作用

在我们当前生活的时代中，技术正在越来越多地影响组织机构人员的工作方式。实际上，互联网的普遍应用提升了人们对技术的要求。互联网和相关技术正在对关键客户管理施加影响，而影响的程度等同于或者超出很多其他工作的影响。一般来说，互联网带来的价值与其在以下方面的能力有关。

- 以低廉的成本提供大量数据。
- 对信息流进行标准化操作。
- 减少中间环节的信息处理错误。
- 减少浪费在企业内部机制上的时间、努力和金钱。
- 使大量数据在任何地方都能快速被获取，可对数据进行分类。
- 增加沟通交流的可能性。
- 使用户可以在方便时获取信息。
- 可进行数据校正使数据易于管理和流通。
- 通过电脑或手机等移动设备实现普遍接入。

企业面临的挑战是将互联网的潜在价值用于关键客户管理。我们将互联网的潜在影响归入前面提及的两个类型——对企业组织机构内部的影响和跨越组织机构界限的影响。

8.3.1 对企业组织机构内部的影响

在具备以下四个条件的情况下，采用基于技术的解决方案处理组织问题通常最为合适：①组织问题牵涉大量工作人员；②牵涉其中的工作人员在地理上分布较为分散；③信息传递非同步（时间和地点）；④信息需要被捕获和传播。

一个任命了很多关键客户经理并由每位关键客户经理负责管理自己的关键客户管理团队的组织机构显然是符合这些条件的。当这些关键客户经理还肩负管理全球关键客户的职责时，一个基于互联网的解决方案将成为必需。

当组织问题涉及分散的几个地区时，最适合使用基于互联网的解决方案（通常可以使用公司的内部网络（Intranet）或外部网络（Internet）），其应拥有如下重要的部分。

基本资料是关键客户经理和关键客户管理团队的成员能够 7×24 小时（在任何需要的时候）获取的重要数据，包括组织图表、企业的年度报告、培训资料和行业背景资料等。

工具可以帮助使用者更有效、高效地完成工作，并且通常在一段时间内可以保持稳定性。常用工具包括用于编写关键客户方案和客户拜访报告的表格、清单、模板，制作费用报告的工具，根据关键客户的具体情况定制的固定格式的展示文稿，等等。

案例 8-12 美利肯公司的地毯事业部维护着一个图像库，其中含有美利肯地毯铺设前和铺设后的对比照片。美利肯公司的关键客户经理可以将这些图片以电子邮件的方式发给关键客户，或者帮助关键客户从美利肯官网上下载图片。

信息与基本资料不同：信息可以帮助人们完成具体的工作。技术的作用在于稳固信息系统，从而提高组织效率。信息获取非常方便而且个人可以在需要的时候随时随地地获取信息，这将大大减少无效工作和信息搜索的时间。当然，信息发送者应敏锐地了解和满足信息使用者的偏好，并注意避免造成信息污染。

信息内容五花八门，但肯定会包括企业内部生成的信息，如销售拜访报告、关键客户方案中的行动步骤、整个生产过程的订单追踪、市场和竞争对手分析以及最佳实践等。

案例 8-13 贝恩咨询公司的信息库系统包含了对关键客户问题的解决方案，关键客户经理在试图解决关键客户的问题时可以先登录该信息库系统获取信息。

案例 8-14 现在许多企业使用社交媒体（如 Facebook、Twitter、WhatsApp、Instagram、领英、微信、微博等）来了解客户信息和客户关键人员的动态（例如了解客户公司微博或微信公众号，以及客户公司关键人员的微信朋友圈）。

合作网络能够集合很多个体共同创建、捕获、分享和使用组织信息。

案例 8-15 一家市值 3 亿美元的专用化学品生产商在亚洲的分部通过使用总公司的合作网络加强了与一家印度尼西亚造纸厂的合作。这个合作网络（信息共享系统）挖掘出不少其他地方造纸厂的信息，例如美国孟菲斯一个造纸厂使用热带硬木为原料，加拿大不列颠哥伦比亚省一个造纸厂的一些管理问题，南非一个造纸厂正在建造，以及这家专用化学品生产商的研发小组最新的造纸工艺使用的化学品的数据信息。最终，双方签署了一份 600 万美元的合同。尽管只有 20% 的公司员工使用了这个合作网络，但这家专用化学品生产商的高管还是将该网络的使用看作一项巨大的成功。

8.3.2 跨越组织界限的影响

企业正越来越多地通过开发网站、移动端 App（以下简称"App"）及使用社交媒体等互联网应用加强与关键客户的沟通交流。这些网站或应用可以通过互联网实现公共接入，也可以将企业与关键客户的企业内网相连形成单个的外联网。

一般说来，企业会采用以下三种方法中的一种来开发网站或应用以加强与关键客户的沟通交流——以内容为导向、以交易为导向、以关系为导向。

以内容为导向的网站或应用可为关键客户提供信息。这些网站或应用收集过去以其他形式发布的信息，例如基本的组织信息、年度报告、产品目录、新产品介绍等，然后将它们转换为使客户更容易获取的信息。一个良好的以内容为导向的网站或应用能够在很大程度上影响关键客户管理工作，因为关键客户的工作人员可以直接从网站或应用上获取信息，而不是从关键客户管理团队的某个成员那里获取信息，从而可大大节省企业和关键客户的工作人员的时间。

此外，企业官方网站、App 或社交媒体（例如微信公众号）可以作为传播媒介（起到广告宣传的作用），或者作为建设企业品牌形象的工具。实际上，它们可以将企业的信息送至关键客户公司的各个部门或分支机构中，帮助企业识别关键客户公司中的创新者，并作为潜在客户的开发工具。

以交易为导向的网站或应用使关键客户能够通过它们直接下达订单，其可以独立于关键客户管理计划之外，或者与关键客户管理计划协同发挥作用。由于关键客户经理不再亲自参与交易的过程，他们获得了更多时间以从事其他活动（包括销售活动）。企业与关键客户通过互联网交易，会使客户的采购活动发生一些变化，关键客户的采购成本得以降低并且能够更好地控制其工作人员按照公司的决定行事。

案例 8-16　戴尔公司的网站既是一个以内容为导向的网站，也是一个以交易为导向的网站。在传统销售模式下，发放 10 万份产品目录可能会带来 1 万个咨询电话和 2000 个（2000/10 000＝20%）订单；而在戴尔公司的互联网销售模式下，10 万次的网上商城访问量能够直接形成 500 个电子订单，另外，线下商店还会接到 5000 个咨询电话并最终形成 1750 个（1750/5000＝35%）订单。

此外，戴尔公司的"顶级网页"允许关键客户通过互联网获取受密码保护的关键客户专用的有关戴尔公司产品和服务的信息……关键客户可以自行配置、询价，以经过核准的折扣价格购买系统，通过详细的客户采购报告追踪订单和库存情况，并获取戴尔公司客户服务与支持小组人员的联系方式。戴尔公司注意到，传统销售模式下的关键客户经理会用15%的时间进行主动销售，用45%的时间进行业务操作，用40%的时间出差拜访；而通过使用"顶级网页"，关键客户经理的主动销售时间增加到了45%，业务操作时间减少到了15%。

以关系为导向的网站或应用不仅包含了前两者的特征，还可为关键客户提供大量额外的价值以促使关键客户回流。

- 使关键客户能够追踪企业的整个生产系统以了解订单执行的进度。设计良好的订单追踪系统能够在增加关键客户价值的同时降低企业成本，从而实现真正的双赢。
- 在生产领域，企业会维护有关关键客户采购情况和企业自身库存情况的数据库。
- 优化向关键客户提供售后服务的能力。
- 基于以往的采购情况为关键客户未来的采购工作提供建议。
- 提供聊天室等应用，使关键客户的工作人员（可能来自多个关键客户）与企业的工作人员能够讨论共同关心的话题。

案例 8-17 一家生产门闩锁具等五金器具的全球性公司设计的网站使其关键客户能够获取它们多年来的采购记录，追溯订单流程，拥有专属的下拉菜单（从而减少点击次数），以及了解企业实时的库存情况。此外，该网站还提供本地货币和本地语言支持。同时，该公司运营着一套在全球范围内 7×24 小时可用的售后服务设备，该设备可以在 5 分钟内用 7 种语言回应关键客户的咨询。

案例 8-18 对于重复购买的客户，亚马逊公司基于客户的购买历史为客户提供购买建议。

案例 8-19 日本强生公司为其内科医生关键客户开设了聊天室。在聊天室中，这些散布在各地的专家能够与同行相互交流讨论共同关心的话题。

案例 8-20 顺丰快递不仅使用电话、网站、App 等国际快递公司通用的工具方便客户自行追踪包裹的情况，而且在中国大陆市场提供微信公众号服务，在包裹到达时自动发送信息提醒客户，以进一步方便客户，增加客户价值。

当然，企业无法利用技术解决关键客户面临的所有系统问题。企业必须突破重重阻碍找出那些最适合采用基于技术的解决方案，这样才能让自己的关键客户管理工作更加出众。在尝试不同的解决方案之前，企业的高管人员应评估其组织机构在多大程度上做好了采用基于技术的解决方案的准备。例如，企业可能没有必要的基础设施；企业现有的文化可能会阻碍基于技术的解决方案的执行；企业可能不具有充足的互联网应用经验以继续推进相关工作。除非至少在某些方面具备了适当的条件，否则企业应该等到条件更为成熟的时候再采用基于技术的解决方案。当企业完成了基于技术的解决方案的制订后，应首先在小范围内试用方案，以消除漏洞，然后扩展至大范围使用。

有些关键客户管理方面的问题需要企业提供预算和专业信息技术人员

的深入参与，但是，不论出于什么原因，如果这些支持不是现成可用的，那么关键客户经理可以考虑独立于系统之外的单独行动。建设基础型网站或社交媒体应用的成本相对较低，但其可以为服务关键客户的工作人员和高管人员提供重要的支撑。

8.4 绩效监控

关键客户方案应该是一份有助于管理和发展企业与关键客户关系的动态文件。企业必须为关键客户方案的规划开发一套或多套控制流程。对关键客户方案的控制可以在以下四个层面上进行。

- 绩效控制：关注是否达到企业的绩效目标。
- 执行控制：关注关键客户战略和行动计划的执行。
- 战略控制：关注关键客户战略和行动计划在变化的组织条件下是否合理。
- 规划流程控制：关注规划流程的质量。

企业对以上各个层面的控制都应当通过一套基于测量－检测－问题解决系统的反馈程序来完成。

8.4.1 绩效控制

接下来，我们来讨论衡量绩效的硬指标以及客户满意度等最常用的软指标。

1. 衡量绩效的硬指标

关键客户方案规划过程中确定的预算和预测组合将为企业的绩效控制系统提供原始资料，其中包括对年销售额、业务份额、毛利润、利润贡献、费用以及销售费用比例的预测。企业一方面应在总体层面上进行绩效控制，另一方面应根据需要按照产品/产品系列、组织单位、应用需求或者按季度、按月分解各项指标。

在整个运营期间，关键客户经理应对照预算和预测组合追踪实际绩效。在一些情况下，进行绩效监控所需的数据来自订单录入系统；在一些情况下，这些数据来自会谈记录或行动规划指导；在一些情况下，这些数据来自独立实施的调查。这些具有方向控制性质的对比工作为进行细致的绩效分析奠定了基础。

此外，这些对比分析将推动企业关键客户管理团队会议议程项目的制定，以及企业和关键客户会议议程项目的制定。会议议程项目是企业制订新的行动计划以应对新变化的起点。负向的新变化通常需要企业采取积极的行动，重新审视现有的关键客户行动计划和/或战略，并决策如何采取纠正行动。正向的新变化不需要企业采取纠正行动，但是变化中显现的预料之外的新机会可能需要企业投入新资源并采取计划外的行动。

2. 衡量绩效的软指标

除了衡量绩效的硬指标之外，企业还应追踪软指标。软指标可以包括客户信任度指标（例如，共享机密信息、为对方提供联系本方关键决策者的渠道、对重要计划的支持），还可以包括重要的客户指标（如客户满意度，以及客户满意度的决定因素指标——响应能力、沟通交流能力等）。此外，企业应追踪关键客户与企业继续保持业务关系的意愿，以及关键客户对企业为其提供的价值的认知度。

在所有条件同等的情况下，企业对关键客户业务的竞争力取决于关键客户对企业信任度是否增加、满意度是否提升以及企业是否为关键客户带来了巨大或不断增长的价值。企业使用这些指标的基础是企业必须了解关键客户需求，做出满足关键客户需求的承诺，然后兑现承诺。了解客户需求并决策如何行动是关键客户方案规划流程中的关键一环。

很多企业正在设计或采用捕获关键客户反馈信息的系统，包括调查和开放式访谈在内的各种方法都可以用于完成这项重要的工作。企业应选择一个能够为其提供所需信息（包括改进建议）的系统。在实践中，那些不遗余力地从事关键客户管理工作的企业往往会同时使用调查和开放式访谈这两种方法。

调查。通过使用调查的方法，企业可以与重要的关键客户的工作人员共同确定客户满意度的核心要素。当然，不同的关键客户具有不同的核心要素，但是企业应对所有的关键客户使用相同的流程（见图8-1）。关键客户经理与企业的其他工作人员需要确定应从哪些关键客户公司的工作人员那里获取客户满意度信息和其他反馈信息。

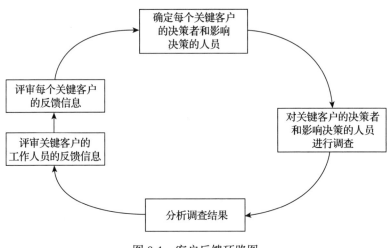

图8-1 客户反馈环路图

通过完成这些工作，企业应该可以开发出一项或多项调查工具，其中有些工具可能专用于某些潜在的调查对象（如采购人员、收货人员、负责应收账款的财务人员、关键决策者）。在任何情况下（即使是在使用单一调查工具的情况下），企业都应对收集到的信息进行总体分析（例如所有被调查者的平均评分）和分解分析（例如某些关键决策者的评分）。企业的关键客户经理应该认真查看每项调查的结果，并在可能的情况下实施跟进。

案例 8-21 在一项客户满意度调查中,某关键客户满意度的总评分为 3.9 分(1 分 = 非常不满意,7 分 = 非常满意)。但是,该关键客户中拥有最大决策权的三位调查对象对企业的评分分别为 1.0 分、1.0 分和 1.5 分。

调查工具应当具有足够的稳定性以便提供有效的趋势信息,同时应当足够灵活以顾及特定领域的问题。信息收集可以使用多种多样的方法——传统直邮、电话、面谈、基于互联网的方法。企业在调查时可以向受访者询问他们认为合适的调查对象,这是帮助企业确定其他可作为调查对象的个体的绝佳方法,而且这些调查对象有可能就是决策者或是影响决策的人。一般来说,企业应当使用独立的第三方组织进行数据收集,这个组织还应负责制作表格并形成初步的结论。不管怎样,第三方调查者(组织)应当是公平公正的。如果企业委托关键客户经理进行客户反馈信息调查,则很可能产生有偏差的结果。

案例 8-22 一家大型企业的关键客户经理进行了多项客户满意度调查。当企业为了验证调查结果邀请一家咨询公司进行同样的调查时,却发现企业最大的客户正在积极寻求与其他供应商合作。企业针对该客户实施了关系挽救计划,最终成功地签署了一份多年期的合同。

大多数的企业都应定期从其关键客户那里收集信息,通常每年(有时为每个季度)收集一次或者对重大交易进行全程跟踪。企业与关键客户的工作人员应在每轮信息收集和分析之后进行会面,以吸收和领会信息分析的结果并确定下一步行动步骤。企业可以将信息分析的结果用于以下方面。

(1)作为对具体的客户问题的早期预警。

案例 8-23 一家为银行和经纪公司提供后台处理、服务和支持的企业使用反馈与追踪程序确定以往未知的关键客户的具体问题和更为普遍的客户问题。这些问题通常并不重要而且容易解决，但是能够向关键客户展示企业的响应能力。有时候，企业可以在重大问题出现之前就发现这些问题的苗头，并立刻进行内部流程改进以避免重大问题的出现。

（2）为追加销售和交叉销售提供机会。

案例 8-24 一家大型化工企业使用客户反馈流程，评估企业能否通过向客户销售其他产品来更好地满足客户需求。该企业发现当关键客户对企业产品表示不满时，关键客户往往并没有意识到该企业其实有更加合适的产品，或者企业自身以往并没有向关键客户提供最适合的产品。

（3）作为与关键客户谈判时的议价工具。

案例 8-25 一家制药行业的主要企业在全球范围内对每个关键客户的不同职能部门进行了调查。在审核年度合同之前，该企业分析了调查数据，以期了解关键客户对双方之间各种关系的看法。鉴于调查显示了关键客户的高满意度和企业向关键客户提供的价值，这家企业可以在议价过程中充分利用这些正面的反馈信息。

（4）作为激励关键客户管理团队成员的工具和对各位成员进行绩效考评的工具。

案例 8-26 在一家重要的金融机构中，关键客户的反馈与每个关键客户管理团队（及其成员）的薪酬和激励直接相关。这样的相关性使企业的高层管理者和关键客户管理团队都非常关注关键客户的需求。通过对关键客户管理团队具体工作成果进行评估，企业高层管理部门能够确定哪些团队表现优异，哪些团队需要进一步培训或者被其他团队替换掉。

开放式访谈。开放式访谈一般在企业的高管人员或关键客户主管与关键客户的高管人员之间进行。这样的访谈可以提升企业与关键客户的联络水平，双方可对使用调查工具获得的反馈信息进行探讨，特别适用于评估关键客户经理的表现和重点讨论企业令关键客户感到不满的方面。尽管开放式访谈大多针对关键客户的高管人员，但企业的高管人员也可以对企业内部重要的工作人员进行这样的访谈，例如客户服务人员、技术支持人员和质量控制人员。

案例 8-27 一家重要的工业企业用 12 次开放式访谈来评估关键客户对关键客户经理个人及其管理团队的满意度，每次访谈有两名企业的工作人员参与。这些非结构化的访谈还为企业获取其他的关键客户信息提供了有效途径，从而有助于企业识别关键客户经理未能找到的机会并加强双方的关系。

尽管开放式访谈不像精心安排的调查研究那样严谨，但是有效的开放式访谈能够对问题做出更快速的响应。

案例 8-28 一家大型高科技企业的访谈人员在对一个重要的关键客户进行的定期访谈中发现，该客户对企业的关键客户管理团队非常不满。于是，企业在三个工作日内完成了对整个关键客户管理团队的替换。企业的快速响应令关键客户深感惊讶和欣喜。

鉴于收集关键客户的反馈信息对企业来说非常关键，企业应当把这个过程看作需要与关键客户共同努力的过程。在最好的组织间的关系中，关键客户会认可企业提出的调查领域，会与企业共同确定潜在的调查对象并帮助其完成调查；企业会与关键客户的高管人员和运营人员分享调查结果；两个组织机构会共同制订方案以消除导致不满的因素。不论采用什么方法获取关键客户的反馈，企业都应做出正确的响应，并确保用于解决现有问题的资源不会简单地按照关键客户抱怨的多寡进行分配。

8.4.2 执行控制

这个层面的控制旨在确保关键客户战略和行动计划按计划执行。关键客户行动计划是执行控制的重点，每项行动计划都包括一个行动计划目标和一系列的行动步骤。对行动计划的控制应遵循行动计划制订过程中约定的衡量和控制程序——衡量行动步骤的完成度（或未完成度），必要时进行跟进，最终实现行动计划的目标。如果行动计划未能按计划恰当地执行，企业和关键客户的工作人员必须确认阻碍计划实施的原因，举例如下。

- 企业是否提供了必要的资源？
- 企业的服务部门是否遵循了约定的对关键客户的工作程序？
- 是否存在关键客户的工作人员不配合的情况？比如，关键客户的运营人员不愿意为试用新的原材料提供生产设备。

关键客户经理应在关键客户管理团队的内部会议以及企业与关键客户的定期会议中解决有关行动计划的问题，问题解决的方式很可能是使关键客户获得企业已经承诺的但至今仍未实际交付的资源。

8.4.3 战略控制

即便关键客户战略和行动计划得以按照计划实施，也可能无法带给关键客户或企业所期望的结果。当实际绩效达不到要求时，关键客户经理必须与关键客户进行协商，准备好做出艰难决策以对行动计划进行适当的修改，或者终止行动计划的实施。当然，关键决策者的决策应基于对沉没成本原则的清楚了解，即已经投入的大量资源不应影响关键客户经理做出是否继续实施行动计划的决策——已经投入的资源即沉没成本，关键客户经理应依据当前的信息做出继续/终止实施行动计划的决策。

此外，尽管企业可以按年度制定关键客户战略和行动计划，但是关键客户在进行决策时不会在意其决策时间是否与企业的规划时间相匹配，因此，企业有必要在运营周期的中期对关键客户战略和行动计划进行适当的更新或修改。

在思考和明确行动计划是否成功取得了预期效果时，我们可以分别从关键客户和企业的角度将行动计划分为成功和不成功两大类，从而得到图 8-2。

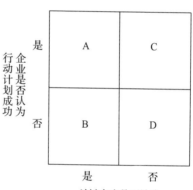

图 8-2　对行动计划的分析矩阵图

关键客户认为成功/企业认为成功的行动计划（A区）。位于这个区域的行动计划应继续实施。

关键客户认为成功/企业认为不成功的行动计划（B区）。关键客户认为行动计划是成功的，但企业认为行动计划不成功。或许企业凭借事后分析认为行动计划的目标设定不合理或者行动计划规定的（对行动步骤的）资源投入过多；或许企业经营目标的变更使行动计划的目标失去了其原本对企业的意义。企业必须做出艰难决策，因为取消正在实施的关键客户认为成功的行动计划很可能损害双方的关系，而继续实施该计划对企业来说是无益的。企业必须谨慎决策是否继续实施原有的或经过修改的行动计划。

关键客户认为不成功 / 企业认为成功的行动计划（C 区）。企业认为行动计划的实施是成功的，但是关键客户不这么认为。或许关键客户经营目标的变更使行动计划的目标失去了其原本对关键客户的意义（关键客户变更经营目标可能是因为关键客户的重要人员的意见在一开始没有被充分征询或者该重要人员被其他人取代）；或许行动计划的成功实施会限制关键客户的行动。企业应认真分析导致关键客户不满的原因，并在与关键客户的相关工作人员充分讨论后，再决定是否继续实施原有的或经过修改的行动计划。

关键客户认为不成功 / 供应商认为不成功的行动计划（D 区）。双方都对行动计划的进展情况感到不满，继续以这样的方式实施行动计划显然是一种浪费。但是，在关键客户与企业决定完全抛弃该行动计划之前，双方的相关工作人员应回顾原有行动计划的目标和行动步骤以检验它们的有效性，然后看看是否有可能做出适当的修改。

未能实现行动计划预期目标的核心原因是行动步骤未能按计划实施。此外，企业和关键客户的经营目标和战略会随着外部环境与组织内部的变化而不断变化。这些变化要求关键客户战略和行动计划，以及与之相关的企业与关键客户的关系都要发生相适应的变化。这样的变化要求关键客户方案成为一份动态文件，而不仅仅是为了满足高层管理者的要求制定的一成不变的文件。

8.4.4 规划流程控制

除了关注现有关键客户方案的实施和实施的结果，关键客户经理必须对关键客户方案规划流程本身进行控制。关键客户经理必须回答这个问题：采用关键客户方案规划流程是否生成了最佳的关键客户战略和行动计划？

回答这个问题需要对具体的关键客户方案规划流程进行审核，并且审核工作应当与对具体的关键客户的具体战略和行动计划的控制工作相分离。关键客户经理应作为审核工作的主导，并与关键客户主管相互协商。审核的目的在于评估具体的关键客户方案规划流程的质量，审核过程需要回答以下问题。

- **现况分析**的全面性如何？我们是否从关键客户那里获得了有关其外部和内部的实际情况、目标和战略的令人满意的信息？如果没有，原因是什么？
- 我们制定**规划假设**的水平如何？我们以往制定的规划假设在多大程度上适用于整个运营周期？
- 我们是否出色地完成了区分**机会和威胁**的工作？
- 我们的关键客户方案规划流程是否体现了**团队合作**？
- 是否**所有的**工作人员都尽最大努力完成了他们的工作？
- 是否存在某些类型的**信息**是我们无法获取的？它们是什么？
- 我们在制订关键客户方案的工作中是否得到了组织机构中**其他部门**的适当配合？如果没有，原因是什么？
- 我们可以为**下一个规划周期**做出哪些改进？
- 我们使用的制定关键客户战略和行动计划的流程是否合理？
- 我们的行为是否表现出了冷静的务实态度与创造力的完美结合？
- 我们是否将用于衡量行动计划价值的系统落实到位了？
- 我们能否明确那些成功的行动计划类型（能够传递客户价值并为客户带来更多销售收入和利润）与那些不成功的行动计划类型之间的关系？
- 我们**执行**行动计划的水平如何？行动计划是否失败了？如果失败，是因为行动计划的资源投入没有落实，还是有其他原因？
- 我们是否将关键客户方案视作**动态文件**？
- 我们是否为客户审查建立了方向**控制系统**？当发现规划假设有误时，我们是否尽早地进行了纠正？
- 规划流程中的哪些部分是特别值得注意的？哪些部分能够带来优质的信息、观点和创意？

- 我们的规划流程是否得到了关键客户工作人员的充分参与？

审核工作应该确定流程中运行良好的部分和效果欠佳的部分。企业在审核工作结束时应采取必要的行动步骤，为在下一个规划周期中改进流程做好准备。

需要注意的是，关键客户经理应当作为推动审核工作的主体，审核工作的目的在于评估关键客户经理在整个关键客户方案规划的过程中的规划绩效。关键客户经理能够识别多少缺陷，就应当在下一个规划周期中解决多少缺陷。我们应当将审核职责从关键客户主管肩负的不断升级整个关键客户方案规划系统的职责中明确地拆分出来。利用从众多关键客户经理制订的关键客户方案组合中获取的理念，关键客户主管将能够更好地完成其职责。

8.5 总结

在本章中，我们论述了对日常的关键客户管理工作至关重要的几个管理流程，重点介绍了改善企业关键客户管理团队成员之间相互协调的各种机制，讨论了如何管理企业与关键客户的工作人员的沟通交流。我们还讨论了技术在提升关键客户管理绩效方面的作用，特别是互联网技术。最后，我们关注了作为关键客户方案规划流程控制机制的各种形式的绩效控制。

第四部分

关键客户管理的关键问题

KEY ACCOUNT
MANAGEMENT
AND PLANNING

KEY ACCOUNT
MANAGEMENT
AND PLANNING

第9章

与关键客户建立合作伙伴关系

如果说从传统的销售团队体系向关键客户管理系统的转变体现了企业对待重要客户的方式的重大转变,那么从制订有效的关键客户管理计划向与关键客户建立合作伙伴关系的工作方式的变化至少应是与前者意义相当的重大转变。

合作伙伴关系的一般定义是:"一种双方共同分享和分担特定的权利和责任的密切的合作关系。"

具体到商业领域,合作伙伴关系的定义为:"一种基于相互信任、相互开放、共担风险、共享收益的定制化的商业关系,能够给双方带来竞争优势并实现单个企业无法实现的更高水平的经营绩效。"

对企业和关键客户来说,合作伙伴关系的建立意味着它们需要相互合作以实现特定的长期目标(预期目标)。为了实现预期目标,各方应当共同规划、相互协调、共享信息,避免机会主义行为并有效地利用资源。合作伙伴关系是一种介于疏远关系和合资或垂直整合关系之间的组织间关系。

企业与关键客户建立合作伙伴关系标志着它们之间关系的密切程度超越了传统意义上的成功的关键客户关系所要求的密切程度。实际上，合作伙伴关系要求企业与关键客户为满足双方需求做出更深层次和更广范围的互信承诺，包括分享在其他合作关系中被列为机密的信息。经过精心设计并有效运行的合作伙伴关系能够使双方都获得巨大收益（同时共担风险）。在合作伙伴关系中，一方面临的问题也会成为另一方需要解决的问题。

基于艰难的经济决策，有两大重要因素导致了企业与关键客户合作伙伴关系日益普遍：①企业认识到了合作伙伴关系作为成功的关键客户管理计划的自然延伸，能够为选定的关键客户带来巨大的潜在收益；②客户认识到了与选定的供应商企业建立更加密切的关系，将有助于增强双方在各自市场中的竞争力。

与关键客户管理计划往往由供应商企业来推动建立不同，合作伙伴关系的一个显著特征是，合作伙伴关系计划的制订很可能源于关键客户采取的方案和措施。当然，合作伙伴关系计划只有在买卖双方都能预见和获得实实在在的经济收益的前提下才有可能发展并获得成功；而且，合作伙伴关系计划带来的收益应大于发展和管理合作伙伴关系所增加的成本。

9.1 合作伙伴关系的发展过程

9.1.1 客户的视角

日益加剧的竞争压力迫使客户越来越多地关注其采购部门在提升公司竞争地位方面能够发挥的作用。正是出于这个原因，各项采购战略得以逐步形成。这些采购战略规定了对供应商的评估办法，涉及首选供应商计划、供应商开发行动（例如，为供应商提供有关其设备、运营方式和质量体系的建议）和**战略采购**。

在实践中，战略采购力图通过收集有关供应商企业运营情况（如工作流程、成本构成、质量等）的广泛信息来确定客户最得力的供应商。在通常情况下，由跨学科人员组成的采购小组会对供应商进行实地考察以验证获得的信息，解决质量问题并寻求降低成本的办法。供应商与关键客户将共同确定绩效改进指标，商定合作目标并建立认证标准。不仅供应商需要花费大量时间和努力以获取认证，关键客户也需要通过持续审核对供应商的绩效和保留认证资格的能力进行评估。实施战略采购的关键客户通常会掌控采购的进度并发出更多的招标需求书。除了价格因素外，关键客户还会关心产品的全寿命周期成本、产品质量和服务等其他因素。

市场与组织层级结构之间永恒的矛盾为战略采购行为提供了存在的基础——矛盾带来了以下问题：买方公司做出哪种选择更为明智？

- 同时与众多相互竞争的供应商合作
- 进行向后的垂直整合以实现组织内部的资源供应
- 与少数几个选定的供应商建立合作伙伴关系并在此基础上合作

战略采购的出现表明很多企业认为至少在某些情况下做出第三种选择是非常有利的。然而，单是供应商数量的减少并不会带来供应商与关键客户合作伙伴关系的发展。实际上，关键客户与更少的供应商合作所感受到的对抗性和与更多的供应商合作相比并没有多少差别。

很多采购人员现在都相信关键客户与供应商之间的对抗关系会带来不利的影响，而供应商数量的减少以及合作伙伴关系的发展将给他们带来巨大的福利。特别地，他们认为：

- 集中精力发展有限数量的供应商，能够更有效地利用跨学科采购小组的资源，从而改善供应商的经营状况，降低成本和物料的价格。
- 供应商可以通过加快运转速度、减少运营资本（包括改善库存管理）、灵活地安排生产、提高订单流程效率、缩短交付时间、降低投资成本和提高产品质量等措施降低其内部的运营成本。
- 供应商数量的减少将降低关键客户的与供应商相关的管理成本，例如供应商销售代表的拜访次数将减少，进行供应商审核的工作量将减少，进行供应商管理与评估的工作量将减少，应收账款管理工作可得以简化，协调成本可得以降低，等等。
- 供应商与关键客户更加密切的关系将为关键客户带来供货保障和货源紧张时的优先供应，这将有助于双方更好地解决问题，共同参与价值分析计划，并通过共同参与产品设计过程共担风险，缓和时间压力，缩短产品开发周期以及更有效地利用最新技术。
- 关键客户一方能够剥离（外包）那些对提升企业竞争力贡献微乎其微的非核心（但往往很重要的）业务。

案例 9-1（提高质量） 万事达卡公司的全球采购部门对印刷材料的采购工作进行了统一化管理。万事达卡公司需要为直接营销活动使用的产品/服务手册、政策宣传单和公司/品牌营销推广活动使用的各种材料的印刷、制作和设计投入大量资金。万事达卡公司选择了单一的合作伙伴管理该公司在活动现场的所有准备工作，这大大加强了该公司对印刷品质量/统一性的控制能力。

案例 9-2（缩短交付时间） 日本富士通与联邦快递建立合作伙伴关系后将其物流配送中心搬到了孟菲斯（联邦快递总部所在地）。联邦快递帮助富士通协调各种计算机配件从遍布亚洲的供应商处运达孟菲斯的时间，监督个人电脑产品的组装，再将组装好的产品发运出去。在联邦快递的协助下，富士通向客户交付产品的周期从 10 天缩短到了 4 天。

案例9-3（外包） 面对低端复印机市场上来自国外厂商的严峻的竞争压力，施乐公司与瑞德卡车公司建立了产品配送业务方面的合作伙伴关系。在瑞德卡车公司的协助下，施乐公司将其物流配送中心的数量从10个减少到了2个，并将其他一系列类似的业务外包给了瑞德卡车公司，例如供应仓库设备、预组装任务、产品配送和安装、客户培训、旧设备移除等。这样的业务外包不仅帮助施乐公司降低了总体成本，还解放了公司的销售团队，使它们有更多时间从事销售活动。

有些客户收益是短期的，有些潜在的客户收益（例如可以优先获取最新的和开发中的技术）则具有长期性质。当然，并非合作伙伴关系中的所有客户都能够获得全套的客户收益组合，但是客户收益组合可以为评估合作伙伴关系的潜力提供丰富的工具选择。在通常情况下，只有当双方能获得大致相当的收益时，合作伙伴关系才有可能成功地建立。

案例9-4 一家大型石油公司加强了其供应商计划，与斯伦贝谢公司（Schlumberger）等供应商建立了合作伙伴关系。这项行动带来了显著成果：该石油公司的总体成本降低了30%，核算成本降低了35%。此外，该公司减员25%，并将产能只占公司总产能10%但数量占总量66%的小型油田抛售变现。

下面是合作伙伴关系发展过程中的几个步骤。

第一步：准备。 从战略角度证明发展合作伙伴关系的必要性，组建工作团队探究完成这项工作的可能性，确定能够获得的来自高层管理者的支持。

第二步：识别潜在的合作伙伴。 确定选择标准，识别潜在的合作伙伴。

第三步：筛选和选择。 联系潜在的合作伙伴，对它们进行评估，确定目标合作伙伴；与有限数量的目标合作伙伴达成推进发展合作伙伴关系的一致意见。

第四步：建立合作伙伴关系。双方探索共同的理念，明确收益，设计联络方式，对关键人员赋予重要职权，谨慎处理关键问题（例如，合作伙伴关系会降低买方成本但会造成买方更强的依赖性，合作伙伴关系使卖方能够预测未来可以拿到的订单但其必须放弃自己的专有信息）。

第五步：组建团队。先依据个人关系组建合作伙伴关系发展团队，然后发展多个层面的联系。采购不再只是单个组织单位的工作，而是几个相互联系的组织单位要共同参与的任务。基于职权的管理体系将转变为以寻求合作和共识为主。

第六步：密切合作。为获取增值和解决问题而相互联系；信息系统得以初步整合；供应商资源围绕买方的需求准备；双方组织内部发生重要的动态变化；双方有时会出现关系管理方面的问题。

第七步：组织融合。最理想的情况是达成单一来源的协议，通过创新积累价值，识别整个价值链中的严重威胁。合作伙伴关系会带来组织结构和运营方式的重大变化。

9.1.2 供应商的视角

在供应商看来，关键客户管理获得越来越多的认可为企业与关键客户合作伙伴关系的发展提供了肥沃的土壤。在过去的30~40年间，越来越多的供应商把它们的重要客户（包括当前的和潜在的）看作它们的重要资产。正因为如此，关键客户管理的理念和相关流程才得以建立和普及。从非常现实的意义来说，供应商与关键客户合作伙伴关系的建立是关键客户管理趋势自然发展的结果。实际上，很多供应商已经决定要与选定的一组可能为自身带来显著优势的关键客户发展合作伙伴关系。

此外，战略采购的发展促使供应商开始将合作伙伴关系视为可用于规避激进的采购行为可能造成的不良影响的工具。随着关键客户不断减少供应商的数量，供应商在不断寻找能够为双方带来更大价值的途径。实际上，具有创新意识的关键客户经理不会将建立合作伙伴关系看作一种防御性的策略，而将其看作能够在关键客户实施战略采购之前使自己有所准备的方式。

成功地与关键客户建立了合作伙伴关系的供应商会获益匪浅。供应商与关键客户关系的日益密切将有助于：

- 供应商获得关键客户的长期承诺（有可能建立单一供应商关系）。
- （通过改善信息交流）减少不确定性，包括供应商能够预先知晓终端市场的变化和关键客户的反应。
- 供应商对客户需求做出更快的响应，从而为供应商带来更多的现有业务并使供应商能够先于竞争对手向关键客户提供新的产品。
- 供应商缩短交付周期并使供应商的运营更加灵活，从而降低供应商的成本，提高其利润率。
- 供应商在竞争中脱颖而出，有时甚至能够使其锁定重要客户而将竞争对手拒之门外。
- 供应商更好地为其他客户提供服务（凭借与市场领导者合作所获得的良好声誉和更高水平的技术能力）。这将帮助供应商实现经营质量（包括有形收益和无形收益）的普遍提升和技术的全面进步。

案例 9-5 本田（美国）公司拥有 50 名专门从事供应商开发的员工，他们组成了很多工作小组，现场与供应商共同制定改进质量和/或降低成本的目标，共同评估和改进为实现目标所制定的流程。经过这种流程再造训练的供应商有望对它们自己的供应商也执行这样的开发过程。

9.1.3 注意事项

尽管密切的买方/卖方关系能够为双方带来巨大的潜在收益，但是建立合作伙伴关系对于关键客户和供应商来说都不是解决所有问题的灵丹妙药。它们面临的问题可能包括以下几项。

（1）**供应商企业将注意力过多地放在少数客户的身上**。供应商将大量资源投放到少数客户身上时，如果这些客户放弃与供应商的合作伙伴关系，那么供应商很可能蒙受巨大的业务损失。此外，供应商的这种做法可能使关键客户产生超出供应商交付能力的期待。

（2）**关键客户过多地倚重少数供应商**。当供应商遭遇"天灾人祸"时，关键客户也会遇到相关的问题。这里所说的"天灾人祸"既包括罢工等人类行为，也包括洪水、地震、瘟疫等可能给供应商供货能力带来严重冲击的自然灾害。

案例 9-6　中国台湾地区的大地震会给很多计算机制造商带来影响，因为这样的自然灾害会使计算机芯片的供应出现严重中断。冰岛和智利的火山喷发也会分别给北欧和南美国家的公司造成重大的影响。

案例 9-7　2020 年的新型冠状病毒疫情给全球经济带来了极大的破坏，导致全球供应链出现了严重中断，而那些只依靠单一或少数供应商的企业受到了更大的影响。例如，苹果公司过于依赖富士康公司为其生产 iPhone，疫情曾导致富士康公司无法及时恢复产能，苹果公司因此在疫情初期损失惨重。

（3）**供应商对其他市场机会做出反应的能力被限制**。在这个科技发展日新月异的时代，合作伙伴关系可能会使供应商受困于"错误的"客户——这些客户无法跟上技术发展的步伐。而且，这些客户可能利用与供应商的合作伙伴关系迫使供应商不得不承受过高的价格压力。

（4）**不断增长的组织压力**。对于关键客户来说，与供应商建立合作伙伴关系是一种不同于以往的可能会带来严重组织问题的业务经营方式。当双方试图在处于混乱变革中的领域里建立合作伙伴关系时，情况更是如此。此外，关键客户可能卷入与供应商相关的劳务问题。与此相关，有些供应商不得不参加关键客户的工会组织以获取业务，因为这些工会组织会参与关键客户和供应商的协议的制定过程。

案例9-8 几年前，一家欧洲的汽车公司不得不参与调停其供应商的一起劳动纠纷。当时，这家供应商的管理部门决定给予员工低于可接受的幅度的工资增长。

案例9-9 耐克公司曾经由于其亚洲供应商"血汗工厂"的事件而遭受美国媒体的轰炸以及美国消费者的抵触。苹果公司曾经由于其供应商富士康的多位员工连续跳楼自杀而在美国遭受了极大的舆论压力。

（5）**竞争对手带来的负面影响**。相互竞争的客户往往拥有同样的供应商，因此作为某个客户的合作伙伴的供应商的绩效改善，可能会使该客户的竞争对手同时受益。与此相关，与有限数量的供应商建立合作伙伴关系，可能会使客户无法获得与其他供应商合作能够实现的技术进步。

供应商与关键客户都应认真考虑建立合作伙伴关系可能花费的时间和需要投入的资源。最重要的是，它们应当在着手进行关系建设的具体工作之前确立一套经营理念。此外，它们应当对潜在的冲突有所预见，例如，合作开发产品可能导致所有权、知识产权纠纷。而且，在一些情况下，建立合作伙伴关系并不合适，例如，当双方之间的交易量很小时，建立合作伙伴关系能够给双方带来的好处微乎其微。

在供应商与客户之间存在不信任的情况下，或者在客户对供应商的流程知之甚少的情况下，建立合作伙伴关系往往会遭遇失败。实际上，有的客户可能与供应商开展了大量业务而且未来的业务潜力巨大，甚至有可能被供应商视为关键客户，但是它们可能并不是供应商建立合作伙伴关系的适当选项。例如,有的客户喜欢拥有一组相互竞争的供应商,它们既不想给予供应商更多的信任,也不想与供应商建立密切的关系,或者它们已经与足够数量的其他供应商建立了合作伙伴关系。即便是在供应商与客户建立合作伙伴关系所需的条件似乎都已具备的情况下,如果双方都缺少对对方需求和能力的真正了解,或者合作伙伴关系协议没有得到合理的实施,都可能使合作伙伴关系带来低于理想状态的结果。

一般来说,如果客户具有以下特征,那么就并不适合与供应商建立合作伙伴关系。

- 只关心价格。
- 不守承诺。
- 怀有交易心态。
- 坚持要求签订细节化的合同。
- 不愿意做出长期承诺。
- 不愿意分享信息。
- 不关心供应商的利益。
- 思想保守,拒绝考虑供应商的建议。
- 与其他供应商之间存在对抗关系,并且因为善于击败供应商而名声在外。
- 将供应商的问题视为惩罚供应商的理由,而不是寻找解决办法的机会。
- 对如何与其他组织机构合作缺少管理流程。
- 高层管理者无法给予积极的支持。
- 跨职能部门的团队合作能力不足。

(6)**合作伙伴关系破裂**。尽管供应商与关键客户的关系可能成功发展,但是外部环境的变化可能导致关系破裂或者使关系发生重大变化,举例如下。

- 采购管理方面的变化可能源于关键客户的管理人员的变化，也可能源于公司间的收购。如果新上任的采购主管采用了不同以往的采购模式，那么供应商与关键客户间长期的合作伙伴关系可能在一夜之间瓦解。
- 在市场飞速变化的背景下，关键客户可能无法跟上市场变化的步伐，而供应商可能寻找更加灵活的合作伙伴。
- 如果关键客户面临利润率的压力，它们可能会尝试变更与供应商的关系，将关注的重点放在价格因素上。
- 产品缺陷导致采购管理方面发生变化。

案例 9-10 21世纪初，克莱斯勒公司的供应商抱怨克莱斯勒公司正在破坏它们与克莱斯勒公司在20世纪90年代建立的令它们引以为傲的合作关系。随着克莱斯勒公司开始面临严重的利润率压力，原先供应商与客户在会议上交流意见的场景被克莱斯勒公司的主管单方面索取和提要求的场景所取代。面对克莱斯勒公司试图降低成本的行为，供应商遗憾地表示它们在过去几年里与克莱斯勒公司慢慢建立起来的友好和善意的关系已被摧毁。

案例 9-11 21世纪初，因为旗下的探险者车型使用的费尔斯通轮胎的性能问题，福特汽车公司受到了公众越来越多的诟病，福特汽车公司与普利司通/费尔斯通轮胎公司的合作伙伴关系因此破裂。费尔斯通轮胎公司创立于1900年，由于其创始人哈维·费尔斯通与福特汽车公司创始人亨利·福特的私人关系非常好，费尔斯通轮胎公司和福特汽车公司的合作伙伴关系走过了整个20世纪。1988年，费尔斯通轮胎公司被日本普利司通轮胎公司收购。

> 20世纪90年代，美国的多项指控称费尔斯通轮胎在高温高速行驶状态下的性能缺陷导致了十几人在翻车事故中死亡。2000年夏天，普利司通/费尔斯通轮胎公司发布了大规模召回信息。尽管普利司通/费尔斯通轮胎公司承认轮胎性能存在缺陷，但其主管公开暗示福特探险者车型的稳定性问题可能是影响因素之一，特别是福特公司曾建议轮胎应保持较低的内气压。福特公司的高管听到这种暗示后非常生气，双方的合作伙伴关系随之终结（普利司通/费尔斯通轮胎公司的CEO和福特公司的CEO最后都被各自公司的董事会撤换了）。

尽管合作伙伴关系能够为双方带来潜在的价值，但是供应商应该认识到随着外部环境的变化，其应在规划框架中加入视情况而定的行动。

9.2 确定建立合作伙伴关系的机会

我们在前面阐述了促使供应商企业和关键客户考虑建立合作伙伴关系的各种因素。在本节，我们给出了一个采购组合框架，其可以帮助确定供应商企业与关键客户建立合作伙伴关系在总体上的可能性，以及确定要建立的合作伙伴关系的类型。

9.2.1 采购组合框架

1. 采购产品分类

我们可以从两个关键维度对关键客户所采购产品的类型进行分类。
①**采购产品的重要性**，主要关注产品采购在长期内对客户的潜在影响。如果某产品的采购量占关键客户采购总量的比例很高，那么这个产品的采购就蕴含着节约关键客户资金或提高关键客户利润的很大潜力，或者可能对

关键客户的产品质量产生重要影响。②**采购产品的供应风险**，主要关注产品的可获取性和该产品对关键客户未来发展的重要性。

通过确定所采购产品在这两个维度上的评分并将评分结果相综合，我们可以得到一个2×2的采购组合框架（见图9-1）。我们可以看到，这个框架能够将采购产品归入四个矩阵区：①非关键产品；②杠杆产品；③瓶颈产品；④战略产品。

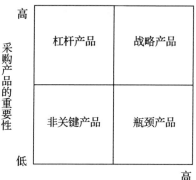

图9-1 采购组合框架

（1）**非关键产品**的供应风险低，重要性也低，对客户利润的影响较小。很多供应商都可以现成地供应这个类型的产品。由于采购量较小且供应商的利润通常很微薄，关键客户在这些产品上降低采购成本的操作空间较小。

（2）**杠杆产品**的供应风险低，但重要性高，对客户利润有很大的潜在影响。与非关键产品一样，很多供应商都可以参与争取该类型产品的业务竞争，关键客户很容易找到替代供应商。虽然供应商的利润可能很微薄，而且在当前的供应条件下降价的空间很小，但是关键客户大批量采购该类型的产品表明该产品有可能为其节省大量成本。

（3）**瓶颈产品**的重要性低，采购量较小，该类型产品对客户利润的影响较小，但是供应风险高，如果该类型产品的供应出现问题，客户会面临严重的后果。这个类型的产品可能具有以下特点中的一个或几个：规格具有唯一性，依赖供应商的技术能力生产，几乎没有替代品，存储有风险因而无法保留库存，用途经常变化而且无法预测，需求低，资源供应少导致生产上具有稀缺性，等等。

（4）**战略产品**的供应风险高，重要性也高，由于这个类型的产品通常以大批量采购，它们对客户利润有很大影响。确保该类型产品的持续供应对关键客户的运营至关重要。关键客户采购该类型产品的成本是其产品价格的重要组成部分。与瓶颈产品一样，战略产品也可能具有唯一的规格并且依赖供应商的技术能力生产。由于具备必要的技术能力的供应商很少，这种生产上的稀缺性使关键客户很难更换供应商。

案例 9-12 对于很多安卓智能手机厂商来说，谷歌的安卓系统和应用是战略产品。因此，当华为受到美国制裁而无法获得谷歌某些应用的许可时，华为的智能手机在海外的出货量就受到了很大影响。

2. 根据采购产品类型分析建立合作伙伴关系的机会

图 9-1 每个矩形区域中产品的特点为我们提供了独到的视角，可帮助我们了解关键客户可能采取的采购战略，以及供应商与关键客户建立卓有成效的合作伙伴关系的可能性。一般来说，在供应风险较高的情况下，关键客户会试图利用采购战略来创造竞争优势。

（1）**非关键产品**无法因为供应商与关键客户建立了的合作伙伴关系而给客户带来显著收益。很多供应商都可以竞争这项对客户利润影响很小的业务。只有当涉及多种产品的采购协议规定了关键客户必须在该产品业务上与供应商建立合作伙伴关系，或者建立合作伙伴关系能够给关键客户带来额外的服务并因此会为其带来额外收益的时候，供应商才有可能成功地说服关键客户与其建立合作伙伴关系。

（2）**杠杆产品**可为客户提供大幅降低成本的可能，而且杠杆产品是客户最有可能实施战略采购的产品领域。客户的采购战略可能给供应商带来的风险包括供应商利润不断缩水，客户的服务需求不断提高，供应商自身灵活性降低等。尽管可能遇到这些问题，但是具有创新意识的供应商还是能够识别机会以增加其为客户提供的价值。这样做的结果是，供应商能够与客户建立为更为长期的关系，发展优先客户，更新客户组合，并获取更高的利润。

大批量采购杠杆产品能够为客户带来较高的潜在利润，因此，与非关键产品相比，供应商与客户更有可能在杠杆产品业务上建立合作伙伴关系。考虑到价格是影响杠杆产品采购总成本的重要因素，供应商的战略目标应设定为增加企业在客户身上的市场份额。当重要的成本经验曲线和规模经济可以发挥作用时，通过建立合作伙伴关系而签订的包含更低价格和更高承诺采购量的多年期合同将同时使客户和供应商从中受益。

供应商应使用寿命周期成本法着眼于长期的销量增长来考虑定价的问题。例如，在短期内使用边际成本定价法来实现销量目标从而支付长期的固定成本。供应商还应考虑兼并其竞争对手以增加未来的销量。此外，供应商应改进产品线，利用地域优势在全球范围内提供有竞争力的价格，并提出更多合理的产品供应建议。最后，供应商可以劝说客户放宽（非关键性的）规格要求，或者促使自身的产品设计更加符合规格要求，选用成本更低的配件，考虑外包部分业务以降低成本。

供应商根据具体情况对多项产品进行捆绑销售或者对产品进行单独销售，都可以增加它们为客户提供的价值。特别地，供应商需要考虑将无价值的服务从捆绑供应中去掉。除了关注价格，供应商还应考虑其他与成本相关的能够为自身带来优势的因素，包括提供质量保证以取消入厂检验，改善物流服务（如实现跨库配送），即时交付以争取低库存或零库存，采用自动开票系统，一体化产品销售／使用和生产规划，采用基于电子信息技术的订单系统等。

除了关注与直接客户的关系，供应商还可以通过诸如广告宣传和客户忠诚度计划等品牌建设活动来创造间接客户的需求，进而强化自身的市场地位。通过实施这些活动，供应商能够建立终端用户信息数据库，利用这个数据库与终端客户进行直接交流，以期使终端用户自下而上地形成对供应商产品的需求。

(3) **瓶颈产品**的使用量相对较小，但是，这些产品的供应中断可能导致客户生产系统停工。对于该类型的产品，采购工作最大的挑战是确保产品的可获取性，必要时客户可以为此付出额外的成本。该类型的产品具有至关重要的作用，且没有替代品和替代供应商，因此有能力供应此类型产品的供应商会发现它们与客户建立合作伙伴关系会给客户带来福利。

(4) **战略产品**是最有可能使供应商与客户建立合作伙伴关系的产品，这种产品对于客户来说不仅具有战略意义，还对客户利润有很大的影响——客户能否利用最佳的可用技术获取所需数量的产品对于其能否顺利运营非常关键。因此，与供应商建立高水平的合作关系符合客户的利益，而与供应商发展合作伙伴关系可能给客户带来巨大的福利。合作伙伴关系将帮助客户锁定那些能够供应基于当前最新技术的产品的重要供应商。随着供应商产品研发周期的缩短，新的产品理念能够以更快的速度转化为商业现实，合作伙伴关系将使客户能够更加迅速地获取蕴含未来技术元素的产品。显然，这样的情况有利于供应商与"正确的"客户建立合作伙伴关系。

不论采购组合框架对关键客户可以采取哪些具体行动给出了怎样的提示和建议，进行了有效的现况分析的关键客户经理都应对关键客户的需求拥有全面的认知，并对它们可能采取的行动做出充分的预判。特别地，考虑到供应商做出有效响应通常需要一些时间，关键客户经理应做好引入供应商认证计划以及其他相关策略的准备。与此相关，关键客户经理应当充分了解其所在的组织机构和关键客户所实施的具有实质意义的行动。如果关键客户没有引入供应商认证计划，那么关键客户经理应考虑采取前瞻性的行动，以采购组合框架为指导，通过开发创新理念在建立合作伙伴关系的背景下增加价值并降低成本，进而帮助巩固双方的关系。

3. 小结

上面的分析表明，基于四种不同产品的战略采购情况将形成以下三种发展合作伙伴关系的基本情形。

（1）**非关键产品**：与供应商发展合作伙伴关系对客户来说似乎没有什么价值，因此，供应商花时间与客户发展合作伙伴关系最终很可能是白费力气。

（2）**杠杆产品**：供应商与客户发展合作伙伴关系的潜力主要来自客户通过合作伙伴关系能够降低自身成本的可能性，因此，供应商面临的挑战是通过获取更高的市场占有率来提高生产率，从而降低客户的总成本。

（3）**战略产品和瓶颈产品**：供应商应当着力发展和利用专利技术，缩短周期时间，发展定制化产品，提供优质的服务和技术支持，以及改善客户的供应链。供应商应当通过这些方式寻求与客户建立合作伙伴关系。

更广泛地说，采购组合框架可以为供应商提供有效的方法将关键客户分为寻求购买非关键产品的客户，寻求购买杠杆产品的客户，以及寻求购买战略产品和瓶颈产品的客户。

我们需要牢记，建立合作伙伴关系本身并不是目的，而是达到目的的方法和手段。采购组合框架分析表明，建立合作伙伴关系的过程可能受到限制，因此，供应商应避免在条件不适合的情况下强行建立合作伙伴关系。实际上，与任何组织机构间的关系一样，合作伙伴关系遭遇失败的可能性永远都是存在的，失败的原因包括：在错误的条件下选用了错误的合作伙伴关系战略，选择的合作伙伴有误，选择的合作伙伴关系战略有误，企业对合作伙伴关系投入不足（可能因为企业的合作伙伴太多，导致精力和资源分配过于分散），组织之间和/或组织内部缺乏沟通，无法将成果量化，等等。

与关键客户建立合作伙伴关系，除了从产品角度考虑之外，许多时候可从资源共享角度考虑——有时，双方通过了解，都看上了对方的资源和价值，然后为了资源共享协商建立合作伙伴关系。

案例 9-13 在中国,商业银行与保险公司之间建立了合作伙伴关系,商业银行看上了保险公司的产品和回报,保险公司看上了商业银行庞大的网点数量和客户群,于是双方进行战略合作推出银保产品。

案例 9-14 施耐德公司与万科公司的合作伙伴关系是这样发展的:万科公司了解了施耐德公司在"未来智能家居"这一领域的先进技术和发展蓝图,施耐德公司看上了在中国房地产业具有领军地位的万科公司及其发展理念,双方一拍即合,决定资源共享、优势互补,从而建立了合作伙伴关系。

9.2.2 新的业务机会

尽管以上四种产品类型涵盖了客户当前购买的所有产品和服务,但是它们并没有涉及所有建立合作伙伴关系的潜在机会。具体地说,它们并没有涉及当前在客户的组织机构内进行的但未来可能外包出去的经营活动。

管理理念与方式的此消彼长是商业环境的特征之一。在 20 世纪,公认的管理大型公司的明智做法是构建大型联合企业集团,这样的组织通常拥有高度多样化的产品和市场,并基于分散风险的理念运营(例如通用电气)。近年来,竞争的加剧和来自金融界的压力导致组织任务回归集中化和精细化,大型联合企业集团的管理方式在西方世界已经在很大程度上不再流行了。组织任务集中化的结果是公司开始寻找自身的核心竞争力,以确保自身在市场竞争中取胜。从理论上说,公司对核心竞争力的关注将有助于增强它们的竞争力。这种回归本源的管理方式促使公司开始考虑将重要的但并不需要在公司内部进行的非核心业务外包出去。

这种潜在的外包业务为供应商提供了大量建立合作伙伴关系的机会。对大多数公司来说，它们经常外包出去的业务领域包括工资管理、计算机系统管理、安全和法律服务等。

然而，外包业务的范围正越来越多地从支持性业务领域向对组织机构运营更加重要的业务领域转移。随着全球化竞争的加剧和产品开发周期的缩短（以及当前组织机构的精简），越来越多的公司认识到，它们现有的研发资源和运营资源都不够充足，难以支撑公司完成必要的工作——公司面临的关键性的战略问题包括该如何确定核心竞争力，也包括其他一些非此类型的问题。根据这项分析，许多公司正在将以往的主营业务外包给其他公司。在这个过程中，这些公司也在不断学习如何发展和管理与供应商的关系以构建竞争优势。当然，客户必须注意，将生产业务外包给供应商的做法不应为今后埋下供应商进行前向整合而导致竞争加剧的隐患。

供应商对其关键客户的了解越全面，就越有可能识别并获得客户外包业务的机会，从而在长期提高供应商的竞争地位。

9.3 合作伙伴关系发展模型

很多合作伙伴关系发展模型都可以为考虑发展供应商与关键客户合作伙伴关系的公司提供帮助。我们在本节提出了一个基于实践经验并且成功通过检验的特别有用的合作伙伴关系发展模型，该模型为确保供应商与关键客户都能从合作伙伴关系中获益提供了系统化的方法。然而，与其他模型一样，供应商与关键客户从这个模型中获得的最大收益可能并不是业绩的增长，而是双方使用该模型能够对关键问题进行全面的讨论。更重要的是，双方都应非常谨慎地对合作伙伴关系设定期望值，从而避免双方对通过合作伙伴关系能够实现的收益存有不切实际的期望。在使用模型前，供应商与关键客户都应同意遵守所有的步骤要求，除非建立合作伙伴关系已经明显变成了不可能完成的任务。

图 9-2 中的合作伙伴关系发展模型包括三个主要的构建模块：①驱动因素；②促进因素；③组成要素。其中，驱动因素对合作伙伴关系的效果设定期望值，而合作伙伴关系的效果可为合作伙伴关系的驱动因素、促进因素和组成要素提供反馈信息。

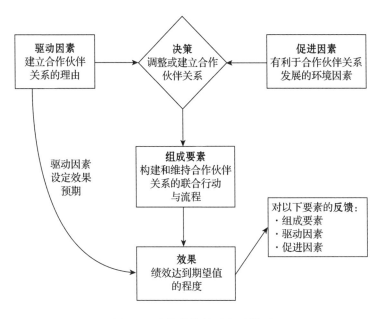

图 9-2　合作伙伴关系发展模型

（1）**驱动因素**是建立合作伙伴关系的理由。驱动因素越强，建立合作伙伴关系的可能性就越大。这个模型中的驱动因素包括以下几项。

- **提高资产 / 成本效率**，包括通过业务整合和 / 或开发专用的设备与流程降低成本的潜力。
- **改进客户服务**，如减少库存、缩短产品研发周期和提供更加及时准确的信息。

- **强化营销优势**，包括改进营销策略，使公司进入新市场变得更加容易，使公司能够更方便地使用技术和创新。
- **保持利润稳定/增长**，包括通过获得关键客户长期的采购量承诺确保利润的稳定或增长，减少销售中的可变因素，进行合资经营。

对于供应商企业来说，其为每个关键客户配备的关键客户管理团队通常由8～10名成员组成，分别拥有不同的组织级别和职位。每个关键客户管理团队都会自主地制定具体的驱动因素评估条目，并评估驱动因素的强度。各个关键客户管理团队之间会相互交流它们制定的驱动因素评估条目，然后进行联合讨论并努力达成共识。各个关键客户管理团队会使它们的评估条目尽可能地具体，因为它们将为合作伙伴关系设定效果目标，并依据目标衡量实际的效果。

（2）**促进因素**是促进合作伙伴关系发展的普遍的或/和基于具体情况的支持性因素。任何合作伙伴关系都应拥有一些普遍的促进因素。基于具体情况的促进因素的存在有可能增加建立合作伙伴关系的成功概率，但是这种因素的缺失并不会导致合作伙伴关系无法发展。

普遍的促进因素包括以下几项。

- **公司相容性**，涉及公司文化和经营目标的相似性。
- **管理理念和方法**，涉及多个维度，例如公司对员工赋权、质量管理方法和团队相对重要性的态度。
- **共同性**，指双方的管理部门为发展合作伙伴关系进行自我调整的能力，通常表现为双方的管理部门制定共同目标、共享敏感信息和采取长远眼光的愿望。
- **对称性**，指合作伙伴关系中的一方对另一方成功经营的重要程度，包括多个维度，例如相对规模、市场份额、财务实力、生产能力、品牌形象、公司信誉、技术完善程度等（一个好的例子是可口可乐与麦当劳的合作伙伴关系：麦当劳是可口可乐最大的客户，可口可乐则是麦当劳最大的供应商）。

基于具体情况的促进因素包括以下几项。

- **排他性**，即双方都不会与对方的直接竞争对手建立合作伙伴关系来扩大优势。
- **共同的竞争对手**，这可为双方建立合作伙伴关系提供更强大的基础（一个好的例子是百事可乐是麦当劳和可口可乐共同的竞争对手）。
- 两个组织机构的**地理位置接近**将有助于强化合作伙伴关系。
- **以往成功的合作伙伴关系发展历史**将增加未来的合作伙伴关系成功发展的可能性。
- 拥有**共同的最终用户**将使双方因为存在共同的目标而更有可能建立合作伙伴关系。

虽然供应商与关键客户各自确定和评估驱动因素，但是它们会共同评估促进因素。

驱动因素和促进因素相结合能够使供应商与关键客户确定双方是否应该建立合作伙伴关系，以及建立不同类型的合作伙伴关系的可能性。利用图 9-3 中的框架能够对合作伙伴关系的类型进行分类——第Ⅰ类，第Ⅱ类，第Ⅲ类。

- **第Ⅰ类合作伙伴关系**基本上着眼于短期并且只涉及单个的组织单

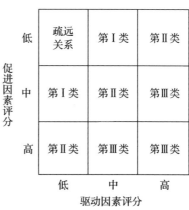

图 9-3　合作伙伴关系的分类

位。供应商与关键客户互相承认对方为合作伙伴，并在有限的范围内协调规划活动和其他活动。

- **第Ⅱ类合作伙伴关系**具有长期取向并涉及多个业务部门和职能部门。此时，供应商与关键客户共同行动。
- **第Ⅲ类合作伙伴关系**包括高水平的运营层面的整合。此时，供应商与关键客户都视自己为对方公司的延伸，且双方都没有对它们的合作伙伴关系设置终止日期。

（3）**组成要素**是双方的管理部门在合作伙伴关系整个存续期内建立和管理的联合行动和流程等，用以确保合作伙伴关系的正常运行并帮助管理人员基于合作伙伴关系创造收益。在这个模型中，组成要素包括以下几项。

- 两家公司的**联合规划活动**，包括从共享现有方案到共同开发联合战略方案的各种活动。
- **联合运营管理**，包括任何一方为发展合作伙伴关系而变更经营方式。
- **沟通交流**，包括日常和非例行性的沟通交流，可以采用多种方式，并且双方愿意共享好消息和坏消息。
- **风险共担/收益共享**，涉及**命运共同体**的核心理念，包括共担风险和共享收益的机制。
- **信任和承诺**涉及双方的相互忠诚——忠诚于合作伙伴并着眼于建立长期的合作伙伴关系。
- **合同形式**，合作伙伴关系最牢固的双方会签署篇幅最短、内容最笼统的协议，有时可能根本不签署书面协议。
- **覆盖范围**，涉及增值举措的数量和复杂程度，以及增值涉及的业务数量。

- **财务投资**，共享资产、共同进行技术投资、交换重要的工作人员、进行联合研发、在关键客户所在地建立供应商工厂等都可反映双方在财务上的高度相关性。

合作伙伴关系中的每个组成要素都是清晰明确的，但是它们的实现水平可能有高有低（见表9-1）。

- **第Ⅰ类合作伙伴关系**：组成要素的实现水平较低。
- **第Ⅱ类合作伙伴关系**：大部分组成要素的实现水平中等。
- **第Ⅲ类合作伙伴关系**：大部分组成要素的实现水平较高。

在实践中，组织间的承诺从第Ⅰ类合作伙伴关系到第Ⅲ类合作伙伴关系依次递增，第Ⅰ类合作伙伴关系到第Ⅲ类合作伙伴关系的数量则依次递减。

在对合作伙伴关系的各项组成要素进行考察后，供应商与关键客户可能会决定建立与从驱动因素/促进因素分析中能够明显看出的不同水平的合作伙伴关系。具体地说，组成要素分析明确了双方对合作伙伴关系类型的预期。有时，双方都可能没有为建立更高水平的合作伙伴关系所需的更密切的关系做好准备。

（4）**效果**的规定需要基于一系列战略和行动计划。战略和行动计划与驱动因素相关，不论双方约定发展哪种类型的合作伙伴关系，它们都会制定战略和行动计划。此外，双方还必须设定衡量成功与否的指标，其中一组指标用于衡量关键客户，一组用于衡量供应商。通用的效果包括以下几项。

1）财务绩效。

- 销售收入增加。
- 利润增加。

表 9-1 合作伙伴关系组成要素的不同水平

	水平较低	水平中等	水平较高
联合规划活动	1. 偶尔规划 2. 关注项目/任务 3. 分享现有计划	1. 定期规划 2. 关注进程 3. 共同实施，消除战略中的冲突	1. 系统化地规划；包括定期规划和偶尔规划 2. 关注关系 3. 在组织机构的多个层面上共同实施战略与计划（包括高层管理者），旨在建立关系网络；双方都参与对方的业务规划
联合运营管理	1. 独立开发绩效指标但共享评估结果 2. 双方可以建议对方对系统做出调整	1. 联合开发和共同使用指标；关注单个公司的绩效 2. 双方可以在未经对方同意的前提下对方的系统做出改变	1. 联合开发和共同使用指标；关注关系和联合绩效 2. 双方可以在未经对方同意的情况下对方的系统做出改变
沟通交流	1. 非常有限，通常只针对任务/项目层面的重大问题 2. 偶尔进行个人间的日常交流 3. 通常为单向交流 4. 使用单个系统	1. 更加频繁，并且可以针对多个层面的问题；交流通常是开诚布公的 2. 有意安排的沟通交流非常多，一些实现了常规化 3. 通常为双向交流 4. 对单个系统进行共同的调整	1. 被视作合作伙伴关系的部分内容进行安排；涉及所有层面；分享赞誉，共担批评；双方立场一致 2. 系统的沟通交流方法（人工的或电子的） 3. 平衡的双向沟通交流 4. 共同开发定制化的电子通信系统相互连接
风险共担/收益共享	1. 对损失的容忍度很低 2. 双方对帮助对方获得收益的意愿有限 3. 依据交易的公平性进行评估	1. 对短期损失有一定的容忍度 2. 双方都愿意帮助对方获得收益 3. 每年对交易公平性进行一次追踪评估	1. 对短期损失有很高的容忍度 2. 双方都想要帮助对方获得收益 3. 在合作伙伴关系的整个存续期间内评估交易公平性

信任和承诺	1. 信任单指双方都以诚实的和符合道德标准的方式行事 2. 双方对具体的交易项目或重新赢取信任做出承诺	1. 合作伙伴比其他公司获得了更多信任；供应商被视为最受青睐的供应商 2. 对双方更长期的关系做出承诺	1. 毫无保留地完全信任；双方不需要赢取信任 2. 对帮助合作伙伴取得长期的成功的承诺；公司层面对双方组织机构中的所有职能部门和所有层面均有效
合同形式	1. 时间期限较短 2. 合同具有特定性	1. 时间期限较长 2. 合同更多地具有一般性	1. 合同具有很强的一般性的或者合同完全通过见面寒暄、口头协议的方式建立 2. 合同不规定双方的责任义务，只概述指导关系发展的基本理念
覆盖范围	1. 双方只在很小程度上分享业务 2. 合作伙伴关系只包含一个或者很少的增值举措 3. 只涉及对合作伙伴取得成功相对不重要的活动	1. 双方在中等程度上分享至少一方的业务 2. 多个职能部门/业务单位参与合作伙伴关系 3. 涉及对双方取得成功非常重要的活动	1. 合作伙伴关系下的合作能够给双方都带来大量业务 2. 多个职能部门/业务部门参与合作伙伴关系；合作伙伴关系扩展至合作双方组织机构各个层面 3. 涉及双方取得成功至关重要的活动
财务投资	1. 双方相互之间没有或者只有很少的经济投入 2. 双方没有共同开发产品/技术 3. 双方的工作人员的交流非常有限	1. 双方可以共同持有低价值资产 2. 双方有一些共同设计的工作，可能包括一些联合研发规划 3. 广泛的人员交流	1. 双方可以共同持有高价值资产 2. 双方进行了很多联合开发工作，包括常规性和重要的联合研发活动 3. 双方有成员加入对方公司的董事会

- 平滑利润流。

2）过程效果。

- 服务得到改善。
- 成本得到降低。

3）竞争优势。

- 竞争地位提升。
- 市场份额扩大。
- 相互增进了解。

合作伙伴关系一旦建立，供应商与关键客户就应通过定期报告和合作伙伴关系状态更新会议的方式，持续衡量和监测合作伙伴关系协议取得的效果，其中定期报告应当是高频率的，状态更新会议可以隔一段时间举行一次。合作伙伴关系协议的成功实施将为双方扩大合作范围奠定基础。

很多成功的合作伙伴关系都使用了我们的这个模型。

- 建立新的合作伙伴关系，例如美国联合信号公司（Allied-Signal）和 CSX 公司。
- 分析评估现有的合作伙伴关系，例如固特异轮胎公司（Goodyear）和 Yellow Freight 运输公司。
- 加强重要的合作伙伴关系，如德州仪器公司和 Phototronics 公司。

此外，这个模型通过将驱动因素、促进因素和组成要素的表述与组织机构的具体情况相结合，可以帮助供应商和关键客户进行组织机构内的关系管理。

9.4 建立和维护成功的合作伙伴关系的必备条件

从发展合作伙伴关系的成功经验和失败教训中,我们可以确定对于成功的合作伙伴关系至关重要的几个因素,我们将这些因素归类为战略因素和运营因素。**战略因素**包括双方对发展合作伙伴关系的共同理念和共识,双方的高层承诺,对质量的深切关注,形式化的要求以及对成功的共同渴望。**运营因素**包括组织机构对合作伙伴关系的长期关注,对广泛的、涉及多层级和多职能部门的、内部和外部组织间联动关系的积极管理,以及高水平的信息流动。

9.4.1 战略因素

1. 双方对发展合作伙伴关系的共同理念和共识

发展成功的供应商与关键客户的合作伙伴关系最重要的条件大概就是,双方都对发展合作伙伴关系的目的和方式怀有清楚的认识和共同的期望。例如,在某种合作伙伴关系中,双方都同意"……建立能够提高双方利润率和竞争优势的相互信任的长期合作伙伴关系"。双方可计划采取以下行动以实现这一目标。

- 创建和保持能够促进相互尊重、相互承诺、开放交流以及激发自豪感的团队环境。
- 持续提高产品和服务质量,改进双方组织机构的成本结构。
- 改进双方的通信和对接系统(如订单录入系统、开票系统和电子数据交换系统)。
- 通过信息自由交流了解对方的生产流程、产能和限制。
- 利用双方的经验识别和利用机会。
- 承诺平均分配收益和节约的成本。

- 确定和解决双方关心的与迫切希望解决的问题。

2. 双方的高层承诺

鉴于合作伙伴关系协议对于供应商和关键客户来说都具有战略意义，双方都应在公司最高层面上开展合作伙伴关系的建设。如果双方的高层人员不能致力于发展合作伙伴关系，不能展现领导力，不能清楚地了解成功发展合作伙伴关系对他们自身角色和职责的要求，那么合作伙伴关系中的双方将有可能在未来得到令人失望的结果。

合作伙伴关系中的供应商展示这项承诺最有力的方式是任命一位企业高管担任关键客户的高管支持者。如前所述，高管支持者能够在供应商高层内部活动并且能够凭借职权代表整个组织机构做出承诺。虽然对关键客户进行日常管理是关键客户经理的职责，但是高管支持者可以帮助关键客户经理解决难点问题，并牵头举办每年一次的供应商与关键客户的会议以审核进展。如果供应商任命的高管支持者能够长期任职，那么不论其在组织机构内的正式职责是否因职位升迁或平级调动而改变，高管支持者都将为合作伙伴关系的发展发挥有力的作用。

3. 双方对质量的深切关注

一般来说，关键客户会要求供应商提供高质量的产品。随着质保审核和质量改进活动在很多行业中日益普及，质量标准已随着供应商质量管理办法的改进而得到了普遍的提高。

很多公司把关注点从产品质量转向了服务以获取竞争优势，其他一些公司则认识到了以整体视角看待质量问题的必要性，并将关注点放在了供应商与关键客户关系的全局之上。作为发展合作伙伴关系的先行者，施乐公司倾向于将合作伙伴关系的缺陷定义为客户或供应商提供的任何达不到双方商定的要求的结果——施乐公司使用全面的质量控制系统努力将缺陷率降到零。

4. 双方对形式化的要求

为了使合作伙伴关系能够正常发挥作用，合作伙伴关系中的双方应协商并认真制定一份总体性的协议。仿效关键客户方案确定的合作伙伴关系方案联合规划流程，应当确定关键客户的关键需求和供应商增加价值与降低成本的机会。这个联合规划流程应当生成有关发展合作伙伴关系的目标、任务、工作原理以及质量改进目标的各项协议。协议中应明确规定可以接受和不可以接受的行为，例如，由谁来负责哪项工作，如何分配成本和共享技术，等等。

其他的协议应包括衡量指标和监测流程，对多层级组织关系的具体说明以及其他的沟通过程。此外，合作伙伴关系中的双方应对问题解决流程、冲突解决机制、人力资源和其他资源的供应达成一致意见。必要时，双方还需要签署保密协议，特别是在双方共享先进技术和/或者对联合技术开发签订了所有权协议的情况下。当双方有可能将联合技术开发的成果用于发展其他业务时，保密问题将变得尤为重要。双方应当持续监测合作伙伴关系的运行和绩效，定期举行高层会议评估合作伙伴关系的绩效和管理机制的效能。

合作伙伴关系的形式化应该能够达到在很大程度上改变供应商与关键客户的动态关系的效果。传统的供应商与关键客户关系的核心是采购活动，而合作伙伴关系的核心则是关系本身——力图建立公平、诚信、互惠、开放的合作伙伴关系，并通过持续的供应商评估和关系管理发展与增进双方的互信。推动采购活动发生的关键因素是关键客户在其所在市场中能够不断地取得成功，此时关键客户对供应商的订单将成为双方合作伙伴关系的副产品。

5. 双方对成功的共同渴望

尽管本节讨论的问题都很重要，但是合作伙伴关系中的双方发自内心地对成功的渴望也是成功发展合作伙伴关系的关键因素之一。在我们之前描述的复杂的合作伙伴关系中，错误是无法避免的，个人会不可避免地犯错，关系缺陷也会无法避免地存在。然而，如果双方都怀有追求成功的热情，那么这些错误和缺陷将推动合作伙伴关系经过良性循环的完善过程最终取得成功，而不是跌入互相指责、共同失败的恶性循环的深渊之中。

9.4.2 运营因素

1. 双方对合作伙伴关系的长期关注

发展合作伙伴关系不是短期活动，与此相反，双方应共同着眼于长期的共同战略优势、价值创造可能和合作伙伴关系对双方组织机构的显著效益。合作伙伴关系的发展需要从双方获取大量的资源，可能涉及系统、日常工作和流程的整合，需要双方对自己的工作人员进行培训以发展他们的新技能，还需要双方出于长期共同收益的考虑对合作伙伴关系进行管理。

2. 双方对广泛的、涉及多层级和多职能部门的、内部和外部组织间联动关系的积极管理

合作伙伴关系的本质通常可以概括为一项涉及双方多个主体组成的密集网络的非常复杂的事务。有时候，双方的工作人员作为个体行动，有时候，他们作为跨职能部门和跨组织机构的团队行动，为关系发展带来稳定性并协调利用各种知识和信息。此外，关系网络的连接可能扩展到供应商与关键客户之外的组织机构，如供应商的供应商、供应商的其他客户。合作伙伴关系中的双方必须从单个组织机构中的个体角度以及跨越组织界限活动的个体角度来管理它们之间的重要关系。

成功地管理这些各种各样的关系要求关键客户经理必须拥有高超的技能，能够基于双方组织机构中现有的多层级的人力资源战略开展工作。关系管理工作会牵涉很多人，每个人都有自己的具体需求、喜恶和个性。而

且，他们就职于不同的职能部门，具有不同的角色和职责，拥有职位赋予他们的不同级别的权力和职权。此外，他们在不同的企业文化中工作，拥有不同的价值体系。

案例 9-15 在 3M 的大客户部门，关键客户管理团队不仅具有跨职能部门的性质，还涉及了 3M 多个不同的业务单位，其目标在于确定 3M 技术发展的机会。

想成功的关键客户管理团队必须利用这样的极端多样性服务于发展合作伙伴关系的目标。同时，合作伙伴关系中的双方必须避免在这样复杂的社会系统中经常存在的破坏性的潜在矛盾。实际上，合作伙伴关系中的双方不应将多样性视为负面因素，而应当将其看作巨大的优势。合作伙伴关系作为发展组织内部和组织间信任的催化剂，可成为旨在寻求实现组织机构更高水平总体绩效的学习型的有机体。

3. 双方高水平的信息流动

成功的合作伙伴关系打破了职能部门与组织机构间的壁垒。发展密切关系的重要途径是广泛的信息开发和合作伙伴关系中全方位的信息共享。信息流动可以是实时的，如使用电子邮件或社交媒体发送资料，也可以体现为技术开发、方案设计、项目计划和市场战略规划。

广泛的信息流动可将合作伙伴关系转变为真正开放的"系统"。供应商需要提前了解关键客户的客户对该关键客户的需求；关键客户需要供应商为其提供有关新兴技术发展的预告，从而在未来规划中融入这样的发展元素。

案例 9-16 一家工业气体制造商使用基于互联网的传真、电子邮件、电话一体机替换了传统的传真、电子邮件和电话系统以提高订单执行/交货效率。作为其合作伙伴的客户通过设有访问限制的网站下达订单,按照价格筛选产品并做出最终选择,而且客户的所有工作都基于该制造商与客户之间达成的大宗购买协议。客户可以随时查询订单状态、发货情况和其他持续更新的信息。供应商允许客户访问其库存数据,反过来,客户也允许供应商进入其成本核算系统以避免重复输入数据。

最后,合作伙伴关系中的双方应当对双方的关系和其他供应商与客户的关系进行持续的比较,并将比较结果用于改进旨在发展它们的合作伙伴关系的流程。

9.5 不成功的合作伙伴关系计划

令人遗憾的是,很多合作伙伴关系最终都失败了。关注供应商与关键客户的合作伙伴关系的企业不仅应当努力满足成功的合作伙伴关系的必备条件,还应当考虑到潜在的危险。以下是一些阻碍供应商与关键客户的合作伙伴关系顺利发展的因素。

- 缺乏信任。
- 目标不一致。
- 工作人员(个人)矛盾。
- 沟通交流不足。
- 领地保护/担心工作安全。
- 企业政策/流程问题。
- 对管理漠不关心/投入很少。
- 组织结构问题。
- 害怕失去控制。

- 害怕失去竞争。
- 不同的企业文化。
- 企业发展的过程。
- 无效的资源使用。
- 双方之间互相利用。

9.6 总结

在本章中，我们讨论了供应商与关键客户关系的一种演变形式——合作伙伴关系。我们讨论了合作伙伴关系能够为供应商与关键客户带来的各种收益，也提出了一些注意事项。显然，合作伙伴关系并不是适合于所有的供应商与关键客户建立关系的万能良方。

随后，我们引入了采购组合框架，供应商可以使用这个框架对关键客户的采购情况进行归类，并确定关键客户最有兴趣与供应商建立合作伙伴关系的采购情况。

确定发展合作伙伴关系的潜在机会是一回事，将潜在机会变成现实则完全是另一回事，因此，我们提出了经过充分检验的合作伙伴关系发展模型，供应商可以使用这一模型确定发展合作伙伴关系的可能性。

在本章最后，我们讨论了和成功的合作伙伴关系直接相关的几个问题。

KEY ACCOUNT
MANAGEMENT
AND PLANNING

第 10 章

全球关键客户管理

21 世纪的今天,世界正变得越来越小——越来越多的企业正在重新划定它们的业务覆盖范围,它们不再满足于只在本国经营,而是走出国门,到其他国家甚至大洲寻找业务机会。

从单个供应商企业的角度来看,这种不断推进的"跨国主义"必然意味着它的客户正在越来越多地在全球多个地区经营。这对于关注国内市场的供应商企业来说,不论是巴西、英国、中国、日本、瑞典或者美国的供应商企业,最重要的启示是它们以往与重要客户之间传统的对接方式可能无法满足当前的需求。

不论跨国公司将总部设在哪里,随着在全球范围内的扩张,它们必然需要在新的地理区域内开发新的供应商——当前国内市场的供应商也是潜在的选项之一,其他可能的选项还包括新的地理区域内的本地供应商和其他跨国供应商。如果供应商能够满足客户在特定地区的需求,那么该供应商就可以成为潜在的供应商。如果供应商能够利用其在其他地区的能力服务新的地理区域内的客户,并且满足客户在全球范围内运营的多个层面的相关需求，那么该供应商将给其与客户间的关系带来增值，而且这样的供应商实现业务增长的可能性更大。如果供应商无法满足客户在本地和在全球范围内的多层面的需求，那么该供应商将面临失去新业务甚至失去原有国内业务的风险。

全球关键客户管理能够带来重要的竞争优势。对于实施了成功的全球关键客户管理计划的供应商来说，其客户可以放心，因为知道它们的供应商能够迅速地帮助它们解决问题。此外，对于希望在全球范围内扩展业务的公司来说，它们不仅需要向正确的市场交付正确的产品，还需要以最快的速度完成这项工作——速度日益成为一种重要的竞争法宝，设计合理的全球关键客户管理系统能够向客户传递速度所带来的价值。

近年来，全世界的很多商业组织都采用了某种形式的关键客户管理——通常是在国家层面上，全国关键客户管理计划已经非常普遍地存在于企业中。随着欧盟、北美自由贸易协定、南美南方共同市场和东南亚国家联盟等经济贸易集团逐渐发展成熟，有些公司制订了地区性（跨国性）客户管理计划。这些地区性客户管理计划可以作为企业走向全球关键客户管理计划的"台阶"（"训练场"），并且可以反映市场的真实情况，例如反映客户建立了地区性的组织机构和/或出现了地区性的贸易集团。但是，地区性客户管理计划也可能阻碍真正意义上的全球关键客户管理计划的制订。

虽然地区性客户管理计划得到了很大的发展，但是关键客户管理计划中发展最快的大概就是**全球关键客户管理**了。尽管存在各种各样的全球关键客户管理计划，但是它们都具有共同的特征：在通常情况下，供应商企业会为每个全球关键客户指派一名全球关键客户经理，由其负责发展关键客户关系，并在全球范围内寻求获取该关键客户的业务以增加自身销售收入的机会。

我们在第 1 章提到了导致竞争加剧（特别是全球竞争加剧）的几个影响因素。不论是对供应商企业、供应商企业的竞争对手还是客户来说，更多地踏足全球市场已经为它们带来了丰富的新经验、新改变和新挑战。从客户的角度来说，全球性让它们拥有了更多可选的供应商和可用的技术与服务，此外，全球性改变了它们选择关键供应商和产品的方式。随着客户决策方式从基于不同国家的独立决策变为全球范围内的统一决策，新的决策过程往往涉及新的决策人、联系人和关系网。

此外，供应链方案的实施，以及拥有不同国家文化背景、不同经验和管理实践技能的专业人员国际流动的增加，使得最佳实践和专业知识能够在组织机构内广泛传播。尽管一些客户与它们的首选供应商已建立了密切的关系，但是竞争的加剧实际上已经提升了客户的期望和需求水平。

面对这样的变化，企业必须开发新的系统和流程来满足客户不断发展的需要。企业不仅应当采取有效行动以努力避免造成无法满足客户需求的负面后果，还应当通过这些行动强化企业面对关键客户时的竞争地位。因此，企业只关注狭隘层面（比如说全国层面）的关键客户可能会过于局限，从而导致企业对客户是否正在制定更高层面的战略做出严重的错误判断，例如：一项关注巴西国内客户的全国关键客户管理计划可能无法匹配对正在实施拉丁美洲战略的客户的管理；对真正意义上的全球关键客户实施全国关键客户战略将难以达到预期的效果。

案例 10-1　一家主要的欧洲化学品供应商与一个欧洲客户谈妥了一项长期的全球供货合同。虽然这份合同具有"全球性"，但是该供应商在签订合同时所基于的前提是产品的生产和交付都在欧洲进行，因为这个客户当时的所有业务几乎都在欧洲。

合同签订后不久，这个客户显著增加了在美国的业务。尽管这家化学品供应商在拟定合同时征询了其美国子公司的意见，但是该供应商显然没有考虑到美国子公司有可能必须在亏本的情况下向该客户供货的可能。

在这个案例中，这家欧洲供应商本应采用全球化的思维（哪怕只有一点儿），本应在合同谈判过程中邀请其美国子公司参与谈判，并考虑到这份合同的签订可能对其子公司的运营造成的影响。

在本章中，我们重点关注了引发全球关键客户管理的关键因素，以及对全球关键客户管理计划的成功实施至关重要的因素。特别地，我们主要讨论了全球关键客户战略，包括全球关键客户的选择、全球关键客户管理中角色和职责分配、全球关键客户管理、公司的组织结构、全球关键客户方案规划和全球关键客户经理等内容。

本章并非要对全球关键客户管理进行全新的探讨，而是基于前面章节的内容进行论述。因此，我们主要关注了使全球关键客户管理与较为局限于某个地理层面上的关键客户管理相区别的要素。

10.1 启动全球关键客户管理计划的诱因

基于新的全球市场经验，跨国企业正越来越多地采用全球关键客户管理。促使它们制订全球关键客户管理计划的诱因可以简单地归为外部驱动因素和内部驱动因素。

10.1.1 外部驱动因素

供应商的重要客户通常是促使供应商实施全球关键客户管理的外部动力来源。随着这些客户日益具备全球视角，它们在更多的国家经营并且希望得到关键供应商在全球范围内的服务。特别地，它们希望保持与单个供应商的对接以获得持续的高水平服务。由于经常陷于与单个国家的供应商之间的各种问题，它们要求在更高的组织层面上建立供应商与客户的关系，以确保供应商能够想它们之所想，站在它们的角度考虑问题。具体的诱因可能是以下几项。

（1）客户在其运营的多个国家中没有从供应商那里获得一致的令人满意的支持。供应商的不足之处可能包括供应商糟糕的产品供应能力，供应商的产品、技术或物流支持能力不足，语言差异导致的信息无法获取等。这些不足可能存在于那些供应商投入了巨大努力但成效依然糟糕的国家之中，也可能存在于那些供应商给予了较低的优先供应权的国家之中。实际上，有些国家的市场可能不在供应商的服务范围之内，但对于客户来说是极其重要的。

（2）随着其全球信息系统的发展，客户会关注它们对同一供应商在全球不同地点供应的类似产品所支付的价格的差异，而且它们认识到这些差异是无法单单用运输成本、关税、增值税和其他税赋或者汇率问题来解释的。当然，在很多情况下，供应商因为实行地理市场细分而有意识地对不同地区的类似产品设定不同的价格，从而在不同的地理市场中最大限度地获取利润。有时候，客户能够准确地认识到某些国家存在价格过高的情况，于是希望供应商对价格进行合理的调整。除了价格可比性，客户还希望在不同国家获得同样的诸如折扣、账期、运输条款等贸易条件。此外，客户可能认为全球采购可以最大限度地减少各国规章条例、税收和币值波动所带来的影响。然而，由于自身信息系统的缺陷，客户希望供应商能够为其全球支出模式提供信息支持。

（3）客户坚信开发全球采购系统可以使它们从产品采购中获取更多的价值。全球采购活动能够淘汰不相容的系统和设备，并带来多种收益。借助全球采购系统，客户可以充分利用其采购能力，简化与供应商的联络，使产品标准化，确保获得统一的产品和服务质量。此外，客户可以改进库存管理，缩短产品进入市场的时间，集中采购相同的产品并配送到全球不同的地点，维护供应商在单个地点的价格、交货期和绩效等信息。实际上，按照产品类型收集全球采购信息并将之与基准数据进行比较，客户能够客观地衡量其采购绩效并制定适当的战略。

对于正在朝这个方向发展的客户，企业必须协调好资源并在与客户单点联络的前提下实现对客户业务的全球覆盖——它们必须在全球范围内同时推出新产品和新工艺而不是采取在某个地区上市的方式，并且必须以在全球范围内用可以比较的方式提供诸如产品/国别销售数据等信息。实际上，企业的重要客户向全球采购方式的转变为企业提供了发展成为客户的唯一供应商的机会。

案例 10-2 随着跨国企业实行品牌全球化战略，它们采用了在全球范围内使用唯一广告代理的方式。IBM 将其在全球的原本由 40 多家广告代理负责的所有广告业务统一交给了奥美广告公司管理。其他一些跨国企业也将它们全部的电讯业务移交给了单一的全球供应商。

这种全球采购决策对本地（全国或地区）供应商施加了巨大压力，并且可能使它们丢失建立已久的业务。然而，有些采购决策的地点可能会因产品的不同而有所变化。

案例 10-3 FMC 公司在亚洲的一位全国关键客户经理告诉我们："随着全球采购管理更加有效地发挥作用，客户认识到了不同国家存在的价格差异，并将采购决策权提升到了公司层面。但是，对于某些原材料，全球采购经理在对供应问题的了解上可能不如具体国家的全国采购经理那样全面。因此，实行全球采购可能使某些本地工厂遇到供应短缺的情况。原料短缺可能导致本地生产厂商拒绝提供生产预算，也可能导致采购决策倾向于向本地采购决策转变。"

（4）随着客户以日益全球化的方式运营并且/或者从多个国家的国内视角转变为全球视角，它们的库存模式和交货方式将随之发生变化。为了满足这样的需求，供应商必须重新安排物流运作方式以便在全球范围内满足客户的需求。此外，很多客户对接方式，如开发票和通信交流的方式，最初是在本地经营的条件下形成的，在向全球经营转变的过程中，供应商必须对这些"遗留的系统"进行标准化。

在前面的论述中，全球关键客户管理计划的启动源自企业因其重要客户日益加深的全球化而感受到的外部压力。接下来，我们将关注企业因为将全球关键客户管理视为加强自身竞争地位的有效途径而主动采取行动的情况。

10.1.2　内部驱动因素

全球关键客户管理的内部动力通常源于供应商对其未来发展方向的一些想法，即供应商认为以全球化的方式服务其重要客户将增强企业自身的销售和盈利能力，从而实现销售收入和利润的增长。

（1）企业观察到有些重要客户正在多个国家的市场中迅速发展。随着这些客户越来越具有全球性，企业看到了其产品和服务的巨大发展机遇。

（2）与上述情形相关，尽管供应生产资料的企业与国际客户的主要业务发生在客户的母国，但是随着时间的推移，客户会在国外子公司建立采购职能部门。由于供应商的国外子公司以往很少参与原始的销售活动，它们为维护客户进行的投入低于理想的水平，往往几乎没有任何关于产品销售区域、使用情况和/或使用效果的集中信息，因而不容易在竞争中获胜。

（3）全球关键客户管理系统使企业能够帮助其客户扩大全球经营并借此获得竞争优势。例如，通过鼓励技术跨国转移、实现原材料采购成本的全球合理化、更高效地利用稀缺资源和提高规模经济效益等方式，全球关键客户管理系统展现了供应商加强全球化经营的价值和意义。

全球关键客户管理系统可以与市场调研相结合，用来确定最适合供应商拓展业务的国家，并帮助供应商解决在不同国家遇到的具体问题，例如：供应商如何向政府官员介绍自己，如何选址，资本设备如何采购，如何解决劳工问题，以及如何向潜在客户自我推介。

除了以上这些益处，全球关键客户管理系统还可以帮助供应商加深对客户的认识，拓展与客户的关系，以及提高供应商企业和员工个人的能力。全球关键客户管理本身就能够为供应商带来巨大的竞争优势。

案例 10-4 Howard Katzen 是施乐公司全球关键客户销售部门的前副总监，他告诉我们，施乐公司的一个主要竞争对手退出复印机行业的部分原因就是该公司不愿意像施乐公司那样致力于实施全球关键客户管理。

案例 10-5 ABB 集团针对七个在全球范围内表现活跃的客户推出了一项全球关键客户管理试点计划，并要求内部保密，以最大限度地减少该计划相关信息的外流。ABB 集团一位要求匿名的高管告诉我们："保密的主要原因是为了保持全球关键客户管理这个创新理念的战略优势。"

（4）为了开展经营活动，有时供应商会建立最先进的全球基础设施，如远程通信设施和/或物流设施，以确保其重要的竞争优势和首选供应商的地位不发生改变。这样的设施使客户能够很快地收到供应商对其询价的答复，并在世界任何地方都能快速地执行采购决策。速度成为日益重要的竞争法宝，而全球关键客户管理系统能够满足客户对速度的要求。当速度成为关键因素时，诸如价格、合同条款等更为传统的销售要素的重要性都将有所降低。

（5）多元化经营的供应商拥有多个业务单位，每个业务单位都有自己的客户群、竞争对手和技术基础。供应商的高层管理者认为，他们有很多的机会可以向单个业务单位的重要客户供应基于兄弟单位的技术生产的产品。企业层面的全球关键客户管理计划的目的就在于识别和挖掘这样的机会。

由此可见，全球关键客户管理的关键动力也有很多来自供应商内部。

10.2 全球关键客户战略

在第 2 章中，我们提出了用于探究企业对关键客户战略的投入情况的框架，并确定了企业可以与关键客户建立的几种关系类型。另外，我们还给出了制定关键客户战略可以选用的几种方法组合，并探讨了关键客户的本质和选择关键客户的标准。由于我们讨论的很多问题都具有一般性，它们适用于地区、国家和全球层面。在本节，我们将重点关注全球关键客户。

10.2.1 启动全球关键客户战略

正如我们在本书中多次强调的，企业要想有效地实施关键客户管理就必须投入大量的资源，因此它们不应轻率地做出决策。对于全球关键客户管理来说，情况更是如此，因为在全球范围内管理关键客户需要调用的资源比单纯地管理国内关键客户所需的资源要多得多。

优秀的关键客户管理计划需要在一个基于广泛的市场战略所形成的结构框架中运行。实际上，很多企业在制定市场战略后才发现，这些战略的实施需要以对有限数量的关键客户的重点关注为前提。因此，全球关键客户管理的总体目标既是从全球市场战略中产生的，也为更广泛的战略目标的制定奠定了重要基础。

不论企业对其全球关键客户管理计划的规模设定了怎样的长期目标，阶段性地引入全球关键客户管理计划都是较为可取的方法。结合我们对关键客户管理的论述，引入全球关键客户管理是一项复杂的活动，而且通常是一件高度引人关注的组织事件。不论企业做出了多么彻底和全面的尝试以期找到最佳实践，也不论它们对组织变化做了多么周密的计划，问题还是会经常出现，并且要求企业对其全球关键客户管理计划做出调整。

此外，全球关键客户管理计划的实施会对企业的组织结构造成潜在的巨大影响，因此企业必须解决好内部的职权分配问题（最可能涉及拥有地区职权的高管人员）。引入全球关键客户管理计划的阻力往往来自预判到自己的职权和自主权会因此减少的全国关键客户经理。此外，引入全球关键客户管理计划必须获得企业重要高管人员的支持，他们要明确共同的期望和衡量指标以帮助实现转变的过程。

案例 10-6 当惠普公司首次引入全球关键客户管理计划时，很多管理人员都将其视为公司一时兴起的决定。然而，仅仅两年之内，那些不看好全球关键客户管理计划的管理人员有85%失去了原来的职位。惠普公司给了这些身居重要的全国管理职位的管理人员两三次机会，让他们表达自己是否愿意支持这项计划，那些被视为计划实施阻碍因素的管理人员最后都被撤换了。

与鲁莽轻率地大举行动并且随后必须为大量的重建工作付出相关的组织和人力成本的做法相比，更好的选择是先对少数几个全球关键客户实施计划，并且随着经验的积累不断完善计划。

案例 10-7 欧洲一家化学公司多年来都在进行全国层面的关键客户管理。后来，这家公司制定了更密切地关注客户需求的目标，并基于其全球市场战略的七大产业部门组建了一个新组织。新组织的启用使这家公司确定了分布在七大产业部门中的21个全球关键客户。这家公司的管理部门接着制作了一个关键客户方案规划模板，并为关键客户方案规划开了两天的研讨会。这项工作开展几个月后，这家公司的管理部门开始关注两个

> 主要的问题——关键客户的选择和全球关键客户经理的任命。目前的情况是，这家公司对关键客户的选择并不严谨，往往由高层管理人员"即兴"做出选择，而且，有些"全球客户"并不具有真正意义上的全球性，而是很少在其所在地区之外活动的地区性客户。此外，这家公司没有对全球关键客户经理的角色做出明确的定义，导致出现了从关键客户经理中随意选择人员担任全球关键客户经理的情况。全球关键客户经理的组织级别涉及了从公司高层到最底层管理人员在内的广泛范围，而底层管理人员完全没有能力策划和组织关键客户高层管理人员与这家公司高层管理人员之间的会议。

相比之下，邓白氏公司从实施小规模的全球关键客户管理计划开始，并随着经验的积累使其全球关键客户管理计划得到了长足的发展。最初，该全球关键客户管理计划只针对 10 个全球关键客户，而短短两年后，计划涉及的全球关键客户数量达到 27 个，5 年之后达到了 100 个。

10.2.2 选择全球关键客户

对企业而言，使用周密严谨的程序选择关键客户是非常重要的，考虑到企业经营范围的扩大和涉及更多的资源，全球关键客户的选择必然具有更加重要的意义。选择全球关键客户的标准应当高于第 2 章论述的选择关键客户的基本标准，至少应包括以下几项。

- 客户符合供应商定义的"全球性"：在通常情况下，"全球"客户至少会在两个或三个大洲运营。
- 客户的业务中有很大的比例（并且还在不断增长）在其母国之外的市场进行。
- 客户能够接受全球性的关系，并且为建立全球性的关系做好了准备。特别地，客户不应把全球关键客户资格仅仅看作迫使供应商降价的工具。

除了考虑以上这些标准，供应商还应根据自身对全球关键客户管理的具体目标制定个性化的标准。

案例 10-8 A 公司为了给自己的多项技术确定商业机会，在全球《财富》500 强企业中寻找全球关键客户。除了使用上述标准，A 公司对以研发支出占销售额的比例衡量的创新性和创造力有所偏爱。A 公司对全球关键客户的选择与 A 公司和这些客户之前的关系无关，实际上，有些最终被选为全球关键客户的公司之前并未与 A 公司建立任何关系。

只有当关键客户管理能够为供应商与关键客户的关系带来增值时，供应商才应当引入关键客户管理，这个前提对于全球关键客户管理来说也适用。

第一，除非客户的运营范围覆盖多个国家，否则实施全球关键客户管理并没有多大的意义。为此，我们需要把对供应商具有战略意义的客户和那些在本质上具有全球性的客户区分开来。例如，美国邮政和美国钢铁公司对于供应商来说都是具有重要战略意义的客户，但是由于它们只在美国国内的几个地方运营，将它们视为全球关键客户来对待显然是不合理的。更确切地说，供应商应在全国层面上管理它们，但要将它们与普通的全国关键客户相区分，并且要考虑到它们对公司整体的战略意义为它们给予特别的待遇。

第二，有一些重要客户可能在多个国家运营，但是它们的业务具有内在的本地性质，此时，对它们实施全球关键客户管理也将徒劳无功。

案例 10-9 一家重要的跨国公司 B 在全世界多个国家运营着众多的生产基地。C 公司依据短期合同向 B 公司供应训练有素的生产类的人力资源。B 公司生产部经理所有与生产相关的决策都是着眼于本地情况做出的，两家公司都不认为建立全球关键客户关系可以为双方带来任何价值。

第三，即便客户的业务形式适合采用全球关键客户管理方法，但是客户的内部系统和决策过程可能导致这样的管理方法在当前不可行或者无法带来价值。实际上，供应商可以预判其客户群中会存在很高的异质性，即使这些客户从表面上看都具有同样的跨国经营的特征。

此外，不论企业选择关键客户的过程多么严谨，失误总是在所难免的。企业会发现，随着时间的推移，某个全球关键客户可能不再符合当初的选择标准。在这种情况下，企业应采取合理的举措从其全球关键客户管理计划中排除这个客户，将资源放到更有吸引力的机会上。此外，企业应该知晓用于选择全球关键客户的整套标准会随着时间的变化而改变。

10.3　全球关键客户管理中的角色和职责

接下来，我们重点讨论企业高层管理者对全球关键客户管理的投入和支持，以及全球关键客户经理与其全球关键客户管理团队。

10.3.1　企业高层管理者对全球关键客户管理的投入和支持

与其他重大的企业举措一样，没有高层管理者的坚定支持，企业的全球关键客户管理工作不可能取得成功。我们在第 3 章中提到了高层管理者对于关键客户管理的重要意义，其提供的支持对于在更广范围内实施的全球关键客户管理来说更加重要。高层管理者发起和支持全球关键客户管理是驱散潜在的组织冲突（请见下面的内容）的必要条件，而且他们的支持必须是持续的、一贯的，并且能够以不同的方式展现，最好是通过公司 CEO 来传达，举例如下。

（1）企业内部通过组织管理部门会议、对企业不同群体发表演讲，以及在企业内部期刊上发表文章和访谈等方式，对全球关键客户管理的价值进行经常性的沟通交流。

（2）企业将基于绩效的奖励与服务全球关键客户的绩效挂钩。

案例 10-10　惠普公司认为自身的成功非常依赖自己对全球关键客户的服务。惠普公司每年都会对全球关键客户经理进行奖励，并由惠普公司全球 CEO 亲自颁奖。此颁奖大会是惠普公司内部非常引人注目的活动，惠普公司的所有高层领导都会出席。颁奖大会通常会在全球的度假胜地举行，获奖者及其家属都将被邀请参加，而且家属的往返机票费用会由惠普公司承担。本书作者之一张坚曾经担任中国惠普公司政府和公共事业部总经理，他曾荣获时任惠普公司全球 CEO 卡莉·菲奥娜亲自颁发的奖项。惠普公司当时还邀请他的夫人与他一起飞赴夏威夷领奖。

（3）企业对高管伙伴计划给予看得见的支持。高管伙伴计划是一项非常有用的工具，既可以从总体上展现企业高层对全球关键客户管理的投入和支持，也可以具体地为全球关键客户关系提供重要的增值。与关键客户管理一样（第 3 章），高管伙伴计划的基础是企业高层领导对全球关键客户的"采纳"。通过全球关键客户主管发挥中间人的协调作用，或者由企业 CEO 提出高层管理团队的每位成员都应至少参与一组（或两组）全球关键客户关系中，企业可以成功地推动高层管理团队成员与全球关键客户之间的联系。

（4）企业为全球关键客户主管设定高级别的汇报关系（全球关键客户经理向全球关键客户主管汇报，全球关键客户主管向企业最高执行委员会汇报）。全球关键客户主管是全球关键客户管理的领导者，除非全球关键客户管理工作由企业执行委员会成员直接领导。

案例 10-11　在许多《财富》500 强企业中，全球关键客户主管与企业的地区主管（例如中国区总裁）享有同级别的汇报关系。

全球关键客户主管需要确保企业高层管理者给予全球关键客户管理持续的支持，并确保全球关键客户管理的预算不会受到短期成本削减的影响。享有高级别汇报关系的全球关键客户主管应为全球关键客户管理争取各方的支持。在全球关键客户管理中，持续上报的信息应包括定期（每月/每季度）报告和全球关键客户成功案例的具体数据。此外，经过筛选的有用的信息也应通过各种渠道（如备忘录、网站、新闻稿）在组织机构内部流通，以帮助企业建立全球关键客户文化。最后，全球关键客户主管应制订有待批准的全球关键客户方案，该方案可能由企业 CEO 执行。

巩固企业高层管理者的支持的一个特别有用的机制是组建由高管伙伴、全球关键客户经理和重要的地区主管组成的全球关键客户指导委员会，该委员会应定期举行会议（至少每年一次）讨论全球关键客户管理问题并解决争议。这个委员会（当企业 CEO 担任委员会正式成员时，该委员会将拥有特别大的权力）应讨论全球关键客户管理工作取得的进展，分享最佳实践。在这样的会议中，地区主管可能不希望被看作不顾企业 CEO 支持的全球关键客户管理计划而追求自己地方利益的人。

与国家层面的关键客户管理计划一样，全球关键客户管理的引入会为组织内部矛盾的产生增加很大的可能性。产生矛盾的地方通常是企业的国内部门与国际部门之间，不同地区的部门之间，以及传统的职能部门/业务部门之间。企业应当采用类似的方法处理各种类型的矛盾，包括设定期望并对期望和最终结果进行持续的沟通。

案例10-12 万豪酒店集团引入了一项全球关键客户管理计划。在计划实施的最初的 6 个月中，其全球关键客户主管对 50 个客户做了演示报告，却在万豪酒店集团内部做了 250 次演示报告！

虽然企业高层管理者的投入和支持对于成功实施全球关键客户管理非常重要，但是全球关键客户的工作人员必须能够告诉他们的高层主管：企业实施全球关键客户管理计划对客户来说是一种增值的途径。

10.3.2　全球关键客户经理

全球关键客户经理的职责是发展关系，并在世界范围内为企业识别和挖掘获取全球关键客户业务的机会。全球关键客户经理需要在他们负责的全球关键客户身上花费大量时间以完成他们的职责。此外，多数全球关键客户经理都认为他们有必要在自己的组织机构内部多花些时间，以获取必要的资源和协调企业内部的活动。在通常情况下，全球关键客户经理会常驻全球关键客户公司总部所在的国家（或者对全球关键客户来说最重要的国家），甚至有可能在全球关键客户公司中设立自己的办公场所。

我们在第3章讨论了关键客户经理的角色和职责，全球关键客户经理的角色和职责与关键客户经理的在类型上没有大的区别，但是他们肩负的方案规划和战略制定的任务更加复杂。此外，全球关键客户关系能够带来的机会和威胁影响更大，涉及更广的范围和更高的层面，与全球关键客户关系相关的信息网络覆盖全球范围而非局限于本地。

正如全国层面的关键客户经理通常会代表自己所在的企业与关键客户公司的不同业务单位打交道一样，全球关键客户经理也有权在全球范围内代表整个企业，包括拥有自主权的区域利润中心。但是，全球经营比全国经营更加复杂，例如，供应商的国际存在可以采用多种不同的组织形式，可以是独立实体，也可以是供应商拥有不同程度所有权的合资企业、合伙企业和股权参与主体。全球关键客户也可能在各国采取类似的各种组织形式，这会使供应商企业难以对它们的采购决策流程做出判断。由于关键客户与供应商之间可用的联络人员数量众多，全球关键客户经理很有必要保存和更新包含这些联络人信息的名录。

企业与全球关键客户的关系覆盖更广的地理范围并且更加复杂，因此必须有一个全球关键客户管理团队为全球关键客户管理工作提供支持。这个团队可以由跨职能机构、跨业务单位和跨组织级别的人员组成，团队成员不但可以包括职能部门（例如研发部门、物流部门和销售部门）的专家，还可以包括负责管理客户在不同国家业务的重要高管人员。理想的情况是，团队成员具有团队合作经验（或者至少经过团队合作培训），并且由于需要在不同的国家和文化背景中工作，他们有文化多样性或者在文化多样性的问题上接受过良好的教育。

案例 10-13 IBM在世界各地建立了国际销售中心（International Sales Centers，ISC）为其全球关键客户经理提供支持。ISC的任务既包括解决国际市场问题，也包括为寻求国际销售机会的全球关键客户经理提供世界范围内的支持。ISC对国际业务中的常见问题和复杂性都有深入的了解，可以帮助全球关键客户经理确定和协调适当的IBM资源，从而为全球关键客户经理的工作提供支持。

案例 10-14 西门子的高层管理者认为，了解每个相关国家的文化对于成功地实施全球关键客户管理非常重要。基于这样的重要性，西门子发起了围绕全球客户管理主题开展的论坛——来自80个国家的担任本地联络人的管理人员在论坛上与全球关键客户经理会面，并介绍本地的文化、市场战略和西门子产品在本国的吸引力。

这些团队成员可以是全球关键客户经理的直接下属，也可以通过其他的组织子系统向他们的上级报告，而对全球关键客户经理只有虚线汇报的责任。不管怎样，全球关键客户经理必须通过展现自身价值，进行多方劝导以及发挥高水平的团队领导力来完成工作。在有些公司里，例如 IBM，全球关键客户经理对负责管理全球关键客户的本地工作人员的任命拥有否决权。

10.3.3　全球关键客户管理团队

考虑到全球关键客户经理往往通过由跨职能机构、跨业务单位和跨组织级别的人员组成的全球关键客户管理团队来发挥职能，企业必须适当地选择和培训全球关键客户管理团队的成员。

全球关键客户管理团队的成员主要发挥以下作用。

- 协助全球关键客户经理建立客户信息库，确定机会和威胁，为全球关键客户方案规划、战略和行动计划的制定提供广泛的帮助。
- 实施全球关键客户战略中的行动计划。
- 持续收集和传播有关全球关键客户的信息。
- 发展与全球关键客户的相关工作人员的关系。
- 与其他团队成员进行必要的沟通以组建一个团结的全球关键客户管理团队。

当全球关键客户经理从全球关键客户的总部争取业务时，全球关键客户管理团队将发挥尤其重要的作用——本地安置的团队成员拥有丰富的面对当地文化的经验，他们将管理全球关键客户的全球采购工作在特定国家背景下从决策到实施的过程。如果企业没有安排合适的人员扮演这个"**接收器**"或"**入站口**"的角色，那么在全球关键客户的全球采购决策向本地化实施的转化过程中的很多问题都可能被忽视。

全球关键客户经理需要完成的一项重要工作是说服全球关键客户，让它们相信全球关键客户管理团队成员会随时关注它们全球采购决策实施过程中的问题并对问题做出响应。

一个追踪全球关键客户管理的一系列责任的简单而有效的方法是制作客户与国家矩阵图,用它可以清楚地确定负责管理每个全球关键客户的全球关键客户经理和本地全国关键客户经理的人选。

案例 10-15　在一家《财富》500 强企业的全球关键客户管理计划中,全球关键客户经理招募了一个由大约 15 人组成的多功能团队专门与客户打交道。这个团队的主要目标是为企业不同部门的产品/技术确定业务机会。每位团队成员(不包括全球关键客户经理)为全球关键客户所做的工作都是他们常规职责之外的工作。团队成员加入团队是因为他们自身对这项工作感兴趣。此外,这家企业允许员工花一些时间做自己感兴趣的工作,这一企业文化也为他们加入团队提供了支持。

案例 10-16　总部设在欧洲的一家企业正在向一家日本企业寻求业务机会,这家日本企业刚刚在这家欧洲企业的母国开始经营。这家欧洲企业招募了本地的日本人专门负责日本企业的业务,以使日本客户相信他们的需求会得到供应商的密切关注。

10.4　全球关键客户管理的组织结构

在全球多个国家经营的企业往往会通过设立国际部或者使用地区组织结构的方法管理分散在各地的业务。一般说来,国际业务占企业销售总额的比例越大,企业使用地区组织结构的可能性就越大。典型的地区组织结构包括四个部门,如北美业务部、欧洲(包括中东和非洲)业务部、亚太业务部和拉丁美洲业务部。在这样的组织结构中，地区主管和作为他们的直接下属的辖区内的全国经理都至少负有收入增长的责任（顶线责任），而且很有可能同时负有盈利责任（底线责任）。企业必然会在某种现有的组织结构下引入全球关键客户管理，不管这种组织结构具有怎样的形式。

很多不同的组织形式都可以用于全球关键客户管理。在本节中，我们讨论三种可用的方法：①采用矩阵型组织结构；②采用与市场整合的全球关键客户组织结构；③使用新区域。

10.4.1 采用矩阵型组织结构

当企业正式着手实施全球关键客户管理时，往往会选择矩阵型组织结构。接下来，我们重点讨论矩阵型组织结构里的汇报关系、效果评估以及矩阵型组织结构的利弊。

1. 汇报关系

在矩阵型组织中，全球关键客户管理可以与现有的地区组织结构相融合。全球关键客户经理负责全球关键客户方案的规划、战略和行动计划的制定，全球关键客户管理的实施，以及高层关系的建设。但是，本地的销售和支持部门（如研发部门、技术服务和物流部门）的工作人员会在分散于全球的客户所在地与客户进行日常的沟通交流。这些工作人员通过他们所在的地区和/或职能组织向上级汇报（实线汇报）。在通常情况下，这些人员中的高级别人员（如负责管理关键客户的全国关键客户经理）需要向全球关键客户经理进行虚线汇报。

全球关键客户经理在以垂直汇报关系为主的商业组织中执行水平汇报关系，因此，全球关键客户经理通常向全国或地区层面的主管汇报，同时向负责管理客户的企业高层管理者汇报——后者可以是作为所有全球关键客户经理的直接上级的全球关键客户主管，也可以是负责在统观全球的基础上为一个或多个市场领域制定方案和战略的行业（市场）部门主管。

案例 10-17 美利肯公司在按行业划分的高级别细分市场中实施全球关键客户管理。美利肯公司在其选定的每个目标行业中选择特定的关键客户,例如物流配送行业、医疗护理行业和教育行业。

在实践中,我们可以识别出不同企业所采用的各种汇报关系。在通常情况下,全球关键客户经理需要执行基于地区和关注客户管理的两种汇报关系,每种汇报关系都可能在强实线汇报和弱虚线汇报之间变化。

如果现有的地区组织结构赋予了地区经理强大的职权,那么全球关键客户经理与地区主管间的初始关系很可能是强实线汇报关系。与之相反,全球关键客户经理与客户管理主管的关系可能是虚线汇报关系。但是,当全球关键客户管理在实施一段时间后赢得了信任,全球关键客户经理与客户管理主管的汇报关系可能变强,而与地区主管的汇报关系可能变弱。在地区组织结构中,有些组织机构在转型后形成了全球关键客户经理与客户管理主管之间的实线汇报关系,而全球关键客户经理与地区主管之间只保留"维护和支持"的关系。

总部客户经理(Headquarters Account Manager,HAM)。惠普公司在为实施全球关键客户管理建立的矩阵型组织结构中,设立了总部客户经理这一职位。全球关键客户经理往往常驻其全球关键客户公司总部所在的城市,总部客户经理则担任全球关键客户经理在惠普公司总部的代表。总部客户经理的任务是"争取惠普公司总部对全球关键客户的关键需求和重要机会的支持,通过实现销售额长期增长和客户持续满意,将惠普公司发展为全球关键客户的战略供应商。"

总部客户经理与全球关键客户经理共同开发新的业务机会,共同处理技术、定价和战略问题以支持全球关键客户关系的发展。总部客户经理还可以为企业产品部门参与全球关键客户管理提供集中的渠道,建立客户所在行业的资源网,并在众多的总部客户经理和全球关键客户经理中间分享全球关键客户管理的最佳实践。

地区客户经理(Regional Account Manager,RAM)。考虑到管理幅度的问题,在一项有效的全球关键客户管理计划中,地区客户经理往往是非常重要的组成要素。

案例 10-18　在联合利华公司的组织结构中,负责一个国家的关键客户经理需要向负责该国的主管实线汇报。例如,负责阿根廷国内沃尔玛公司的关键客户经理需要向联合利华公司在阿根廷的主管汇报。但是,负责阿根廷国内沃尔玛公司的关键客户经理还需要向拉丁美洲地区的地区客户经理虚线汇报。反过来,这名拉丁美洲地区的地区客户经理需要向联合利华公司中负责管理沃尔玛公司的全球关键客户经理汇报。

2. 效果评估

在地区主管／全球关键客户经理的矩阵型组织结构中,不论他们之间的汇报关系具有怎样的性质,企业在全球关键客户公司所在的国家／地区实现的销售收入(利润)通常都需要计入该国／地区主管的业绩。例如,在上面的案例中,联合利华公司对阿根廷沃尔玛公司实现的销售需要计入联合利华阿根廷公司的业绩之中。

除了为地区主管获取销售收入(和利润),全球关键客户经理还肩负着超越地区组织界限获取全球销售收入的职责。在全球关键客户经理之前曾担任全球关键客户公司母国的全国关键客户经理的情况下,我们有必要使用一种衡量国际销售收入增长是否高于国内销售收入增长的评估体系,以确保全球关键客户经理为全球关键客户管理付出了适当的努力。在理想的情况下,全球关键客户经理应做出某种形式的贡献并负有一定的损益责任。

3. 矩阵型组织结构的利与弊

矩阵型组织结构最大的好处在于它同时关注了地理区域和客户管理两个维度。此外，考虑到企业很可能在地区层面上采用现有的组织结构，矩阵型组织结构的采用体现了组织结构的细微变化，这种变化比涉及职权利益调整的全面组织变革的破坏性小。

矩阵型组织结构也有弊端，主要问题是它可能造成潜在的冲突，因此，全球关键客户经理必须处理好两种压力：①全球关键客户经理基于地理区域的上级会希望对其负责的地理区域内的绩效进行优化；②全球关键客户经理在优化全球关键客户绩效的过程中所负的职责需要超越地理区域的界限。

由于促成全球绩效优化的决策可能导致特定地理区域的绩效至少在短期内达不到最佳状态，因此冲突将不可避免。以下是几种冲突的类型。

（1）为了履行全球关键客户管理的职责，全球关键客户经理必须到不同的地区/国家出差。从狭隘的地区视角来看，这样的旅行是一种浪费。全球关键客户经理基于地理区域的上级（地区主管）不仅要承担全球关键客户经理在时间上的机会成本，还必须支付他们的差旅费用。

（2）为了获得某个全球合同（以往可能是在地区/国家层面上签订），全球关键客户经理必须接受比正常价格更低的价格。虽然供应商整体能够从全球合同中获益，但是这对地区主管的销售收入和利润业绩将产生负面影响。而且，地区主管还需要解决对其他客户如何定价的连带问题。

（3）实现潜在的全球业务需要某个特定地区为此支出费用，但是未来实现销售收入的最大受益方可能是另外的地区。

从理想的角度来说，企业应通过发展以客户为中心的全球关键客户管理文化预先解决潜在的冲突。发展以客户为中心的全球关键客户管理文化需要来自组织高层的推动力，这种文化将促使整个企业以最有利于客户的方式行动。这项工作的目标是劝说地区主管接受全球关键客户管理理念，并将其视为一项积极的组织创新。当然，也有可能在全球关键客户管理引入之前，地区主管就已经遇到了因地区组织结构引发的与客户相关的问题。企业必须建立系统和流程解决这些问题和其他潜在的问题，可以采取的行动包括以下两种。

（1）企业总部代替全球关键客户经理所在的地区支付全球关键客户经理为履行全球关键客户管理职责而产生的差旅费用，并将这项费用作为企业的预算项目。

（2）企业开发影子收益系统，从而使地区主管能够从常驻他们责任区域的全球关键客户经理从其他地区获得的全球销售收入中获得业绩。

显然，在上面的情况中，企业都必须对其销售收入目标、利润目标和它们的比例进行适当的调整。还有一些情况也需要企业做出相应的调整。

- 企业制作关于全球关键客户的全球利润表，并将这些客户从本地利润表中移除。企业以客户服务水平来评估本地管理绩效。
- 全球关键客户主管在对全球关键客户经理和负责在本地服务全球关键客户的地区主管的评估过程中发挥了重要的作用。
- 企业每年定期举行两次会议讨论全球关键客户问题（如前所述）。参会人员包括地区主管、全球关键客户经理、全球关键客户高管伙伴以及其他致力于全球关键客户管理的高层管理者（最好包括企业 CEO）。
- 参与全球关键客户管理的高管人员基于他们的职权协商解决全球/地区之间的冲突。全球关键客户主管和全球关键客户高管伙伴应当在这项工作中发挥重要的作用。每年举行两次会议的机制应该能够减少组织层级造成的冲突。
- 企业高层主管同时具有地区管理职责和全球关键客户管理职责，因此，他们知道应如何权衡地区利益与全球关键客户的利益，以狭隘眼光行事的可能性较小。

案例 10-19　在一家《财富》500 强企业，除了传统的涉及几个地区主管的地区组织结构之外，该企业还立足于企业业务覆盖的十个行业相应地建立了十个全球规划单位。每个全球关键客户经理向其中一个全球规划单位实线汇报。地区主管除了负有地区管理职责外，还负责管理其中两三个全球规划单位。

案例 10-20　全球关键客户经理的责任心和公平公正非常重要。在惠普公司，全球关键客户在总部统一采购后再将产品分发到各个国家的情况经常发生。由于全球关键客户经理没有和本国或本地区的客户经理及时沟通，本国或本地区的客户经理在全球关键客户处发现上述情况后会向总部索要业绩，从而造成双方之间的矛盾和抵触，直接影响与全球关键客户的合作、维护和客户满意度。

后来，惠普公司做了改进，制定了新规则，例如制定了在统谈统签（总部谈判，在总部签合同）、统谈分签（总部统一谈判、定规则，各国、各地区子公司根据情况分别签合同）、分谈分签（在框架下，各国、各地区子公司分别谈判、分别签合同）几种不同场景下的沟通流程和业绩分配原则，于是，这些矛盾才得以妥善解决。

10.4.2　采用与市场整合的全球关键客户组织结构

我们在前面指出将地理区域和全球关键客户管理相融合的矩阵型组织结构常常会随时间的推移而变化：基于地理区域的汇报关系会逐渐弱化，而基于客户管理的汇报关系会逐渐增强。有些企业已经根据这样的发展过程得出了逻辑性的结论，并且基本上取消了它们的地区组织结构。

案例 10-21　IBM 在发展过程中废弃了自己的地区组织结构，引入了全球销售团队，从而使公司能够服务全球范围内的客户，并且避免了地区销售经理抢夺势力范围。全球关键客户经理起初向 11 个行业部门汇报，随后这个数字减少到了 6 个。

案例 10-22　ABB 集团以往采用了全球产品细分/业务领域与国家/地区组成的矩阵型组织结构。20 世纪 90 年代末，ABB 集团的全球关键客户管理系统已经包括了 20 个分别被归入精细化工、药品、汽车和公共事业设备等行业的全球关键客户。后来，ABB 集团放弃了地区组织结构，不再按国别制定预算，而是按产品细分/业务领域制定预算。

在这些企业中，重要的组织维度不再是地理区域，而是市场（特别是行业）。随着地理区域维度基本消失，以前的矩阵型组织结构变成了直线型的组织结构——企业负责管理全球关键客户在本地经营活动的本地工作人员与全球关键客户经理建立了更密切的关系，全球关键客户经理现在需要直接向他们所属的行业主管报告。

案例 10-23　在一家重要的美国商业银行的一个全球业务单位中，每位关键客户经理都扮演着双重角色。其一，他们都担任以其母国作为基地的一个或多个客户的全球关键客户经理——例如索尼公司以日本为基地，所以该银行安排了一位全球关键客户经理常驻日本为索尼公司服务。其二，这位在日本的全球关键客户经理还担任美国客户日本子公司的本地客户经理，或者欧洲客户日本子公司的本地客户经理。

在这样的组织中，获取销售收入和利润的责任完全落到了市场（行业）主管的身上。企业按照行业制定全球关键客户管理预算。

当然，这样的组织在行使某些职能时必须仍然采用地区组织结构，例如企业形象塑造、政府关系建设以及对本地工作人员的"关爱和支持"。但是，企业不再按地区制定费用预算了。如果一定要计算地区费用的话，那也就是企业在该地区进行的所有行业活动的费用总和。

这种组织形式最大的优势在于它将企业与其重要客户全面结合起来。在企业外部，全球关键客户经理以客户所在的行业为中心建立组织结构，从而可获取有关行业趋势的优质信息，并可为企业与关键客户的工作人员的沟通交流增添巨大价值。在企业内部，企业明确了直线职权和职责，企业内部不再有实线汇报和虚线汇报关系的争论，也不再需要使用销售收入和费用影子追踪系统来缓解全球/地区之间的冲突。

10.4.3 使用新区域

通过使用新领域的方法，企业可将全球关键客户从常规的地区组织结构中分离出来，将它们放在一个新的区域中。这种方法与前面讲到的建立与市场整合的全球关键客户组织结构的方法相比，对企业组织的创伤更小，因为地区组织结构仍然可以完好地保留，只是在权力和职责上有所减少。下面我们介绍两种实施新区域理念的方法。

1. 完全分离

企业使用完全分离的方法将全球关键客户从现有的地区组织结构中完全移除，并将它们放在一个新的区域内。新区域的管理部门拥有发展和管理全球关键客户的完整权限和职责。全球关键客户经理不再依赖本地工作人员基于地区组织结构的汇报开展工作。更确切地说，企业为本地销售部门、服务部门和技术支持部门建立了全新的组织结构，这些部门都要向全球关键客户所在的新区域管理部门汇报。这些负责全球关键客户管理的新区域本地组织与继续管理非全球关键客户的地区组织机构并肩运行。在这种模式下，很多之前在地区组织结构中活动的工作人员转移到了全球关键客户新区域中。

全球关键客户经理不再需要劝说地区部门为他们提供服务全球关键客户的资源，而企业将在更高层级上（全球关键客户主管和地区主管之间的层级）决策如何分配资源。服务全球关键客户所需的资源现在完全由全球关键客户管理部门掌控，不再涉及地区部门。

2. 部分分离

当使用这种方法时，地区组织结构仍然保留完好，但是企业增加了新的全球关键客户领域。企业将选定的全球关键客户和全球关键客户管理组织全都置于这个领域内，但是企业仍然通过地区组织进行本地管理。与完全分离相比，地区主管仍然对全球关键客户负有责任，但是与之前有所区别。

对于非全球关键客户来说，地区主管对它们仍然拥有完整的权限和职责，并且基于它们在地区内的绩效获得评估和奖励。对于全球关键客户来说，地区主管负责管理全球关键客户在本地区实现的销售收入，但是他们需要基于全球关键客户的全球绩效获得评估和奖励。因此，地区主管有很大的动力配合全球关键客户经理的工作——期望从全球关键客户身上实现更多业绩。

案例 10-24 范拉尔包装公司为石油和化工行业供应铁桶，该公司最近在法国丢掉了与法国大型石油公司道达尔的一个大订单。这项损失主要是由范拉尔英国分公司造成的。范拉尔英国分公司与道达尔英国分公司拥有密切的关系，它们拒绝为签署欧洲地区协议做出价格让步。后来，经过管理层的人事调整，范拉尔公司实施了对全球关键客户的部分分离系统，以避免国家层面市场主管的地区性思维作祟。

10.4.4 小结

不论企业采用哪种组织形式，实施全球关键客户管理都会对企业的全国关键客户管理系统和全国关键客户经理带来重要影响。对于负责管理新的全球关键客户在本地经营活动的全国关键客户经理来说，他们现在被赋予了新的职责，并需要向全球关键客户经理进行汇报。企业必须明确这样的变化对本地组织机构的影响，从而使全国关键客户经理成为全球关键客户管理团队中能够充分发挥作用的成员。

10.5 全球关键客户方案规划

从第 5 章到第 7 章，我们详细讲述了改进关键客户方案规划的多项系统和流程。在很多情况下，在全国层面上运行的系统在全球层面上仍然能够发挥同等的效用。但是，考虑到时间和距离的问题，这些系统和流程在全球背景下可能具有更重要的意义。

10.5.1 全球关键客户方案的性质

全球关键客户方案与关键客户方案在理念上并没有什么差别，但是制订全球关键客户方案可能涉及更广。例如，如果企业已经为制订全国（或多国地区性的）关键客户方案建立了运行良好的系统，那么制订全球关键客户方案的目标将主要是为关键客户带来比全国（地区）客户管理计划更大的增值。全球关键客户经理需要考虑关键客户进行全球采购的重点，并对以关键客户为导向的投资做出全球决策。但是，规划系统并不应在本地层面上建立，全球关键客户方案的制订是一项巨大的工程。全球关键客户经理必须培训本地工作人员来完成现况分析并以此为基础制定全球关键客户战略。

与全国关键客户方案一样，全球关键客户经理应确保关键客户的高管人员参与全球关键客户方案的规划过程，并且认同全球关键客户管理团队确定的目标、战略和行动计划。全球关键客户经理应安排每年一次的正式的全球关键客户审核，并且邀请关键客户的工作人员参加为期两三天的面对面的规划会议。最终的全球关键客户方案通常是电子格式的，从而可以向所有需要的人员分发并基于每个人的权限给予不同的访问级别。

一般说来，关键客户方案规划流程的理念和体系也适用于全球关键客户方案。当然，全球关键客户管理更加复杂（例如，需要考虑物理距离和时区的问题），全球关键客户方案比全国关键客户方案更加重要。

完善的全球关键客户方案应包含多项行动计划，每项行动计划都应包含一系列将全球关键客户与供应商分布在全世界的工作人员组织起来共同行动的行动步骤。此外，供应商应加强对全球关键客户方案的使用，将其作为一项可以通过电子格式同时获取的动态文件来使用。

10.5.2 用于全球关键客户方案规划和实施的信息

全球关键客户管理团队需要使用大量信息来制订并合理实施全球关键客户方案。虽然开展现况分析和推动战略制定是全球关键客户经理的职责，但是他们需要各种形式的支持和帮助以完成工作。全球关键客户管理团队的成员无疑是可以使用的重要资源，但是全球关键客户经理还需要大规模地获取信息，包括关键客户所在行业的趋势信息和全球经济的预测信息等。企业市场营销部门或者企业里各个行业部门下的市场团队都可以提供这样的信息。

标准格式的全球关键客户方案可以作为企业日常的全球关键客户管理工作的依据。随着新信息变得可用以及企业和/或关键客户逐步完成行动步骤，全球关键客户经理应对其全球关键客户方案进行定期更新。企业需要建设用于维护全球关键客户方案的电子信息基础设施，并为全球关键客户管理团队的成员和全球关键客户的高管人员提供有差别的信息获取权限，这将有助于全球关键客户经理完成工作。全球关键客户经理可以自行决定对全球关键客户方案的重要部分设置访问权限。全球关键客户方案应包括一份执行摘要，其可以作为企业高管人员在与全球关键客户面谈时向其提供的介绍文档。全球关键客户方案规划系统应具有允许指定人员（通常是全球关键客户经理）更新方案的功能以及业绩汇报等功能，并设立在线会议室/聊天室作为各方对全球关键客户问题进行沟通交流的场所。

建设完善的全球信息基础设施具有无可置疑的重要性，因为全球关键客户管理工作必须面对距离和时差导致的严苛的工作条件。当全球关键客户要求在全球范围内获得某种形式的统一价格和/或标准服务时，这一点将变得尤为关键。对于常驻巴黎工作的全球关键客户经理来说，与位于北京的全球关键客户的工作人员沟通就比与位于伦敦的全球关键客户的工作人员沟通困难得多，最大的原因是他们的工作时间没有重叠。为了解决这个问题，减少时间和地理距离造成的障碍，企业应投资建设可供企业和全球关键客户的工作人员使用的现代化的信息系统。全球关键客户经理应至少每季度安排一次全球关键客户管理团队的视频电话会议。

精心设计的全球信息系统与传统的信息系统相比能够为企业带来更多的收益。最明显的收益是通信、响应和决策速度的加快以及成本的降低（如差旅费减少）。而且，全球信息系统可以追踪人们的交流，系统拥有分组记忆库可以容纳全世界的众多个体提供的海量信息——全球关键客户经理可以利用系统的记忆功能管理和更新全球关键客户方案。

案例 10-25 惠普公司 AccountNet 系统拥有简单的基于网络的文件格式，包括私密文件（客户的机密文件）和公共文件。惠普公司会在该系统中即时发布有关全球关键客户的私密文件，只有全球关键客户管理团队的成员可以查阅；所有使用惠普公司局域网的用户都可以查看系统中的公共文件，但惠普公司会延迟文件的发布以便进行排版和审查。每个全球关键客户管理团队都会建立自己的文件结构，并对管理全球关键客户需要获得哪些关键信息达成共识。常见的信息类别包括全球关键客户的公司概况信息、组织结构图、公司新闻、大订单列表、全球关键客户方案、销售方案以及全球关键客户的建议和预测。

案例 10-26 Zoom、思科公司的 Webex 和腾讯会议等网络视频会议系统可为全球关键客户管理和沟通发挥不小的作用——不必出差的面对面会议，随时随地、不受设备限制的网络会议，使该系统成为全球关键客户经理的常用工具。

10.5.3　用于监控全球关键客户方案实施情况的财务系统

虽然企业会为全球关键客户设定各种行动方案规划目标，但是所有客户管理系统最基本的业务目标总是与销售收入和利润有关。为了合理地评估全球关键客户管理的效果，企业需要一个将本地信息与全球绩效相结合的客户管理系统。全球关键客户经理应当拥有现成的有关各种收入流的信息，这些收入流共同构成了企业在全球关键客户身上实现的总收入。此外，企业应当为全球关键客户经理提供客户在不同地区的分布比例，以及将历史销售纪录和现有计划进行了适当对比的每种产品的销量和价格。不仅全球关键客户经理需要了解这些信息（以制订全球关键客户方案和做出合理的资源分配决策），全球关键客户也希望了解这些信息，哪怕只是为了核对自己的数据。

可惜的是，很少有企业能够不费力气地确定它们的全球销售收入，对全球关键客户的盈利性和利润贡献的测量在很多跨国企业中更加难以进行。当然，开发与此相关的系统不是简单的工作。实际上，很多企业目前正在从不同的计算机系统中收集不同格式的本地收入和成本信息,目前,各企业对于这项工作的管理仍然非常混乱。此外,企业还必须解决币种和汇率的问题。尽管面对这样那样的问题,但是管理界有句老话"没有测量,就没有管理"。考虑到全球关键客户对企业未来发展的重要意义,企业应该把解决测量的问题作为自己的首要任务之一。

10.5.4 合同管理

对全球关键客户的合同进行管理需要使用复杂的基于全球部署和特定的本地条件的信息系统,并要使利益相关的企业高管人员能够基于他们的权限获取信息。初期的系统开发可能非常复杂,需要将各种遗留的全国系统与全球定价和服务框架相整合。随着时间的推移,全球合同管理系统必须能够为企业和全球关键客户都带来可以长期持续的增值。

> **案例 10-27** IBM 的全球订单管理专家(International Order Management Specialists,IOMS)部门作为核心的支持机构,为全球关键客户经理提供了很多包含技术细节和本地市场报价并且得到了全球关键客户认可的合同。全球关键客户经理可以使用一系列预先制作好的包含了价格、交货期和产品性能等信息的报价单。此外,他们还可以给予全球关键客户全球订单总数量折扣,或者要求企业核心部门做出全球捆绑定价的决策。
>
> IBM 的全球订单管理专家部门负责准备供全球关键客户签署的协议,并于接收和确认协议后在 IBM 公司内部讨论协议,然后将协议转给合适的本地订单执行系统执行。反过来,IBM 的核心部门为全球订单管理专家部门提供支持,使该部门能够在全球范围内获取 IBM 的产品组合信息和全

球关键客户库存中的已组装的 IBM 产品的信息。

一旦与全球关键客户签署了全球层面的 IBM 国际客户协议（IBM International Customer Agreement，IICA），全球订单管理专家部门就会将协议转给本地的全球关键客户实体和对应的 IBM 分公司执行。本地的全球关键客户实体和对应的 IBM 分公司会按 IICA 中商定的条款开展业务，从而可消除在不同国家单独签署的协议之间可能存在的冲突。

10.6 全球关键客户经理

我们在本节重点讨论担任全球关键客户经理职位的个人。我们的论述主要是对第 4 章内容的补充，内容包括：①全球关键客户经理的技能要求；②全球关键客户经理的招聘、选拔、培训和保留；③全球关键客户经理的绩效评估和薪酬。

10.6.1 全球关键客户经理的技能要求

关键客户经理有效地开展工作需要具备业务管理、边界扩展、关系建设和团队建设的能力以及领导能力，而我们对全球关键客户经理的能力要求至少应不低于其他从事关键客户管理的人员。实际上，身处按地理区域划分的组织背景之下（地区组织通常还会对全球计划有所抵制），全球关键客户经理在多文化、多语种、跨越遥远距离（包括地理和时差）的全球背景下运用这些能力会遇到更多的困难。

因此，除了具备从事关键客户管理所必需的技能之外，全球关键客户经理还需要具备全国关键客户经理可能不需要具备的敏锐性、眼光和经验。具体说来，全球关键客户经理必须是个国际主义者，拥有全球视野和国际化的眼光，并且能够认知和包容文化的多样性。

10.6.2 全球关键客户经理的招聘、选拔、培训和保留

1. 招聘和选拔

为全球关键客户经理这样引人瞩目的职位确定具有适当能力的候选者并不是一件容易的事情，每个企业都必须确定自己的具体要求并遵循常用的候选者选择标准，包括是否具有国际化视野，是否具备多语种交流能力，是否有在国外工作的丰富经验等。任命组织机构中享有高信誉度的人员担任全球关键客户经理不仅有利于工作的开展，还可以向外界强有力地传达企业非常重视全球关键客户管理计划的信息。例如，3M公司的几位全球关键客户经理之前都在不同国家（爱尔兰、葡萄牙、厄瓜多尔等）的分公司担任总经理。如果符合选择标准的是一位拥有丰富的关键客户管理经验的人员，那么企业将现成地获得具备基本业务管理能力、边界扩展能力、关系建设能力、领导能力和团队建设能力的全球关键客户经理的候选者。

对于当前正在实施全国关键客户管理计划并且已经决定启动全球关键客户管理的企业来说，当前的全国关键客户经理显然是全球关键客户经理的潜在人选。实际上，很多大企业采用的"招聘"全球关键客户经理的流程就是简单地将全国关键客户经理提拔为全球关键客户经理，实质上就是扩大了他们的管辖范围。使用这种方法最大的好处是，依据在全球关键客户最重要的市场中获得的经验，全国关键客户经理通常已经对全球关键客户拥有了非常全面的了解；而最大的坏处是全国关键客户经理本人可能不具备在全球层面上顺利开展工作所必需的更高水平的能力、社会关系、视野和经验。总之，在缺少适当的培训、发展和淘汰机制的情况下，大批地将全国关键客户经理提拔为全球关键客户经理的做法是欠考虑的——这种做法不仅可能导致全球关键客户管理工作的失败，还可能造成巨大的人力资源成本浪费。

案例 10-28 美国一家成功实施了全国关键客户管理计划的大型工业公司刚刚启动了全球关键客户管理计划。该公司一位在俄亥俄州代顿市土生土长的关键客户经理与总部位于俄亥俄州辛辛那提市的一个关键客户一直保持着非常成功的合作关系。但是，这位关键客户经理很少到俄亥俄州以外的地方出差，在接到全球关键客户经理的任命时甚至没有办理过护照。在其担任全球关键客户经理六个月后，公司撤销了对他的任命。不久以后，他从公司离职了。

由于肩负与全球关键客户公司高层打交道的职责和义务，全球关键客户经理必须向企业的高层管理者汇报。当企业把全球关键客户经理职位看成非常重要的职位时，既会对外界传递重要的信息，也会对该职位人员的招聘产生重要的影响——企业里具有国际工作经验的资深员工甚至地区主管（例如 3M 公司爱尔兰分公司的总经理）等可能都会有兴趣申请这样的高级别职位。

很多企业为确定理想的全球关键客户经理的选择标准投入了大量的精力和资金。

案例 10-29 甲骨文公司对全球关键客户经理、高层管理者和全球关键客户进行了调研。该公司使用基于调研生成的图表为选择全球关键客户经理和评估他们的绩效制定标准。此外，甲骨文公司还使用图表为每位全球关键客户经理创建了个人发展计划。

随着全球关键客户管理计划的重要性和涉及的范围越来越大，全球关键客户经理需要满足的条件也相应增多了。采用了全球关键客户管理理念的企业应考虑建立旨在创建全球关键客户经理备用人才库的系统。这样的系统可以确定全球关键客户经理的潜在人选，并可以为他们提供通过培训和合理的工作分配（如国际化管理和综合管理）获取相应的能力和经验的机会。

以上的讨论主要关注了企业内部的候选者。尽管从企业内部人员中选拔任命全球关键客户经理的做法在很多方面都具有合理性，但是当内部人员无法胜任职位要求时，企业就应当从外部的人才市场中招聘全球关键客户经理。

与关键客户经理一样，全球关键客户经理的选择流程应当是严谨的，需要企业高管人员组成座谈小组进行讨论，或者由高管人员对候选者进行多次面试。选择流程应当在一定程度上具有标准性。由于企业选择的是全球关键客户经理，面试官也应具备一定的参与全球关键客户管理的经验。

> **案例 10-30** 万豪酒店集团在引入全球关键客户管理计划之初选出了 11 位全球关键客户经理来负责管理集团的 30 个联盟客户。在选择流程中，每位全球关键客户经理候选者都完成了一系列心理测试，并且经过了集团两位副总裁的标准形式的轮流面试。全球关键客户经理选拔委员会除了包括 5 名对候选者进行面试的集团副总裁，还包括集团的执行副总裁。万豪酒店集团 CEO 小比尔·马里奥特则亲自收集选拔委员会成员对每位候选者的意见，并做出最后审批。

2. 培训

不论全球关键客户经理职位的候选者能够多么出色地满足职位的要求，对他们进行一定程度的培训肯定是非常有益的，哪怕只是为了建立共同的系统、流程和语言环境。此外，即便是已经很好地履行了职责的全国关键客户经理，也需要拓展自身的规划能力，以完成从执行全国关键客户方案到执行全球关键客户方案的工作转变。他们还需要学习如何管理在地理上相距遥远的团队成员，如何向国际客户开展销售以及如何管理国际项目，并且要接受多文化背景和多语言能力的培训。对于全球关键客户经理来说，一项特别有意义的培训是对全球关键客户方案规划能力进行培训。设计合理的短短几天的全球培训计划就能使学员们学有所成，获得制订初步的全球关键客户方案的能力。此外，对各种技术问题进行培训也非常重要，比如对涉及进出口的国际合同问题和法律问题进行培训。

企业应基于正式的能力评估流程建立合理的培训系统，同时要充分考虑到全球关键客户经理的招聘和选拔流程。举例来说，如果在招聘时只是简单地将全国关键客户经理提拔为全球关键客户经理，考虑到职位对众多候选者都设定了同样的要求，那么建立相对标准化的培训系统将非常有利。相比之下，如果企业从具有各种背景和经验的人群中招聘全球关键客户经理，那么使用定制化的方法满足特定的需求可能更加有效。当然，企业可以确定很多潜在的培训领域，包括销售技巧、谈判技巧、关系发展和文化敏感度等。

不论对新上任的全球关键客户经理进行怎样的初期培训，企业都需要对他们实施持续的能力和知识拓展计划，以确保全球关键客户管理团队最有效地发挥作用。例如，很多全球关键客户经理通过培训获得了有关全球趋势、社交媒体和货币跨国流动的知识并因此受益匪浅。企业可以通过各种方式灌输这样的知识，包括课堂讨论、基于网络的论坛等。进行培训的主体可以是企业内部的培训部，也可以是聘请的独立的培训机构。

当然，管理全球关键客户的工作压力往往会令全球关键客户经理难以抽出时间参加培训。全球著名的信用调查机构邓白氏通过认证流程解决了这个问题。IBM 则一直在实施资历认证计划，包括任务分配和组织考试。IBM 的全球关键客户经理需要在 18 个月内参加总时长为 3 周的课程——很多人将这项课程称为国际市场营销领域的迷你 MBA 课程。此外，虽然全球关键客户经理作为全球关键客户管理系统的核心人员必须接受培训，但是很多支持团队的成员也可以从此类培训中获益。

3. 保留

企业能否留住绩效优异的全球关键客户经理，与企业对全球关键客户管理工作的支持水平和该职位能够带来的报酬直接相关。由于高绩效的全球关键客户经理很可能受到竞争对手的强劲追求，企业应当持续监测他们的工作满意度并做出适当的回应。

案例 10-31	国际包裹快递公司 DHL 针对 28 个全球关键客户制订了完备的全球关键客户管理计划。从 DHL 实施全球关键客户管理开始，很少有全球关键客户经理离开 DHL，离开的人员往往也希望能够再回来，因为他们发现新的公司无法为全球关键客户管理提供与他们在 DHL 获得的同样水平的支持。

全球关键客户经理职位的设置对于企业发展与全球关键客户的关系来说非常重要，全球关键客户经理应花费大量时间，用于全面领悟他们所面对的全球关键客户挑战的实质，并开发一系列基础但有效的全球关键客户关系。因此，全球关键客户经理不应该频繁地更换工作，他们至少需要三五年的时间才能取得成效，有些全球关键客户经理甚至在这一职位上工作到退休。

不管出于什么原因，当需要任命新的全球关键客户经理时，企业应当为重要的工作移交阶段安排预算，并安排即将离任的全球关键客户经理在这个过渡时期发挥主导作用。

10.6.3 绩效评估和薪酬

1. 绩效评估

与评估在国家层面上开展工作的关键客户经理的绩效相比，评估全球关键客户经理的绩效的复杂程度要高得多。理想的全球关键客户经理绩效评估指标可能与前面讲到的差不多，例如，销售收入的实现水平和增长、业务份额、利润贡献、产品结构、成交价格。但是，企业在制定硬性的绩效评估指标时，必须考虑到多币种核算和外汇套期保值的问题。不完善的数据系统可能使标准绩效评估指标的使用变得非常困难，甚至无法使用。

企业在全球范围内使用不同的数据管理系统会导致绩效评估工作遭遇麻烦。实际上，简单地将全球关键客户销售收入数据以电子方式汇集起来是无法获得重要的绩效评估指标（如销售增长率）数据的，企业需要通过额外的人工计算得出这些数据。尽管如此，如果无法将全球数据系统落实到位，那么企业将不可能获取全球利润和利润贡献的相关数据。

考虑到这样的系统难题，企业应当对软指标给予相对多的关注。这些指标数据可通过各种方式收集，并且可以使用平衡计分卡的方法。例如，企业可以收集客户满意度指标的数据（某种程度上只针对全球关键客户），并以结构化的方式进行沟通能力和响应能力的相关分析（这项工作可以由第三方机构进行）。对于全球关键客户，企业可以选择其内部几十位工作人员作为受访者。企业应当为各项指标确定基准点，以便用这些指标衡量所取得的进展。

此外，通过在不同地区进行非结构化的面谈，高管伙伴和/或行业部门的人员都可以提供有关全球关键客户绩效的有价值的信息。其他有用的绩效评估指标包括全球关键客户经理的机会把握能力和对全球关键客户方案的执行力等。对全球关键客户经理的执行力的审查，将提供有关全球关键客户经理的方案规划能力、关系建设能力及其对全球关键客户管理团队的领导能力的信息。

不管使用哪些具体的绩效评估指标，企业都应将绩效与关键客户方案中确定的目标、战略和行动计划相关联。在可能的情况下，企业还应在全球关键客户同意的情况下与它们分享行动方案和预期结果。

2. 薪酬

不论全球关键客户管理采用怎样的组织形式，以及全球关键客户经理的薪酬基于哪些具体的指标，为全球关键客户经理确定薪酬的过程都应在全球范围内进行并以企业总部为主导。

为全球关键客户经理确定的薪酬水平以及赋予他们的职权，可有力地传达这个角色在企业中的重要性信息，同时其可对企业获得和保留高水平的工作人员具有至关重要的作用。企业通常的做法是，给予全球关键客户经理等同于一位领导着大约50~70人的企业二级销售高管的薪酬，使用工资（主要部分）加奖金的薪酬方案，并对两者分别设定标准。

案例 10-32 一家大型的工业企业采用工资加奖金的形式为全球关键客户经理提供薪酬。企业将客户满意度、销售额增长、客户方案的质量和执行水平作为工资调整的基础；将具有针对性的盈利机会、团队合作能力、产品线的平衡性和个人发展指标作为发放奖金的基础。

在完善的全球薪酬系统中，全球关键客户经理为全球销售团队的所有成员设定目标，成员们在某种程度上基于他们的达标情况获得薪酬。在有些情况下，可以使用某些形式的团队奖励作为对全球关键客户管理团队的认可。

案例 10-33 IBM的全球关键客户经理为那些至少要将50%的时间用于管理全球关键客户的位于不同组织单位和不同国家的团队成员设定了目标。全球关键客户经理将绩效评估工作交给了各地区主管。此外，IBM实行了对全球范围内为战略客户关系做出贡献的员工给予个人贡献奖金的制度，并基于全球关键客户经理的判断发放奖金——奖金的发放旨在获取各方对全球关键客户方案的支持。

10.7 总结

在最后一章中，我们讨论了超出一般意义的关键客户管理，即探究了更为复杂的形式——全球关键客户管理。那些采用全球关键客户管理的企业需要为此付出巨大的投入。在这些企业中，全球关键客户管理或者与地区组织结构相结合，或者作为以行业为关注点的组织结构中的重要组成部分。

只有在获得企业高层管理人员全面和公开的支持的前提下，实施全球关键客户管理这样的重大转变才有可能成功地完成。这不仅需要企业 CEO 和高层管理者发自内心地支持全球关键客户管理计划，还需要企业投入大量资源开发新的管理方式，建立新的信息系统，招聘和培训高水平的人才担任全球关键客户经理。企业必须制定组织战略以支持这项工作，应涉及应对高度复杂的局面，管理新的内部的组织联盟和减少潜在的组织冲突。全球关键客户管理需要企业付出高昂的成本，但是如果管理得当，其会成为企业竞争优势的重要来源。

企业应当以灵活的思维设计自己的全球关键客户管理计划，特别是在各地经营方式和各地文化于世界范围内有所不同的背景下。例如，即便企业拥有多个全球关键客户，但是它们对实施全球采购方案的热衷程度可能有很大差别。实际上，以往长期进行分散化管理的全球关键客户可能对转型为集中化管理抱有非常谨慎的态度，例如，即便它们做出了通过购买全球标准化的产品以节约资金的承诺，但是可能仍然会要求本地化的产品供应。

尽管如此，不论是一般意义上的关键客户管理，还是特定意义上的全球关键客户管理，它们的未来都是非常令人期待的。关键客户管理和全球关键客户管理作为重要的组织创新，将为企业带来更强的竞争优势和更高的客户满意度，并将为做出了必要投入的企业带来出众的绩效——关键客户管理和全球关键客户管理将日益深入人心并持续发展下去！

KEY ACCOUNT
MANAGEMENT
AND PLANNING

附录

关键客户方案大纲

1. 执行摘要

2. 现况分析

（1）关键客户分析

1）关键客户基本信息

2）战略性关键客户分析

3）识别和满足关键客户的需求，传递客户价值

4）采购分析

（2）竞争分析

1）竞争结构分析

2）具体竞争对手分析

（3）供应商企业自身分析

1）历史绩效回顾

2）关系评估

3）公司行为评估

4）资源可获取性评估

（4）规划假设

（5）机会和威胁

1）保持和扩大当前的业务

2）争取新业务

3. 关键客户战略

（1）关键客户管理计划的愿景

（2）关键客户管理计划的使命

（3）完整的关键客户战略

1）绩效目标

2）战略重点

3）定位

4）行动计划

5）对资源投入的一致意见

6）预算和预测

KEY ACCOUNT
MANAGEMENT
AND PLANNING

译者后记

面对当今世界日益加剧的商业竞争，科学有效地实施关键客户管理，使企业的每一分投入为企业换回最大可能的收益，是企业确保持续经营和发展的必经之路。

本书为实施关键客户管理的企业提供了科学的指导。本书作者诺埃尔·凯普（Noel Capon）多年从事营销和销售管理领域的教育工作，曾担任哥伦比亚大学商学院市场营销系主任，是战略管理和国际客户管理方面的首席专家。他的多部著作（比如《营销行家》《21世纪的营销管理》）的中文译本已在我国国内出版发行并广受我国学者和企业管理人员的推崇，有些著作还被当作MBA教材，这些著作在科学性和实用性方面均获得了业界的高度评价。

翻译本书旨在使中国营销管理学界的学者和越来越多地参与全球竞争的中国企业家了解西方专家学者在关键客户管理领域的最新研究动态，希望他们借鉴西方先进的关键客户管理理论，审时度势地将先进理论应用到客户管理研究和实践中去。

本书由中国专家翻译网（隶属北京华译网文化交流有限公司，http://www.chinatranslation.net）组织翻译，由中国政法大学商学院郭武文执行翻译，参与初稿核定和校对等辅助工作的有丁丹、白杨、魏琳洁、叶颖等，在此一并致谢。

郭武文

中国政法大学商学院副教授

2021 年 1 月

定位经典丛书

序号	ISBN	书名	作者	定价
1	978-7-111-57797-3	定位（经典重译版）	（美）艾·里斯、杰克·特劳特	79.00
2	978-7-111-57823-9	商战（经典重译版）	（美）艾·里斯、杰克·特劳特	49.00
3	978-7-111-32672-4	简单的力量	（美）杰克·特劳特、史蒂夫·里夫金	38.00
4	978-7-111-32734-9	什么是战略	（美）杰克·特劳特	38.00
5	978-7-111-57995-3	显而易见（经典重译版）	（美）杰克·特劳特	49.00
6	978-7-111-57825-3	重新定位（经典重译版）	（美）杰克·特劳特、史蒂夫·里夫金	49.00
7	978-7-111-34814-6	与众不同（珍藏版）	（美）杰克·特劳特、史蒂夫·里夫金	42.00
8	978-7-111-57824-6	特劳特营销十要	（美）杰克·特劳特	39.00
9	978-7-111-35368-3	大品牌大问题	（美）杰克·特劳特	42.00
10	978-7-111-35558-8	人生定位	（美）艾·里斯、杰克·特劳特	42.00
11	978-7-111-57822-2	营销革命（经典重译版）	（美）艾·里斯、杰克·特劳特	59.00
12	978-7-111-35676-9	2小时品牌素养（第3版）	邓德隆	40.00
13	978-7-111-66563-2	视觉锤（珍藏版）	（美）劳拉·里斯	69.00
14	978-7-111-43424-5	品牌22律	（美）艾·里斯、劳拉·里斯	35.00
15	978-7-111-43434-4	董事会里的战争	（美）艾·里斯、劳拉·里斯	35.00
16	978-7-111-43474-0	22条商规	（美）艾·里斯、杰克·特劳特	35.00
17	978-7-111-44657-6	聚焦	（美）艾·里斯	45.00
18	978-7-111-44364-3	品牌的起源	（美）艾·里斯、劳拉·里斯	40.00
19	978-7-111-44189-2	互联网商规11条	（美）艾·里斯、劳拉·里斯	35.00
20	978-7-111-43706-2	广告的没落 公关的崛起	（美）艾·里斯、劳拉·里斯	35.00
21	978-7-111-56830-8	品类战略（十周年实践版）	张云、王刚	45.00